2015 年主题出版重点出版物

总顾问／林文勋　　总主编／肖金成

中国少数民族省区经济史

青海省经济史

葛志强　编

山西出版传媒集团

山西经济出版社

图书在版编目（CIP）数据

青海省经济史 / 葛志强编.—太原：山西经济出

版社，2016.12

（中国少数民族省区经济史 / 肖金成主编）

ISBN　978-7-5577-0131-4

Ⅰ.①青… Ⅱ.①葛… Ⅲ.①经济史—青海 Ⅳ.

①F129

中国版本图书馆 CIP 数据核字（2016）第 313845 号

中国少数民族省区经济史　青海省经济史

ZHONGGUO SHAOSHU MINZU SHENGQU JINGJISHI

QINGHAI SHENG JINGJISHI

编　　者：葛志强

出 版 人：孙志勇

出版策划：张宝东

编辑统筹：张　蕾

责任编辑：申卓敏

装帧设计：非　了

出 版 者：山西出版传媒集团·山西经济出版社

地　　址：太原市建设南路 21 号

邮　　编：030012

电　　话：0351-4922133（市场部）

　　　　　0351-4922085（总编室）

E－mail：scb@sxjjcb.com（市场部）

　　　　　zbs@sxjjcb.com（总编室）

网　　址：www.sxjjcb.com

经 销 者：山西出版传媒集团·山西经济出版社

承 印 者：山西出版传媒集团·山西人民印刷有限责任公司

开　　本：787mm×1092mm　1/16

印　　张：14.25

字　　数：225 千字

印　　数：1—3000 册

版　　次：2016 年 12 月　第 1 版

印　　次：2016 年 12 月　第 1 次印刷

书　　号：ISBN 978-7-5577-0131-4

定　　价：42.80 元

济研究为重要内容。在以往的研究中,最为全面的少数民族经济研究资料的汇总,集中体现于陈虹、哈经雄主编的《当代中国经济大辞库》(少数民族经济卷),其中依据少数民族地区经济建设中的主要特点设立了少数民族自治地方社会经济概括、少数民族解放前的社会经济制度、社会主义初级阶段少数民族地区的社会经济等 16 篇;系统的研究理论以施正一主编的《民族经济学教程》为代表,其中第二篇"中国民族经济"重点论述了中国民族经济发展的历史变迁及其基本规律。此外,以李竹青、那日主编的《中国少数民族经济概论》为代表,其中中篇"少数民族经济与民族地区经济"侧重围绕中国少数民族社会经济制度的变迁以及民族自治地方改革开放前后的经济发展过程及对 21 世纪前十年经济发展规划做了简明概括。这些文献,无疑为《中国少数民族省区经济史》奠定了重要的编撰基础,其突出的研究价值及意义,首先是为"全面论述少数民族省区经济发展"提供了理论框架;其次则体现于大量的研究性资料,为"后人的前行铺垫了宽厚的台阶"。尽管如此,我们还是不得不正视一个问题,即在近 30 余年的研究中,不少专家、学者虽然从不同的角度均涉及包括少数民族 8 省区在内的少数民族地区的经济研究,但对于少数民族 8 省区经济发展的系统性独立研究并不完整。正是基于这一思考,《中国少数民族省区经济史》的编撰内容,理应在涵盖既有研究成果的基础上吐故纳新,力求系统、完整地勾勒出少数民族 8 省区经济发展的历史图景与演变脉络。这是编撰《中国少数民族省区经济史》的总的指导思想。

《中国少数民族省区经济史》包括《云南省经济史》《贵州省经济史》《青海省经济史》《广西壮族自治区经济史》《西藏自治区经济史》《新疆维吾尔自治区经济史》《宁夏回族自治区经济史》《内蒙古自治区经济史》和《中国少数民族省区经济通论》共 9 卷。

在具体编撰上，我们本着"立足于断代研究，并突出专题性"的原则，要求各卷的编撰既区别于经济通史性研究，在内容上不求全备和系统性；又区别于经济专题史研究，在研究范围上不限定在某一方面；又区别于断代经济史研究，在研究时段内不做全方位搜索。由此，各卷立足于断代研究，并突出专题性，要求在确定的历史阶段内，选择和侧重一些需要深入探索而尚显薄弱的环节，重点深入研究，力求避免重复以往的研究成果，强调有新的考察、新的开拓和新的见解。这使《中国少数民族省区经济史》呈现出不同于以往经济史学研究著作独具特色的研究风格。

2015 年 3 月，中宣部办公厅和新闻出版广电总局办公厅联合下发了《关于做好 2015 年主题出版工作的通知》(中宣办发〔2015〕16 号)。《通知》下发后，山西经济出版社着眼"四个全面"的战略布局，主动参与、精心组织，策划了《中国少数民族省区经济史》。全国共申报了符合参评条件的选题 1 401 种，包括图书选题 1 156 种、音像电子出版物选题 245 种。经过专家论证，中宣部和国家新闻出版广电总局领导审核同意，最终确定了 2015 年主题出版重点出版物选题 125 种，并以新广出办发〔2015〕98 号文件的形式予以公布，《中国少数民族省区经济史》入选。愿此 9 卷本的《中国少数民族省区经济史》能对中国少数民族省区经济史学的研究起到抛砖引玉的作用！

前　言

　　青海省位于青藏高原,因境内有青海湖而得名,面积 72 万平方公里,全省平均海拔 3 000 米以上。青海与甘肃、四川、西藏、新疆毗邻,是连接西藏、新疆与内地的纽带。

　　天地有大美而不言。青海地大物博、山川壮美、历史悠久、民族众多、文化多姿多彩,具有生态资源、边疆稳定等方面的重要战略地位。青海的美,具有原生态、多样性、不可替代的独特魅力,李白的诗句:"登高壮观天地间,大江茫茫去不还。黄云万里动风色,白波九道流雪山。"正是青海山河的生动写照。

　　青海山脉纵横,峰峦重叠,湖泊众多,峡谷、盆地遍布。祁连山、巴颜喀拉山、阿尼玛卿山、唐古拉山等山脉横亘境内,青海湖是我国最大的内陆咸水湖,柴达木盆地以"聚宝盆"著称于世。全省地貌复杂多样,4/5 以上的地区为高原,东部多山,海拔较低,西部为高原和盆地,境内的山脉,有东西向、南北向两组,构成了青海的地貌骨架。青海是农业区和牧区的分水岭,兼具了青藏高原、内陆干旱盆地和黄土高原 3 种地形地貌,汇聚了大陆季风性气候、内陆干旱气候和青藏高原气候 3 种气候形态,这里既有高原的博大、大漠的广袤,也有河谷的富庶和水乡的旖旎。地区间差异大,垂直变化明显,年平均气温-5.6℃—8.6℃,降水量 15—750 毫米。青海地处中纬度地带,太阳辐射强度大,光照时间长,年总辐射量每平方厘米可达 690.8—753.6 千焦耳,直接辐射量占总辐射量的 60% 以上,年绝对值超过 418.68 千焦耳,仅次于西藏,位居全国第二。

　　青海资源富集。截至 2014 年底,青海省已发现矿产种类 134 种,目前查明有储量矿产种类 109 种。编入全国矿产储量表的矿产中,有 54 种矿产列前十位,其中,列第 1 位的有 11 种,列第 2 位的有 9 种,列第 3 位的有 4 种。柴达木盆地是我国最大的可溶性钾镁盐矿床,截至 2013 年底,保有氯化钾资源量 8.3 亿吨,氯化镁资源量 60.12 亿吨,氯化钠资源量 3 299.18 亿吨。锂、钾、镁 3 种矿产资源量居全国首位。

西部大开发政策实施后,特别是"十二五"以来,面对错综复杂的国内外环境和艰巨繁重的改革发展稳定任务,青海省委、省政府坚定不移地贯彻党中央、国务院大政方针,吃透省情,把准方向,科学谋划,开拓进取,团结带领全省各族人民奋发有为,在攻坚克难中推动经济社会发展迈上了新台阶。特别是党的十八大以来,认真贯彻落实"四个全面"战略布局要求,主动适应引领新常态,奋力打造"三区"、全面建设小康,"十二五"规划确定的主要目标和任务胜利实现,在续写"中国梦"青海篇章的伟大实践中取得了新的阶段性重大成果。2015 年,青海全省地区生产总值达到了 2 417 亿元,地方公共财政预算收入达到 267 亿元,全社会消费品零售总额增加到了 691 亿元,进出口总额增加到 19.3 亿美元,城乡居民人均可支配收入分别达到 24 542 元和 7 933 元。

实施"一带一路"的战略构想,青海因处于向西开放的重要节点和具有"东联西出、西来东去"中转区的区位优势而在"一带一路"建设中占据重要的地位。2015 年 3 月 28 日,国家发展和改革委员会、商务部、外交部经国务院授权发布了《推动共建丝绸之路经济带和 21 世纪海上丝绸之路的愿景与行动》,其第六部分"中国各地方开放态势"中,对青海在"一带一路"愿景与行动中的地位和作用是这样表述的:"发挥陕西、甘肃综合经济文化和宁夏、青海民族人文优势,打造西安内陆型改革开放新高地,加快兰州、西宁开发开放,推进宁夏内陆开放型经济试验区建设,形成面向中亚、南亚、西亚国家的通道、商贸物流枢纽、重要产业和人文交流基地。"因此,积极融入"一带一路"建设,青海任重道远!

众所周知,青海资源丰富但经济发展相对落后;地处边境但国际贸易并不发达;生态脆弱但又是全国的生态屏障,打造内陆开放型省份,需要进一步对许多经济社会的基本问题进行梳理。因此有必要编撰一本系统的青海经济史学著作,全面、系统地探讨和总结青海经济史学研究的成果、学科理论框架和未来研究的方向,厘清思想观念,为社会提供正确的青海经济史学思想、知识,在经济建设中发挥应有的作用。2015 年 3 月,中宣部办公厅和新闻出版广电总局办公厅联合下发了《关于做好 2015 年主题出版工作的通知》(中宣办发〔2015〕16

号）。《通知》下发后，山西经济出版社着眼"四个全面"战略布局，主动参与、精心组织，策划了《中国少数民族省区经济史》（9 卷），其中一卷为《青海省经济史》。这为编写青海经济史学著作提供了契机，使我们有机会对青海省经济发展脉络进行一次大梳理。

在编撰过程中，我们遵循总的编撰原则："立足于断代研究，并突出其专题性"。就是说，在确定的历史阶段内，选择和侧重一些需要深入探索而尚显薄弱的主要问题，重点深入研究，力求避免重复以往的研究成果，强调新的考察、新的开拓和新的见解。

该著作是集体合作的成果，各章节撰写分工情况如下：葛志强负责全书体例设计和文章编选、章节编排等全局性工作。青海省社科院杜青华撰写了第一章到第十章，其中第五章第三节由徐瑞撰写、第七章的第五节和第八章的第三节选自《青海省志：计划志》；第十一章第一节和第四节选自青海省统计局侯碧波、徐学初、康玲、王鹤撰写的《高原大地谱写辉煌篇章——青海省改革开放30年来经济社会发展综述》；第十一章第三节选自《青海日报》罗藏的《"冷凉型"特色农牧业格局已然形成》；第十二章第一节选自青海省环保厅、青海省委办公厅杨汝坤、徐延彬、李刚峰撰写的《青海发展环境及政策取向研究》中的章节；第十五章根据青海民族宗教事务委员会官网公布的文章和数据编撰；其余章节均根据青海"十二五""十三五"和专项规划编撰。

目 录

第一章　远古至先秦时期

现代地质学研究表明,青藏高原的形成是古冈瓦纳大陆与欧亚大陆长期相互作用的结果。大约 2.8 亿年前,除了阿尔金山以外,我们现在生活的青藏高原绝大部分都是海洋,被称为"特提斯海"或"古地中海"。它的南北两侧分别被称为"南方大陆"(范围包括现在的南亚次大陆、非洲、南美洲、澳洲和南极洲等地)和"北方大陆"(范围包括现在的北美洲、欧亚大陆中北部等地)。大约 1.5 亿年前,由于地质运动,印度板块逐渐从南方大陆脱离,并在四千万年前与北方的欧亚大陆发生碰撞。随着接触带的不断隆起,喜马拉雅造山运动开始,并先后经历了 4 次抬升期和两次夷平期,局部地区也先后经历了"青藏运动""昆黄运动"和"共和运动",直到 15 万年前左右,青藏高原的整体轮廓以及亚洲重大水系的主体格局基本形成。3 800 万年前青藏高原的海拔还在 500 米以下,地势北高南低、东高西低,柴达木盆地和青海湖周边地区那时基本处于热带亚热带湿热气候。随着海拔不断升高,青藏高原的气温总体呈现下降变冷的趋势。特别是在 250 万年前左右,柴达木盆地和青海湖周边地区已经转为相对干冷的温带气候,热带、亚热带的常绿阔叶树种逐渐消失,草原植被急剧发展。1.5 万年前青藏高原地区又经历了一个温度明显上升的时期,青海湖地区气候又逐渐转为了偏湿冷的亚高山草原气候。在最近的三千多年里,青藏高原先后经历了 3 次明显的小冰期,但气温总体上仍保持了冷暖交替波动并逐渐上升的趋势。

2014 年 11 月,兰州大学环境考古研究团队从青藏高原东北部 53 个考古地层保存完整、文化遗存丰富的新石器和青铜文化遗址中采集浮选样品并进行了综合植物种属鉴定、测年结果、文化遗存分析以及骨骼碳氮同位素研究,发现史前人类在青藏高原的扩张活动先后经历了从低强度的季节性游猎,到大规模永久定居,再到高海拔地区游牧这三个阶段:距今约两万年至 5 200 年前,旧石器人群在青藏高原低强度的季节性游猎;距今 5 200 年至 3 600 年前,粟黍农业人群在青藏高原东北海拔 2 500 米以下河谷地区的大规模永久定居;距今 3 600 年以后,古人类开始大规模向青藏高原高海拔地区扩张。

第一节　旧石器时代——采集狩猎经济诞生

　　旧石器时代,以使用打制石器为标志,从距今约 300 万年前开始一直持续到 1 万年前左右。一般又分为早、中和晚三期。大体上分别相当于人类进化的能人阶段、早期智人阶段、晚期智人阶段。人类基因学研究表明,7 万年前智人走出非洲向东方迁移的路线分为南、北两条。其中北线的智人追随东北亚大草原上的哺乳动物和其他动物到了亚洲的大草原和西伯利亚,约 4.3 万年前到达我国塔里木盆以北的阿尔泰山地区。南线的智人沿着亚洲南部的海岸一路迁移,大约在 4.5 万年前到了澳大利亚,然后在最近 4 万年间北上迁移到了东亚地区。最终这两条路线的智人在比较晚近的时期分别以东方人和西方人的面貌在中亚地区和我国的塔里木盆地融合。近年来分子生物学对汉藏语系不同群体的遗传学研究的最新成果表明:距今 6 万年前,一个来源于东亚南部携带 Y 染色体 D-M174 的人群最初向东亚北部迁徙,其中一个带 M122 突变染色体的群体,于距今两万年前最终到达了黄河中上游盆地并首次进入青藏高原。

　　考古学研究表明,青海地区最早的人类出现在距今 2.3 万年左右。20 世纪 50 年代至 80 年代,分别在唐古拉山区的沱沱河、可可西里,乌兰县乌拉湖,柴达木盆地的小柴旦湖边发现了旧石器时代晚期遗存和 2009 年 6 月在共和县龙羊峡库区发现了一处旧石器时代晚期遗址。根据这些出土文物的制作工艺和分布情况,我们可以基本推测,这一时期青海地区的智人使用的生产工具主要是以石锤直接打击而成的石质削刮器、砍砸器、钻器为主,社会组织结构以几人或十几人的小型族群为单位,追寻着猎物的迁徙路线,在一定的地域范围内从事狩猎和采集活动。基于现代采集狩猎社会的研究显示,这一时期男女性之间开始出现了分工。女性主要承担照顾子女的责任,并负责采集食物和烹饪食物,为家族或部落提供较为稳定的维持生存的碳水化合物主食。男性负责狩猎，为家族或部落提供必要的动物蛋白营养，二者地位平等，各司其职，有效提高了整体生产效率，使生活处于一种相对较为稳定和平衡的状态。

第二节　新石器时代——农耕经济诞生

新石器时代是以磨光石器和陶器为标志的人类石器时代的最后一个阶段。青海地区新石器时代人口相对旧石器时代明显要多，因此遗迹分布也明显稠密，且多分布在民和、乐都、互助、大通、贵德等东部河湟谷地。新石器时代早期的先民虽然已开始掌握了一些早期制陶技术，但日常生活中仍在大量使用石器，而且一部分石器还沿用着旧石器时代后期的打制技术，直到新石器时代晚期才逐渐普遍开始使用陶器。从旧石器时代到新石器时代的过渡阶段是中石器时代。我国中石器文化以发达的细石器为工艺特征，并多从石核上剥离下规则的长条形细石叶使用。这类石器有些经过磨制，但技术不精，为磨光技术的开始。相对于新石器时代，中石器时代以硬木或石头作箭头制作的弓箭已开始普遍使用，狩猎效率比旧石器时代大为提高，但人们在劳动分工和技术方面还没有取得实质性的进步。

1980年，考古工作者在海南州贵南县发现了距今6 700余年的拉乙亥中石器时代遗址群。那时的人们还过着以狩猎为主、采集为辅的生活，社会形态处于母系社会早期。当时我国黄河流域已普遍进入了新石器时代的原始农耕经济繁荣阶段，拉乙亥地区的遗存仍保持着浓厚的中石器时代狩猎经济的特点。

2009年，一支中美联合科考队对青海湖畔的西江沟、黑马河，格尔木的西大滩以及小柴旦的冷湖等地进行了小规模考古试掘工作，分别发现了三处具有明显细石器特征和两处新石器时代特征的遗存。经碳十四测定，具有细石器特征的三处遗存分别距今1.47万年、1.30万年和0.81万年左右。出土的文物主要是一些石片石器和细石叶（其中一枚是用并不产自当地的黑曜石制作的）石器，遗迹有临时的灶、火塘、灰烬层、烧过和砸过的碎骨等。另外，西江沟的一个新石器时代遗存经碳十四测定，在距今9 140—5 580年间一直在持续使用，其中还发现了青藏高原目前最早的陶片（距今 6 500 年左右），表明当时生活在该地区的人类的生产方式很可能处于一种狩猎和原始农耕并存的模式，或者也可以说是从狩猎采集经济向原始农耕经济转型过渡的模式。

一般来说，中国的新石器时代大约开始于距今 8 000—7 000 年前。但青海地区是什么时候进入新石器时代的，虽然目前还缺少很有说服力的考古发现，但我们可以根据考古发现的一些重要的历史遗迹，尽可能地还原那个时代青海先民们的生活场景。

马家窑文化是青海地区最有代表性的新石器时代晚期遗存，主要分布在甘肃和青海东部的黄河和湟水河两岸台地。据碳十四测定，马家窑文化存在的年代约为公元前 3 800—前 2 000 年，前后共延续了 1 800 多年。从早期到晚期分为石岭下（距今 5 000—5 800 年）、马家窑（距今 4 800—5 300 年）、半山（距今 4 300—4 500 年）、马厂（距今 4 000—4 300 年）等 4 种以发掘地命名的文化类型。河湟地区肥沃的土地、丰沛的水源、温暖湿润的气候条件为原始农耕经济（主要是旱地农业）的出现提供了理想的温床。东部河湟地区的先民们在以前小规模部族的基础上开始自然发展成了规模扩大到几十人甚至是几百人的村落。加上创造性地发明了耜、锄等翻土工具，同时斧、刀、铲、镰等农业生产工具较旧石器时期也有了全面的改进，人们的耕作方式也从"火燎杖种"的生荒耕作方式逐步改进到了更先进的锄耕熟荒方式。农作物（粟、麦、黍、麻等）的产量得以明显提高，食物也有了更稳定的来源。同时，随着人口集中度的不断提高，推动了村落内部分工合作的不断细化，专业制陶的工匠开始在村落内出现，彩陶制作工艺不断进步，到最晚的马厂文化时期陶业已经具有一定的规模，绝大多数人都能使用得起陶器，人们可以存储更多的食物或是财富。随着原始纺织技术的出现，越来越多的人已能穿上麻布之类的衣服。村落内人与人之间出现了明显的贫富差距，社会形态也出现了以财富传承为主要目的的父系社会特征。

这种出于生存本能，主动去适应自然生态环境的举动，产生的专业劳动分工和新技术的进步彻底改变了人们的生存基础，先民们第一次开始了全新的原始农耕定居生活，可以把更多的时间投入到创造音乐、文字、宗教甚至是维护良好的人际关系（比如建立关系更加稳固的个体家庭）等与维持生存无关的事物中去，人口数量也开始快速提升，易物交换和早期商业形式开始出现和快速发展。这些看似不经意的变化,现在回过头来看,其实对人类发展的历史影响具有里程碑式的意义。很庆幸,先民们在迷茫而又艰辛的演化进程中又一次幸运地走上了一条光明之路!

第三节 青铜器时代——畜牧经济诞生

4 000多年前,继马家窑文化之后,青海地区的先民们逐步发展到了青铜器时代。我们把近年发掘的、有代表性的历史遗迹按时间先后排序,即齐家文化(约公元前2 000—前1 600年,整个夏代)、卡约文化(约公元前1 600—前690年,商末至整个西周)、辛店文化(约公元前1 200—前640年,商末至整个西周)和诺木洪文化(约公元前1 900—汉代以后),可以推测青铜器时代在青海地区共延续了2 000年左右,大致直到西汉时期才结束。值得注意的是,近年我国地质考古学方面的研究显示,大约3 500年前地球经历了一次持续时间长达1 000年左右的小冰河时期,全球各地气温明显下降,对地处高原的青海地区农业和畜牧业经济影响尤为严重,一度繁荣发展的齐家文化在寒冷气候的影响下迅速衰落,逐步收缩为分散发展的地区性青铜文化,新石器时代以来形成的原始农耕经济趋于萎缩,更适合冷凉环境的畜牧经济开始快速发展,人口集聚发展的趋势被迫中断,对后期青海地区的社会发展进程造成了深远影响。

在专业分工合作的推动下,青海先民们的制陶工艺比马家窑文化时期又有了长足的进步。齐家文化时期的制陶匠已经掌握了更为先进的慢轮制陶工艺和氧化焰还原焰等烧窑技术,制作出的陶器质地更加坚硬,种类更加丰富,造型更加精巧。人们日常使用的刀、斧、铲、镰、锄等生产工具已经采用了硬度更高的玉料和石料,造型更加规整精细。冶铜技术开始在齐家文化时期出现,延续了十数万年的落后的石器工具被彻底替代,青海的先民们从此进入了代表拥有更高生产力的"青铜器时代"。卡约文化时期,青南地区黄河沿岸的古羌人依托当地丰富的草地资源开始了大规模的游牧形式的畜牧业活动,而他们的游牧生活在日月山以西地区出现的时间要更晚一些。诺木洪文化时期,柴达木盆地的古羌人已学会了对马、牛、羊、骆驼等牲畜的圈养技术。而且那个时期的人们已经发明出了木车,学会了用畜力搬运较大的重物,甚至进行长途运输。

到青铜时代后期,青海先民们的纺织工艺取得了快速发展,制陶工艺在达到顶峰后,逐渐被更为先进的铜器工艺所取代,铜、金、玉、宝石质地的饰品也日渐丰富。而且,我们从他们的墓葬中出现的种类越来越丰富、数量越来越多的陪葬品中,可以准确地判断出他们的生活过得越来越丰富多彩,一些富裕的家庭或者是部族内有地位的家庭甚至已开始使用奴隶。

不断扩大的物品交换刺激着越来越细化的、新的劳动分工的出现,使得这种由劳动分工带来的专业化不断从部落内部扩大到了部落间,从而进一步推动了生产率的提高和技术进步,而这又从更高层面推动了更高形式、更大规模、更广时空距离的商业贸易的出现。2013年中国六项重大考古发现之一、距今4100年的甘肃张掖西城驿遗址出土的小麦炭化物,进一步证明了早在4000多年前,河西走廊地区就已经引进了发源于美索不达米亚平原两河流域的麦类作物,表明那时的河西走廊已经是东西贸易和文化交流的重要通道。鉴于青海特殊的地理位置,我们不妨大胆设想,这个时期青海先民通过河西走廊,在不断繁荣兴盛的贸易活动中,不知不觉沿着7万年前人类祖先最初离开非洲、探索新世界的足迹,开启了人类历史上最早的全球"贸易之旅",开创了史前时期的"丝绸之路"的壮阔景象!

自上古时代以来,华夏地区又先后历经夏商、西周、春秋、战国、秦等朝代更替,青海地区的先民们在这漫长的时间长河中,在迁徙发展的过程中,不同程度地与周边地区,尤其是中原地区开展着贸易往来、文化交融和民族融合。但由于地理位置和自然环境的特殊性,远在中国西部的青海一直没有被纳入到中原王朝统属之内,秦帝国时期还把当时的羌人用秦长城阻隔在洮河以西的广袤草原之上。这一时期,青海地区经济发展主要以农业和畜牧业为主,社会形态长期滞留在一种点状分散发展的地区性中小型氏族社会(农业区以村落为社会单位,牧业区以部落为社会单位)状态,众多部族自成一体、互不相属,不断分流远徙,没能超越村落和部落的组织形态,形成更大区域范围、实力更为强大的邦国形态。经济社会等诸多方面也由于环境闭塞,没能与中原地区一道同步发展,但二者之间的文化底蕴却始终保持着血脉相连!

第二章 两汉时期

第一节 建制沿革与社会环境

一、驱逐匈奴

秦末汉初,中原地区正处于大乱时期,北方草原的游牧民族匈奴发生了一次重大的政变,头曼单于被他的儿子冒顿用鸣镝乱箭射杀,自立为匈奴单于。之后,率领部族打败了东面的东胡,将大兴安岭和东蒙古一带纳入了匈奴版图。西汉初期(大约公元前177—前176年,汉文帝执政初),匈奴又打败了河西走廊一带的大月氏,占据了北部黄河及阿尔泰山之间的土地。大月氏余部一路不断向西迁徙到了伊犁河流域,之后又被匈奴打败,被迫迁往阿富汗北部阿姆河流域一带,于公元1世纪左右建立了著名的贵霜帝国。少数向南迁徙到祁连山一带,与青海当地羌人部落逐渐融合,史称"小月氏""湟中月氏胡"或"羌胡"。之后匈奴又先后向西征服了西域楼兰、乌孙、呼揭等30余国,控制了西域大部分地区。向北则征服了浑窳、屈射、丁零、鬲昆、薪犁等国,向南兼并了楼烦(今山西东北)及白羊河南王之辖地,重新占领了河套以南地。其疆域南起阴山、北抵贝加尔湖、东达辽河、西逾葱岭,控制了中国蒙古高原、河西走廊和甘青部分地区的广大土地,号称拥有骑兵30余万,建立了强大的匈奴帝国,进入了匈奴历史上"破东胡,走月氏,威震百蛮,臣服诸羌"的极盛时期。

西汉前期的60多年里,国家政权在建立初期虽然先后经历了异姓王叛乱、诸吕事件、七国之乱等一系列的动乱事件,但在汉高祖、汉惠帝、汉文帝、汉景帝时期"轻徭薄赋""与民休息"和"重农抑商"等政策的治理下,百姓得以休养生息,内部各诸侯王的问题也得到有效解决,对外与匈奴始终维持着和亲关系,国家出现了多年未有的稳定富裕的景象,政治、经济、文化和科学技术等方面均取得了长足的发展,开创了中国封建社会的第一个盛世,也为青海经济实现第一次 S 型曲线增长奏响了序曲。

这一时期,北方草原的匈奴通过威逼利诱控制了青海和甘肃西南等地的羌人部落,并与其中的一部分形成联盟,对西汉王朝从西、北两面形成包围之势,多次左右呼应对汉朝西北边疆地区发动战争,掳掠百姓和财物,焚烧村庄,危及首都长安,成为当时西汉王朝最大的安全隐患。

汉武帝即位之初,西汉王朝经过长期休养生息,经济和军事实力空前雄厚,国家已逐渐步入强盛时期,匈奴问题自然而然就成了西汉王朝首先要解决的难题。经过多年精心谋划和准备,汉武帝于元光二年(公元前133年)组织30万大军,对匈奴军臣单于率领的10万骑兵实施了"马邑伏击",开启了以卫青(武帝卫皇后弟)和霍去病(卫青外甥)为主要统帅,举全国之力出击攻打匈奴的北伐战争,取得了一系列重大胜利。西汉王朝先后控制了河西走廊,开疆西域,通联丝路诸国,对匈奴造成了毁灭性的打击,迫使匈奴整体向西北退缩,匈强汉弱的大格局得到彻底扭转。到昭帝、宣帝执政时期,西汉王朝又联合西域各国,成功组织了多次对匈奴的战争,引起匈奴内乱,实力大减,宣帝竟宁元年(公元前33年)匈奴呼邪韩单于入朝称臣。东汉时期,匈奴利用汉王朝中央政权动荡,又多次发生叛乱袭扰北方,但因为匈奴内乱(分裂为南、北匈奴)和自然灾害(主要是北方草原遭遇连年严重的旱灾和蝗灾),最终在东汉王朝的多次军事打击下,南匈奴于东汉光武帝二十六年(50年)归汉,北匈奴在和帝三年(91年)被汉将军窦宪打败向西遁逃,王朝北方终获长期和平。至于北单于的踪迹,若干历史学家推测,他先到今中亚细亚,整合各部后渐向西侵,5世纪中叶横行欧洲的"上帝之鞭"阿提拉,便是北单于的后裔。

二、建制河湟

上古时期,羌人主要分布在今天的青海、甘肃西南部和四川北部地区。自秦到西汉初期,羌人部落虽然众多,但始终没有实现统一,青海地区的羌人北与匈奴的河西地区为邻,西北与西域地区相通。冒顿单于统治匈奴时期,包括青海地区羌人在内的羌人诸部绝大多数均服从匈奴人管治,中原地区与西域间的联通,完全被匈奴与羌人隔绝。直到西汉王朝占领河西地区并设置"河西4郡"(武威、张掖、敦煌、酒泉)以后,匈奴与青海地区羌人的交通才被有效阻隔。

三、西平亭和金城郡、西平郡的建置

武帝元鼎五年(公元前112年),河湟地区的先零、封养、牢姐等西羌部落与匈奴相约先后攻击西汉西部和北部边县,为彻底隔绝羌人与匈奴的联系,汉武帝于次年派遣将军李息、郎中令徐自为率领汉军兵分南北两路,对反叛的羌人部落形成合围之势,一举平定了叛乱。之后,汉军持续追击并迫使剩余的羌人逃离湟水河流域一路西迁,最终逃往了自然条件较差的西海、盐池一带(即今天的青海湖、茶卡盐湖地区)。武帝元鼎六年(公元前111年),西汉王朝先后在今天的甘肃永登县西面设立了护羌校尉治所,统领西羌。在今天的西宁湟光附近设立了西平亭开通邮驿,开始驻兵管理青海东部湟水流域。这一时期,西汉王朝在对归降的羌人酋豪封王授候以稳定民心的同时,也向湟水流域迁徙汉人并设置公田实行军屯,开始长期经略羌地。在之后的50多年里,随着西汉王朝在北方战场的持续胜利,青海地区除了发生过以先零羌为首,联合匈奴的为数不多的几次反叛外,基本保持着稳定发展局面。昭帝始元六年(公元前81年),西汉王朝为了加强对西羌地区的控制,从天水、陇西、张掖3郡各分出两县,设置了金城郡(郡治是金城县,位于今兰州西固城),大致管辖今天的甘肃兰州、临夏到西宁、海东地区,与河西4郡合称为"河西5郡",是西汉王朝的西北边陲要塞。

宣帝初期,在匈奴的暗中策动下,原先在西海一带游牧的先零羌人部落以在自然环境较好的湟水流域放牧生活为借口向北移居,试图待机与匈奴联手控制河西地区。西汉王朝闻讯后,派光禄大夫义渠安国领兵到西羌各地巡视,不分青红皂白,斩杀羌人千余人,激起羌人各部落联合反叛。宣帝神爵元年(公元前61年),后将军赵充国率兵到西羌,采取屯田进逼的战略,于次年完全平定叛乱。同年设置"金城属国"用来管治投降的羌人部落,之后又留步军近万人在青海东部地区开始屯田。这一时期,西汉王朝借机将金城郡管辖范围从原来的6

个县扩大到了 13 个县，并将治所西移到了新建的允吾县（今民和县下川口）。新增 7 县中，允吾、安夷（今平安县境古城崖）、破羌（今乐都县老鸦城）和临羌（今湟源县城东南）等 4 县均分布在今青海东北部湟水流域，青海西南部宜牧地区作为羌人部落的属地，仅在名义上受到护羌校尉节制。自此，青海东北部宜农的河湟地区正式被纳入西汉王朝郡县管理体系内，青海境内以日月山为界的农牧分区政治格局正式形成。东汉末期献帝建安年中，东汉王朝在西平亭的基础上，增筑了南、西、北 3 城作为新建置的西平郡的郡治，并将原属金城郡下辖的西都（今西宁市）、破羌、临羌、安夷 4 县划归西平郡管辖。

四、西海郡的建置

西汉末年王莽篡政时期，平帝元始四年（4 年），王莽派遣中郎将平宪用大量财物利诱当地的卑禾羌人首领向西汉王朝称臣，并献出西海、允谷和盐池地区（今青海湖、共和县东南以及茶卡盐湖一带）。王莽政权在青海湖地区设立了西海郡（郡治设在今海晏县），内辖 5 县，西汉疆域得以继续向西扩张。王莽政权崩溃后，西羌地区羌人抓住中原大乱的时机，重新占据西海地区并大量向河湟地区发展，西海郡在存在了大约 19 年后被废弃，金城郡所属各县也一度被羌人占据。直到东汉光武帝建武五年（29 年）前后，凉州牧窦融及其控制的河西金城、武威、张掖、酒泉、敦煌 5 郡才重新回归汉室（史称窦融归汉），青海地区也随即进入东汉王朝统治时期。两汉交替时期，中原地区接连发生了赤眉、绿林、铜马起义，西北地区发生了隗嚣据陇右、公孙述据巴蜀、卢芳据北方 5 郡等军阀割据混战，由于持续不断的政治动乱和军阀战乱，造成上述地区社会秩序混乱，经济崩溃，人口锐减，民不聊生。但包括青海湟水地区在内的河西 5 郡在窦融等人的保据下，没有像上述地区那样发生较大的政治动荡和战乱，社会秩序总体平稳，经济发展也没有遭遇毁灭性的打击，百姓生活基本没有受到太多战乱的影响。

五、金城郡的裁撤和复置

秦朝时期，国家管理体制实行的是郡县二级管理制，全国初设 36 个郡，之后陆续增设至 41 郡。青海地区当时还处于塞外。西汉王朝初期，国家管理体制主要还是沿袭了秦朝的郡县制。郡的管理者为太守，由中央委派。县的管理者，万户以上的县称令，万户以下的县称长。直到武帝元封五年(公元前 106 年)，汉武帝为强化中央集权，正式把全国分为 13 个监察区，称为十三"部"。每部设刺史 1 人，位在各郡太守之下，监督所属各郡和郡国。这一时期的"部"属虚级，是中央在地方的派出机构。当时青海河湟地区属凉州部。直到成帝绥和元年(公元前 8 年)，改刺史为州牧，位在太守之上，"部"才成为实级，之后虽有反复，但以往的郡县二级制度，已正式变为州、郡、县三级制度。

东汉光武帝时期，由于长期战乱，全国总人口预计减员一半以上，但设置的郡县和任职的官员却很多，于是光武帝于建武六年(30 年)下诏合并天下郡国，省减吏员，全国总计合并、裁撤了近 400 个县，吏员人数也比西汉时期大为减少。这一时期，由于羌人在河湟地区屡次起事，金城郡还曾一度被裁撤大约 1 年。最后在陇西太守马援的多次上书奏请下，东汉王朝才复置了金城郡，郡治仍在允吾县(今民和县下川口)，但由西汉末年的 13 县缩置为 10 县，原辖下黄河以南的枹罕、白石和河关 3 县被划归陇右郡管辖。

汉初以前，青海地区属于塞外之地，秦王朝时期修筑的长城，其西部的起点在今天的甘肃省岷县一带，之后一路向北延伸，经过渭远、临洮(古称狄道)、兰州，沿黄河东北过宁夏，到内蒙古包头市附近转向东，并修至鸭绿江畔。长城以内为秦地，长城以北为匈奴地，长城以西为羌人地。汉武帝拓疆西域时期，占领了青海东北部的湟水流域，并在那里设置了县，受陇西郡管辖。汉昭帝时期，专门设置金城郡，管理今天的河湟地区，中央政权得到进一步巩固。王莽篡政时期，甚至将疆域一度扩大到了今天的青海湖地区。武帝之后的两汉时期，羌人诸部主要分为三部分：一部分西迁至汉王朝疆域以西(今天的日月山以西)的牧区从事游牧生活；另一部分定居在河湟地区从事农牧业兼重的生活；还有一部分羌人向东迁徙到今天的甘肃省东南一带黄河两岸地区主要从事农业生产。

总体而言，两汉时期的社会结构呈现"皇族—官吏—平民—奴隶"的四位一体特征。其中，皇帝是社会最高层，拥有至高无上的权力；再下一层是身居高位的三公九卿和在各州、郡县管理国家的官僚阶层，他们拿着国家的俸禄，逐级管理小农；位于社会最底层的是千千万万的小农和奴隶阶层。河湟地区羌人诸部的社会结构略有特殊之处。他们中的一部分被安置在当时的金城属国的羌人，基本保持了原有种姓部族的社会结构(由部落酋长和部民构成)、生活方式和风俗习惯,部落内部实行原有的种姓家支管理制度,不负担国家租税徭役,只接受属国督尉的监督。另外还有一部分羌人被安排守卫金城、陇西等边塞地区,待遇基本与属国羌人相同,平时从事畜牧生产,但战时有戍边守塞的义务。

东汉和帝执政时期(89—105 年),是汉王朝由强盛转向衰败的转折时期。在他之前的近 300 年的时间内,汉王朝的主要精力放在打击北方匈奴上,对河湟地区的羌人,主要采取的是安抚怀柔性质的政策,虽然在两汉交替之际发生过多次规模不等的冲突事件,但河湟地区的社会环境相对比较稳定,文教兴盛,人口数量和生活水平也有明显的提升,社会生产力得到了明显的发展。和帝以后, 由于国家政纪败坏,汉王朝逐渐呈现出衰败迹象。到了桓帝和灵帝时期(147—189 年),国家法纪废弛,朝廷内部党锢之祸愈演愈烈,地方官员与地方豪族势力大肆盘剥、兼并农民土地,国内贫富差距逐渐拉大。加之自然灾害频发,边患炽盛,百姓生活环境日益恶化,中原地区的黄巾内乱和甘青地区的羌人起义等一系列武装反抗事件此起彼伏,地方豪族军阀拥兵割据,造成中央政府衰弱不堪,财政长期陷于困境,最终走向了衰亡瓦解。

第二节　财税制度与经济发展

两汉时期中央政权的财政制度总体可以分为两个大的系统。一个是主要用于政府财政支出的赋役制度,主要来自于平民的田赋、算赋和更赋等,由大司农总管。另一个是平时主要用于供皇家日常开支之用的税收和专营制度,主要来自于政府对商业经济的杂税以及对盐、铁、酒的国家专营所得等,由少府总管。制度是推动技术改进和促进经济增长的重要保障。两汉时期的财政制度在青海地区的具体实施情况,在相关历史文献中的记述非常稀少,但作为经济史研究不可或缺的重要研究环节,作者不得以采用了折中的办法,从整体介绍两汉王朝的财政制度入手,使读者对这一时期的青海地区的经济发展环境有一个总体的感受。

一、田赋

汉代的田赋收入是政府国库最主要的收入。汉代吸取秦灭国的教训,自高祖时就采取了低田赋政策,税率是 1/15(约 6.67%),景帝时改为 1/30(约3.33%),直到西汉末年,始终没有增加。东汉初年,一度短暂增加到了 1/10(约 10%),光武帝建武六年(30 年)以后,由于全国大举裁撤郡县官员以减少财政支出,田赋又重新降至 1/30,并一直维持到了东汉末年。总体来看,两汉时期的田赋大部分时间执行的都是 1/30 的税率,有时甚至完全免除,农民承担的田税可谓极轻。

二、人丁税

汉代的人丁税分"算赋"和"口赋"两种,无论贫富贵贱都要交统一的税金。算赋是对 15 至 56 岁的成年劳动人口的人头税,主要用于政府的财政支出。汉高祖时期,算赋为每人每年向官府缴纳 120 文钱为 1 算,商贾及奴隶加倍征收。文帝时期,算赋减到了 40 文钱。武帝时又恢复到了 120 文钱的水平。东汉时期的算赋仍保持在 120 文钱。口赋是对未成年人的人头税,主要用于皇家日常支出。官府最早规定征税年龄为 3 至 14 岁,每人每年缴纳 20 文钱。武帝时又增 3 文用于军费。昭帝和宣帝时期多次减少。到元帝时,口赋的征税年龄被缩短为 7 至 14 岁,直到东汉始终没有废除。

三、更赋

汉代平民的徭役不分男女,均需为国家或王室服役,如建城池、修驰道、造宫殿陵墓、治江河、运送粮食物资赴边境等。人数规模有大有小,多者可达数十万人,时间由数天至数年不等。除了服徭役外,一般 23 至 50 岁的男丁还要服更赋,主要分为"更卒""正卒"和"戍卒"3 种力役或兵役。"更卒"是指上述年龄的男丁要在郡县或京师服徭役一个月,不过可以缴纳 2 000 文钱,由官府雇人代役;"正卒"是指上述年龄的男丁须到本郡服兵役一年,也可每月缴纳 2 000 文钱代役;"戍卒"指上述年龄的男丁一生必须去边境屯戍一年,但也可缴纳 24 000 文钱代役。

四、杂税

汉代的杂税多为对农业以外的各行业进行的征税。高祖时期对商人加重的租税即属于杂税,武帝时期大规模开征了名目繁多的杂税,如车船税、财产税、市税、渔税、牲畜税、关税等。另外,官府扩大财政收入的制度还有对盐、铁、酒等的垄断专营。盐的专营是官府在各产盐地区设置盐官,将制盐器具供给指定的盐商,对其出售的盐课以重税,同时严禁民间私自制盐;铁的专营是官府在各产铁地区设置铁官,铁的冶炼和铁器的制作与销售全部由铁官负责,严禁民间私铸铁器。盐铁专营制度初期,通过规模化的经营为中央政府提供了大量的财政收入的同时,冶铁技术也得到了极大的提升和推广。酒的专营制度与盐业专营类似,由官府在各地设置榷酤官,供给指定私营酿酒作坊制造酒原料,生产出的酒由官府统一收购和销售。汉代以后,盐、铁、酒并称"三业",成为之后历朝历代实行垄断经营的主要产业,从未中断。

这种强势的杂税和专营化制度在短期内能够借助国家集权力,迅速提高国家的生产能力和财政收入水平,有利于达到短期内提升综合国力的战略目标,成就西汉王朝的霸业。但就长期而言,这种经济制度的设计很容易使官僚阶层和商人阶层结成利益共同体,形成以专营为名,利用行政特权攫取庞大私人利益的经济集团,进而极大地伤害民间发展经济的创造性和积极性,不利于国家和地区的长远发展。

五、河湟屯田与传统农业

两汉时期的屯田,其思想源于战国时期以管仲为代表的耕战思想,具体实施始于文帝时期晁错的建议,盛于武帝开疆西域时期,其战略核心就是移民戍边——开垦土地——种植谷物——积存粮食——富国强兵——发动战争——开疆拓土。征和年间,桑弘羊及其下属丞相史、御史曾奏请汉武帝,建议在西域地区由军队选择水草丰美的地方"通沟渠,种五谷",实行军事屯田。昭帝和宣帝时期,包括河湟地区在内的河西地区屯田规模已经非常庞大。

屯田分为军屯和民屯两种类型。一般情况下,先是汉军在所到之处开展大规模的军屯以保障守边之需,之后再迁移中原地区的失地农民继续开荒种田、挖渠灌溉、兴建道路并长期居住下去。

河湟地区最早有文字记载的军屯始于公元前111年,将军李息和郎中令徐自为率兵开地河湟,建置金城郡和西平亭时期。汉宣帝时期后将军赵充国在河湟地区组织实施的屯田规模达到20多万亩,对后世的影响较为深远。东汉中后期,由于羌汉战争频发,政府在河湟地区组织的屯田始终没有中断,甚至一度将屯田的地区从湟水河中下游向南扩展到了黄河两岸,向西扩展到了湟水上游的龙耆城(今海晏县三角城一带)和西南方向的支冬拉加古城(今共和县河卡镇塘格木农场一带)。

通过多次规模不等的移民和屯田,河湟地区的人口数量较前期有了明显的增加,劳动力资源相应增多,农业生产规模也随之不断扩大。耕地农业开始逐步以斑块分布的状态,镶嵌在河湟地区流传了千百年的原始草地农牧业中。

1980年共和县曲沟乡汉代曹多隆古城(新莽前后)遗迹中出土的铁铧清楚地表明最晚在西汉末期,牛耕铁犁技术就已在青海地区农业生产中被普遍应用。东汉末期,雍州刺史张既在河湟地区移民屯田时,又将中原地区的水碓、石磨等先进技术引入了河湟地区,加上这一时期两汉王朝较为注意水利建设,集中人力和物力修建了许多沟渠,打凿了许多水井,通过这些便利的水利设施发展了灌溉农业,使得河湟地区的粟、黍等粮食作物的种植面积和总产量得到了大幅提升,农业生产效率得到大幅度提高。总体来说,两汉时期的中央政府在不断向河湟地区移民屯田的同时,也将中原地区较为先进的生产经验和牛耕铁犁、田地轮流耕种等种植技术传入了河湟地区,标志着河湟地区原始农业的终结和传统农业的开始,而农业也成为河湟地区经济活动最重要的构成部分。

六、畜牧业

青海地区自古以来就是以畜牧业发展为主的地区。两汉时期,居住在河湟地区的羌人主要从事的是定居性质的农业和畜牧业的生产活动。而分散在青海南部、中部和西部地区的羌人仍然过着游牧生活,主要的牲畜种类有牦牛、藏绵羊、山羊、马等。

牦牛一般被认为最早起源于青藏高原或喜马拉雅山北坡,更新世时期野牦牛开始向北方迁移,除分布于我国的青藏高原地区外,还向阿尔泰、外贝加尔、雅库特等地蔓延,甚至还跨越了寒冷的白令海峡到达阿拉斯加,在距今 10 000 至 4 000 年前,就已经开始被居住在青藏高原地区的先民饲养。1959 年,在都兰县诺木洪塔里他里哈遗址出土的文物中,就有用牦牛毛制作的毛布、牦牛皮制作的革履及陶制牦牛等物品,说明当时的先民们已经在饲养驯化了的牦牛。藏绵羊是青藏高原古老的绵羊品种,传说来源于原始古羊,人类对其驯化的时间要早于牦牛。藏山羊是我国古老的羊品种。现代研究证明,野山羊是全世界家山羊的共同祖先,最早在西亚被驯化后逐渐向全世界播迁,我国内蒙古和青藏高原是其向东播迁的主要方向。

马在冷兵器时代,是一个王朝的军备强弱、国势盛衰的重要战备保障。马在中国的出现,现在流行两种说法,一种认为驯化于中土;另一种认为是由波斯传入中国,在雁门一带通过"马方之国"为殷商朝贡传入中国。汉武帝时期,张骞两次出使西域开通了"丝绸之路"后,多次从西域的大宛、波斯、乌孙等国引进良马,对改进汉军马匹品质,提升军队战斗力起到了非常重要的作用。汉武帝甚至在向大宛国求购汗血宝马被拒后,不惜派兵数十万两次征伐大宛,以夺取数千匹汗血宝马,用于军马的品种改良。青海湖、祁连山周边广袤的草原,自古以来就与河西走廊和河套平原一起被视为古代中国重要的养马场。

七、冶铁制铁业

中国的冶铁技术最早出现于战国时期,到两汉时期有了较大的提升,特别是在东汉初期,中原地区就已熟练掌握了用生铁炒成熟铁或钢的先进工艺。《汉书·陈汤传》记载,匈奴与汉军作战,由于兵器上的劣势,5 个人才能抵挡 1 个汉军。杨宽广在《中国古代冶铁技术发展史》中认为,在当时世界范围内汉人的铁器制作技术是最为高超的。目前的考古证据表明,青海地区的冶铁和制铁技术最早出现于西汉末期的曹多隆古城(今天的龙羊峡电站水库区)。

八、陶瓷工业

两汉时期是我国古代陶瓷技术发展的一个重要时期。东汉中期以前,陶器仍然是青海地区居民的重要生活用品。东汉后期,随着中原地区制陶工艺的进步,青海地区在泥制灰陶的基础上又出现了种类更丰富、制作工艺更高的釉陶类器物。分布在河湟地区的汉代古城遗址以及东汉时期的古墓遗迹中也能见到很多陶制的砖瓦残片和瓦当残片,做工和质地都相当好。

九、纺织业

两汉时期是我国古代纺织技术的一个高峰期,丝、麻、毛的纺织均达到了较高水平。缫车、纺车、络丝工具以及脚踏斜织机等纺织工具已在全国各地被广泛使用。河湟地区新石器时代以来就有种麻纺布的传统,两汉时期仍然得以延续,加之中原地区较为先进的纺织技术不断传入河湟地区,对当地纺织技术的不断提升起到了重要的推动作用。

十、丝绸之路羌中道

两汉之前,青海境内的主要道路是先民们在奔波迁徙中长期踩踏出的交通线路,处于原始初创阶段,发展非常缓慢。直到元鼎六年(公元前 111 年),西汉军队"西逐诸羌"占领湟水流域之后,在河湟地区开始了一系列由政府主导的,持续时间较长、规模较大的屯田、修路、架桥和兴建水利等活动。青海河湟地区与甘肃兰州、永登地区之间郡县、驿亭、关塞、烽墩相望,驿道运输与邮驿传输等盛况空前,水路运输、古桥、古渡开始在黄河青海段、湟水河流域出现。青海境内的陆路交通和水陆运输能力得到了开拓性的发展,使得青海与中原地区的联系日渐密切。

两汉时期,横贯青海东西的羌中道(也称青海道)以青海湖为中心东至陇西(治今甘肃临洮南)称河湟道,西至鄯善(治今新疆若羌)称婼羌道,随着张骞通使西域开始逐渐被中原地区所了解。西汉建置河西 4 郡后,丝绸之路河西通道畅通,羌中道便成为河西道的一条辅道。羌中道与河西道在祁连山南北两侧平行,二者之间自古有乐都至武威、西宁至张掖、青海湖至酒泉、柴达木盆地至敦煌等数条通道相连。自西汉以后,一旦河西通道受阻,羌中道就会在沟通中西交通中发挥重要作用,对沟通中国和西域文化交流和贸易往来,起到了非常重要的作用。

十一、商业贸易

两汉之前,青海地区的先民们与西域地区的商业贸易最早可以追溯到距今 4 000 多年前的青铜器时期。青海民和县喇家、齐家出土的许多玉器据考证也带有西部和田玉料的特征。而最早源自西亚地区的青铜器和铁器也很有可能自西向东逐渐扩大到新疆、青海、甘肃直至整个黄河流域。两汉时期,青海地区的先民们向西通过羌中道继续保持了与西域地区羌人较为紧密的贸易往来,向东与中原地区通过互市交易等贸易形式,进行着粮食、牲畜、布帛、丝织品甚至奴婢等的物物交易或货币交易。

第三章　魏晋南北朝时期

第一节　建制沿革与社会环境

东汉后期，随着持续多年的党锢之祸等一系列政治斗争的逐渐激化，东汉政权的执政基础最终被摧毁，社会秩序彻底瓦解，国家吏治崩坏，边患炽盛，地方豪强割据兼并加剧，最终激起大规模的民变，导致帝国的崩溃，形成三国魏晋的局面，随后进入了"五胡乱华"的南北朝时期，中国陷入一段近 400 年的黯淡无望的长期动乱时代。在这场旷日持久的巨大浩劫中，昔日经济最为繁盛的中原地区一度变得千里萧索，关中地区一度人烟断绝，社会经济发展遭到空前破坏。

青海东部地区在东汉末期也经历了多次羌人诸部的大起义，金城、西平两郡历经长期的战事破坏，一派百姓离散、经济凋敝的景象。三国时期，青海东部黄河以南地区一度经历了魏、蜀两国历时 25 年的战事争夺。直到 263 年魏将司马昭以奇袭方式灭亡蜀国后，青海东部河湟地区才在魏国和西晋的统治下经历了半个多世纪的相对较为稳定的发展时期。魏晋时期，青海东部地区仍属凉州管辖，但在区划上已发生了较大的变化。东汉末期设立的西平郡所辖临羌、破羌、西都、安夷 4 县中，临羌县于魏晋时期由今天的湟源旧城东移至湟中县多巴镇，破羌县于晋时破废，新置长宁县于今天的西宁北川长宁堡一带。晋时的金城郡地跨今天的青海、甘肃两省，所辖 5 县中，新置的白土和浩门两县分别治今民和县官亭镇鲍家古城和甘肃永登河桥驿，辖原允吾县部分地区和破羌县部分地区。

东晋十六国时期，中原地区经历了持续时间长达 16 年之久的由"八王之乱"引起的战争破坏，北方匈奴、羯、鲜卑、氐、羌等若干胡族（即所谓"五胡"）也趁机开始了大规模的叛乱，纷纷脱离晋朝的统治，十余年内便占领了中国北方大片土地。316 年，匈奴军攻破洛阳（史称"永嘉之乱"），晋政权被迫南下建康（今江苏南京）建立东晋（史称"永嘉南渡"），中国自此分裂为南北两朝并一直持续了 200 多年。在南朝，东晋政权持续了 100 多年，到 420 年刘裕篡权自立，其后经历了宋、齐、梁、陈四代。在北朝，北方的胡族和汉族陆续建立了 20 多个国家，其中最主要的有 16 国。直到 439 年，才由鲜卑族拓跋氏建立的北魏政权统一了北方，然后再度分裂，100 多年里又先后经历了东魏、西魏、北齐和北周等政权。这一时期，统治青海地区或在青海建立政权的国家先后有前凉、前秦、后凉、南凉、西秦、北凉以及吐谷浑等。

魏晋南北朝时期的青海地区从行政区划角度看，大致分为三个行政区域：一是各个朝代和几个民族地方势力争夺的青海东部地区，也就是以湟水河流域为中心的海东地区和海北、海南部分地区；二是吐谷浑控制的昆仑山脉以北青海中部和西部柴达木地区，也就是今黄南、海南、海西三州及海北州的部分地区；三是青海南部的羌人部落，即今果洛、玉树两地，它由以党项为代表的分散的羌族各部落所占据。

一、张轨据凉州

两晋之际的 301 年，晋惠帝任命张轨为护羌（安定郡乌氏县今平凉市西北）校尉、凉州刺史。张轨在任期间"课农桑，拔贤才"，为振兴凉州做了很多好事，并逐渐平息了境内羌人、匈奴、鲜卑和氐人之间的混战，使凉州成为乱世中的一片乐土，也是北方中国唯一由汉族官吏治理下的地方政权。308 年，西平太守曹祛在张轨病重期间联络凉州地方豪族张镇、张越兄弟企图叛乱，被张轨之子张寔带兵斩杀。314 年张轨病死，其子孙继续统治凉州 60 年（317—376 年），史称前凉，势力扩及今天整个河西走廊和青海河湟地区，并先后与前赵、后赵和前秦对北方中国形成了长期分而治之的局面。前凉后期，由于王室内讧，政局长期陷入攻讦互伐的混局，国力日损。376 年，前秦军队南渡黄河攻占姑臧（今甘肃武威），前凉末代君王张天锡出城降秦，前凉国灭。从此青海河湟地区与凉州一并归入北方氐族政权前秦的统治下,西晋永嘉之后中国北方长达半个多世纪的分裂局面告一段落。383 年,前秦以举国兵力进攻东晋遭遇淝水之败,国内羌族、鲜卑、匈奴等胡族和汉族地方豪强开始拥兵自重,先后建立了后秦、后燕、西燕、南燕、西秦、夏、北燕、南凉、西凉、北凉等政权,前秦国力从此一蹶不振。从386 年到 439 年,北方的黄河流域先后形成了被称为十六国后期的诸多政权,中国北方重新陷入了分裂割据混战的局面。这一时期对青海影响较为深远的主要是南凉政权和吐谷浑政权。

二、南凉定都乐都

386 年,前秦大将氐族人吕光占领整个河西走廊,建立了后凉政权,先后湟水流域设置了西平郡,在黄河北岸今化隆县境以西地区设置了湟河郡,在今乐都县境设置了乐都郡,在今民和南部原白土县设置了三河郡。397 年,原居于东北辽河流域,后西迁入塞落居河西走廊东部的河西鲜卑首领秃发乌孤率部叛离后凉,以廉川(今民和县西北)为都建立南凉政权。随后在与后凉争夺湟中各郡的过程中,先后占领了乐都、湟河、浇河 3 郡,并以湟水流域为中心,一度控制了祁连山以南,青海湖以东的今青海东部地区和甘肃武威以及兰州西部地区。399年,秃发乌孤迁都乐都并封官授职。南凉立国 18 年,前后历经三代君主,最终于414 年被西秦政权灭国,青海东北部原属南凉国的土地全部被西秦吞并。429年,占据河西走廊地区的北凉军队乘西秦内乱越过祁连山攻克西平并占据了整个南凉属地。南凉亡后,原秃发氏部人大部分为西秦所统治,后西秦为夏所灭,夏又亡于吐谷浑,以后陇西、河湟地区又为北魏统治。在陇西、河湟的乞伏、秃发鲜卑最终与北魏拓跋鲜卑一同被汉化,至今在青海省西宁市还留存着秃发氏的后代。

西秦立国的同一时期,鲜卑拓跋部落于公元 386 年在长城之南的平城(今山西大同)建国,史称北魏。在先后攻灭了后燕、柔然、夏、北凉等北方诸国后,于439 年统一了黄河沿岸的北部中国,与南部中国的刘宋政权形成对峙局面。北魏灭北凉后,旋即取代北凉占据了青海东部地区,并于 444 年在今西宁设置了鄯善镇,并于 526 年改为鄯州,迁州治于今乐都地区。534 年,北魏分裂为东魏和西魏,青海东部地区遂治于西魏。557 年,北周取代西魏,后于 576 年趁吐谷浑内乱之机占据了黄河以南浇河(今贵德地区)等地,并在今青海境内的黄河流域和湟水河流域分别设置了廓(辖洮河、达化郡)、鄯(辖乐都、湟河郡)2州。

三、草原王国吐谷浑

280年左右,原居于今辽宁彰武、铁岭一带的鲜卑族慕容部落的庶长子吐谷浑与嫡出的弟弟慕容廆因为马斗,率众向西远徙,一路跋山涉水,穿过今辽宁北部、内蒙古草原的南部边缘,在呼和浩特以西、阴山迤南的河套平原一带游牧了近20余年并臣服于同为鲜卑的拓跋部。大约在313年,又随着北方民族大迁移运动继续向青藏高原西迁,从阴山往西南,逾陇山,又西渡洮水,最终在枹罕(今甘肃临夏)西北的草原落地生根。大约在329年,吐谷浑的孙子叶延用祖父的名字作了王族姓氏,立国号为"吐谷浑",并用政治联盟和联姻的方式取得了当地羌人部落的支持,形成了以鲜卑贵族为中心的与诸羌部落首领的联合政权。

在历代君王多年的苦心经营过程中,吐谷浑一方面积极汲取中原王朝的政治制度和文化,设置了一套自己的行政管理机构和制度体系,利用夏攻灭北凉之际攻伐夏军并俘虏夏王赫连定并最终导致了夏的灭亡,后借西秦灭国之机从其手中夺取了黄河以南的地区,扩充了自己的国土、人民和牲畜。另一方面实行了南北通使结好的政策,与南朝的刘宋、南齐、梁等从未发生过战争,与北朝的北魏、西魏、北周政权虽屡有冲突,但总体保持了名为臣属实则割据的关系,取得贸易往来和国家独立的双重利益。这一时期,吐谷浑利用南通蜀汉、北接西域的区位优势,开拓了经久不衰的丝绸之路南道(也称河南道、吐谷浑道),他们将大量的丝绸、锦缎、棉布、瓷器、铁器、茶叶及纸张等从中国南方经南道辗转销往西域各国,同时也将西域的金银制品、玻璃器皿、珠宝、香料及珍禽异兽等贩运到国内,获取了丰厚的利润,国力因此得以迅速提升。他们还从遥远的波斯(今伊朗)引进优良的马种,与当地马杂交后培育出了"青海骢"。伏连筹时期,吐谷浑的国力一度达到了鼎盛,东边的疆界延伸到了甘肃的迭部县(叠川),西南与新疆的和田(于阗)相邻,南面边界延伸到了阿尼玛卿山、昆仑山,北边到祁连山,西北边与新疆的哈密(高昌)相接,拥有着东西4 000里(1里=0.5公里,编者注)、南北2 000里的辽阔疆域。在当时的西域各国中,吐谷浑王国以强大和富裕而闻名。

609 年 4 月,隋炀帝率大军西征吐谷浑,伏允可汗战败,南奔党项(今果洛地区),隋朝灭亡后伏允可汗率领部众返回故园,重建了吐谷浑王国但国力已远不如前,唐朝太宗时期吐谷浑又经历了一次亡国和复国,直到 663 年,吐谷浑末代可汗诺曷钵与吐蕃军队在黄河边决战失败后国土尽失,被迫逃亡凉州,存国350 多年的吐谷浑王国悲壮地落下了帷幕。

魏晋南北朝时期的中国经过五胡十六国和南北朝两个历史阶段的民族大融合,中华民族的成分和经济、社会、政治、文化等经过不断地整合,较之前的秦汉时期已经有了很大的不同。在经济层面,由于连绵不断的战乱,国家的经济重心伴随着人口的转移,逐渐从北方的黄河流域转移到了南方的长江流域并一直持续到了今天;在社会层面,社会结构由秦汉时期的皇族—官吏—平民—奴隶结构逐渐分化为王族—士人(包括世族和寒士)—平民—部曲—奴隶结构。其中世族阶层的出现与东汉末期察举制度被废止,社会阶层上下方向的流动性逐渐固化有直接关系。部曲就是豪门大族豢养的家丁门客,换言之就是脱离政府管理而寄身于豪门大族的人。而奴隶则是由战争中的俘虏和罪犯构成。在政治层面,这一时期的主要特质就是"离"和"乱",主要表现为篡弑之风盛行(据统计,自秦代至明末,君主被弑者 101 人,而这一期间却占 49 人,几乎占总数的一半)和多元政权林立。文化层面,伴随着两汉中央集权的瓦解和各民族文化的相互交融,使得这一时期中国的文化格外绚烂多彩,是中国历史上继春秋战国以后第二个思想大解放的时期。这一时期统治青海的胡族政权内部的社会结构基本与中原地区胡族政权相同,也分为王族、士人(包括世族和寒士)、平民、部曲和奴隶 5 个社会阶层,在这种社会结构下,王族和士人尤其是地方的世族豪强作为统治阶层垄断了大部分的土地、财富和各种社会资源,加之各政权间的频繁更替和各项制度的不健全导致的贪污贿赂成风,使得统治阶层与底层百姓间的贫富差距相差悬殊,对社会的动荡又产生了极大的负面影响并形成了一种恶性的社会循环,直至北周时期才有明显好转。

从东汉后期到隋唐统一天下的 400 多年间,青海地区在经历了两汉相对稳定的大发展后,随着全国政局的大动荡,大致经历了三个发展阶段。第一个阶段是从东汉安帝时期频繁的羌人部落起义到张轨据凉州建立前凉政权前的200 余年,这一时期的青海地区先后经历了羌人部落起义、魏蜀之争等一系列

连山以南吐谷浑王国疆界内的丝绸之路南道又叫"羌中道""青海道"就鲜为人知了。丝绸之路南道一般经过西宁,过日月山后大致有3条支线:其一,经青海湖南岸或北岸,过柴达木的德令哈、大柴旦、小柴旦,出当金山口,到达甘肃敦煌,汇入河西走廊,再往西域;其二,过青海湖南岸,经今都兰县城、香日德、诺木洪、格尔木、乌图美仁,再向西北经过尕斯库勒湖,越阿尔金山到西域,这条线是主线;其三,从白兰(今鄂陵湖、扎陵湖一带)出发,经布尔汗布达山南麓或北麓,一直向西,溯今楚拉克阿干河谷入新疆,这条道山势陡峻,向来人迹罕至。这3条支线多处可以相通,走法多样。丝绸之路南道与河西走廊段北道相辅而行,都是中原通往西域的贸易通道。公元前128年,张骞从西域返回中原时走的就是青海道。另外,根据史书记载,刘宋时期的法勇法师,北魏时期的宋云、惠生、法力前往西域求法学经,以及西魏时期犍陀罗国阇那崛多法师来中国传经时均路经此道。魏晋时期,由于河西走廊一带先后建立了多个地方政权,加之战事不断,使得丝绸之路北道的贸易长期不畅,而相对安全的青海道便成了中原与西域通商的首选干道,繁荣程度一度超过了北道。

另外,与此道紧密相关的是"河南道"。它在青海湖南岸与青海道分道,一路向南渡过黄河,经过贵德、同仁,越过甘南草原,经过甘南的夏河、临潭,通往川北的松潘、茂县直抵古益州(今成都)。魏晋时期的南方和北方的商人为了避开战祸的影响,还开辟了河南道北段。即从北方的邺都(今河北临漳)西行,经宁夏、张掖、祁连县的扁都口至环青海湖地区,然后并入河南道南下至建康(今南京)的南北重要商道。这样,地处青海湖滨的伏俟城(吐谷浑的国都)在历史上就曾一度成了北方中国以青海道和河南道南、北段两条干线为主要架构的物通东西、联络南北的重要交通枢纽。

此外,河南道从成都南下经宜宾、昭通、曲靖、昆明、晋宁、江川、开远至越南的老街和河内;西南行经西昌、大理、腾冲至缅甸的八莫;从青海湖伏俟城、都兰南经玉树入藏,自拉萨抵吉隆或聂拉木、尼泊尔加德满都接吐蕃、泥婆罗北印度道;或由南疆和田或于阗经克里雅山口入藏,经日土、噶尔穿冈底斯山和喜马拉雅山之间的河谷,抵吉隆或聂拉木—尼泊尔加德满都,将西亚、中亚和南亚的陆路交通线路连为一个整体。所以说,在中国历史上,青海的吐谷浑王国在促进西北少数民族与周边国家和地区的经济和文化交流中所起作用意义深远!

第四章　隋唐宋时期

第一节　建制沿革与社会环境

隋唐五代史，起于隋文帝杨坚篡北周建隋，终于宋太祖赵匡胤即位，即581—960年，约380年。隋文帝于589年灭陈国，结束了中国400多年的动荡和分裂状态，重新进入大一统时期。然而隋朝仅经历了文、炀二帝即亡国，存在了38年。但隋朝期间修建的大运河从北方的涿郡到达南方的余杭，南北蜿蜒长达2 500多公里，将钱塘江、长江、淮河、黄河、海河五大水系连为一体，使长江流域和黄河流域逐渐连为一体，其漕运维系着隋以后中国各政权的兴衰，是中国南北交通的大动脉，也是中国封建社会后半期的交通生命线。同时，隋朝创建的各项制度改革（如均田制、州县制、科举制、统一货币等）极有成效，且多被唐朝及以后的王朝承袭，并直接为唐帝国创造的盛世奠定了坚实牢固的基础。

一、隋朝对青海的统治

开皇三年（583年），隋文帝听取河南道行台兵部尚书杨希的建议，下诏裁撤了全国500多个郡和大批官员，并对地方行政制度进行了改革，废除了汉朝以来的州、郡、县三级制为州、县两级制（隋炀帝时期又改州为郡，实行郡县二级制）。在青海东部河湟地区设置2州4县，即鄯州（辖西都、广威县）、廓州（辖河津、达化县）。其中，西都县治今乐都地区，589年改为湟水县，辖今湟源县湟水河流域以东地区；广威县在601年改为化隆县，辖今化隆及其以西地区。河津县治今贵德河阴,辖今贵德及其西南部分地区;达化县治今尖扎康扬地区,连今尖扎、同仁和循化西部地区。607年,隋朝又改鄯州为西平郡,治湟水县;改廓州为浇河郡,治河律县。此外,龙支县治今民和古鄯北古城,辖今民和县和甘肃永靖县西北部地区。

除上述河湟地区以外,今青海境内中、西部地区仍在吐谷浑王国统治下,青海南部地区仍在党项的统治下。直到609年,隋派裴矩利诱铁勒部落共同攻伐吐谷浑王国,俘获人口10余万,牲畜30余万,并将其国土全部接收过来。同年6月,增设了西海、河源、鄯善、且末4郡。前两郡辖有青海境内的青海湖以西和以南的地区,后两郡则辖有今新疆东南部地区,并把全国犯有轻罪的犯人迁移到了这些地方参与戍边。随后又派遣刘权镇守河源郡积石镇(今甘肃临夏县西)大开屯田,以防御吐谷浑并保障通往西域的道路通畅。直到炀帝末年,伏允可汗借中原大乱之际重新恢复了上述失地。

二、唐朝对青海的统治

炀帝大业五年(609年)隋帝国实力达到了顶峰。但之后的几年,因为炀帝开始好大喜功,不断发动对周边高丽等族的战争,大规模调兵集饷,肆意征用民力,百姓被繁重的徭役逼迫得无路可退,加之隋朝两代君主均极力打压世家大族引起世族的离心,最终引发了世族势力与农民起义军联合,从山东、河北地区直至全国各地的大范围叛乱。据说这一时期全国各地发生的叛乱有120多起,其中西北地区的金城校尉薛举和武威司马杨轨的两支地方反隋势力对青海东部地区的影响较大。

618年,李渊在长安称帝,唐朝建立。619年,唐军先后讨伐平定了薛举和杨轨两股地方割据势力,西北地区甘、凉、鄯、廓等9州正式归入唐朝版图。之后,唐朝在青海东部地区重新设置了鄯、廓2州。鄯州治今乐都,辖湟水、龙支2县,高宗仪凤三年(678年)时又从湟水县分置出了鄯城县。其中,湟水县治今乐都,辖今平安、互助、乐都地区;鄯城县治今西宁,辖西宁、湟中、湟源和大通等地;龙支县治今民和古鄯北古城,辖今民和县和甘肃永靖县西部地区。鄯州在玄宗天宝元年至肃宗至德二年(742—757年)间曾改称西平郡。肃宗上元二年(761年)时鄯州被吐蕃占领,龙支、鄯城2县又改隶河州,并于宣宗大中二至五年(848—

851 年）被重新收复。

廓州治今化隆县群科古城，辖广威、达化、米川 3 县。其中，广威县治今化隆县群科古城，辖今贵德县黄河以北地区和化隆县南部地区；达化县治今尖扎县康扬镇，辖今贵德县黄河以南地区和贵南、尖扎、同仁县西部地区；米川县所辖地区大致为今甘肃积石山县、青海尖扎县东部、化隆县东南部以及循化地区。廓州在天宝元年至至德二年（742—757 年）间曾改称宁塞郡，广德元年（763 年）被吐蕃占领，宣宗大中二至五年（848—851 年）与鄯州一起被重新收复。

天宝十二年（753 年），唐朝名将哥舒翰率大军经过连续多年与吐蕃的征战，将唐帝国与吐蕃的分界线推进到了青海湖至黄河河曲以西地区，第二年在新收复的九曲设置了洮阳（辖今甘肃临潭西南和黄南州部分地区）、浇河（辖今海南州东部地区）2 郡，直到至德元年（756 年）才被吐蕃占领。

三、吐蕃统治河陇

玄宗天宝十四年（755 年），长期以来中央和地方军阀势力之间的矛盾终于因为"安史之乱"的爆发而激化，陇右、河西以及朔方的军事力量在哥舒翰的统领下，大部分被东调平叛，结果在灵宝（今河南灵宝市）被叛军打垮，近 20 万军队全军覆没，哥舒翰本人也被叛军所俘，陇右地区边备顿时空虚。吐蕃军队趁机大举东进，先后攻占了唐蕃曾反复争夺过的石堡城（今湟源县西南），还有雕窠城（今同仁县境）、百谷城（今贵德县西南）等地，10 余年内就将青海东部地区以及鄯、廓 2 州全部占领，并先后设立了青海、鄯州、河州、凉州、瓜州等东境五节度使以治之，隔断了唐朝同河西、西域间的联系。"安史之乱"前，河西陇右地区曾是唐朝经济发展较为富足的地区，吐蕃占领初期仿唐朝的做法继续在这里屯耕屯牧，维持了当地的农业和牧业发展。

9 世纪初，中亚地区的大食帝国不断崛起并威胁到吐蕃在中亚和西亚的统治，加之吐蕃内部斗争日趋激烈，而唐朝一方的国力也处在战后休养生息的阶段，无意再起战事，这种大的政治环境促使双方共同走向了和谈。穆宗长庆元年（821 年），双方派遣使者在长安西郊的王会寺定盟立约，树立了著名的"长庆会盟碑"（现存拉萨大昭寺内）。此后，唐朝与吐蕃间的关系维持了 20 多年的和平发展。

四、张议潮归唐与凉州六谷蕃部的崛起

武宗会昌二年(842年),吐蕃王室内斗尖锐,本教与佛教斗争也日趋激烈,吐蕃赞普达摩被佛教徒刺杀,吐蕃王室分裂为两派,国内陷入长期混乱战局,包括青海东部地区在内的陇右地区也成为两派势力互伐的必争之地,五千里间,赤地殆尽,几近荒废。大中二年(848年),张议潮在沙州(今甘肃敦煌市城西)率各族人民起义,驱逐了盘踞河西地区上百年的吐蕃,以大唐节帅之名陆续收复了瓜、沙、鄯、河、廓、凉等诸州,包括青海东部地区在内的河西陇右地区终于又重归大唐的版图之中。

与此同时,吐蕃奴部温末部落联盟——六谷蕃部逐渐兴起,成为凉州地区的一股强大的地方势力。咸通十年(869年),吐蕃全境爆发了一次大规模的平民奴隶大起义,吐蕃政权被推翻瓦解,吐蕃王室后裔向西逃亡到今日阿里地区,先后建立了古格王朝等数个小政权。在这次大暴动中,甘青地区的温末部落也趁机参与了暴动并一度控制了青海河湟地区。但由于温末部落民族构成复杂,所以起义后始终没有形成统一的地方政权,直到五代十国后期,青海地区仍处在零散的地方部族势力的统治下,与中原地区的交流也开始变得越来越少。

隋唐是我国历史上继往开来的重要时期,这一时期的中国大体上生活在统一政权之下,北方胡族与汉族间进一步融合发展并不断汲取新鲜血液,并在前唐时期逐渐发展成了一个充满活力的世界性帝国。

从经济发展层面看,富庶强大的唐帝国是当时世界,特别是亚洲各国经济文化交流的中心;从文化发展层面看,盛唐时期的自由开放、思想奔涌,使得这一时期的诗歌、音乐、舞蹈、书法等方面都达到空前的境界;从社会治理层面看,魏晋以来的世族门阀不再是政治上的特权阶层,庶族地主的地位逐渐上升,虽然社会中下层的等级结构与魏晋时期相比变化不大,但国内政治逐渐步入正轨,行政效率大幅提升,社会发展在初唐时期保持了170余年难得的和平环境。直到晚唐五代时期由于政治动荡,各地军阀并起,中国社会再次进入混乱纷争的年代。

根据《新唐书》记载,唐玄宗天宝元年(742年),青海境内鄯、廓2州编户人口达到了9 650户,51 419人,是唐太宗贞观十三年(639年)的2.66倍,相当于

103 年间鄯、廓 2 州的人口自然增长率达到了 9.5‰的高水平,说明这一时期的青海东部地区社会环境较为平稳,经济增长也相应达到了一个持续和高质量的发展水平。到中唐以后,青海全境基本被吐蕃统治,社会性质也相应转变为封建领主制的社会,治下百姓则列为吐蕃编民,要求上述地区的被征服民族辫发并着吐蕃装、说吐蕃语、使用藏文等。后来,可能由于汉族人口数量庞大,实施的效果并不理想,使得汉文仍在该地区被广泛使用,汉藏文化始终保持着交融发展的状态。

五、唃厮啰政权在青海的统治

960 年,后周大将赵匡胤黄袍加身,建立了宋朝。由于五代以来,北方的中原地区的经济在战争中遭到了严重的破坏,新建的宋朝只能依靠南方的财富弥补财政的困乏。因此,宋朝在立国之初实行的是"先南后北"的策略,对契丹乃至西北各民族地方政权,大体采取了以和为主的政策,而将主要精力用在了统一南方地区上。这一时期,长期意图占据河西走廊的西夏军队,与吐蕃六谷部和回鹘族人展开连续 20 多年的战争,为了共同抵御强敌,原先以部落为单位各自为政的河湟吐蕃部落便逐渐形成了以唃厮啰为首领的唃厮啰政权(也称青唐政权)。北宋天圣六年(1028 年),西夏李元昊率军最终先后攻破西凉府和甘州,数十万吐蕃六谷部落和回鹘部落(一部分居住在河湟地区,大部分游牧在柴达木盆地,史称"黄头回纥")属民向南逃亡进入青海境内,依附于以青唐城(今西宁市)为都城的唃厮啰政权,使得该政权的实力大增,在此之后的百余年间,唃厮啰政权与北宋、西夏共同构成了"三足鼎立"的格局。

直到元符二年(1099 年),北宋利用唃厮啰政权王室内斗的机会派兵占领了河湟地区,但由于此时的北宋王朝本身已在与辽和西夏双线作战,因此没有更多的力量巩固河湟地区的统治,所以在做了两次占领的尝试之后,最终于靖康元年(1126 年),在金兵大举攻宋的压力下彻底退出了对河湟地区的争夺。在此之后近 100 年间,河湟地区就处于金和西夏分而治之的状态之下,1223 年西夏曾对河湟地区短暂地统治过 4 年时间, 直到 1227 年蒙元军队最终占领了河湟地区,才结束了这段长达 120 余年的战事纷争。

第二节　财税制度与经济发展

从东汉末年开始,中国北方一直处于分裂动荡之中,经济社会发展遭到严重破坏。直到北魏时期,情况才有所好转,社会秩序得以重新回归常态,胡汉各族逐渐融合, 畜牧经济逐渐向农业经济转变, 使得北方的经济逐渐得以恢复。隋末的大动乱,使得多灾多难的中国北方又经历了一次严重的浩劫,其后的唐朝则将中国拓展成为一个国力强盛的世界性帝国。

一、财税制度

隋朝和唐朝前期的土地和赋役制度主要是均田制和租庸调制。均田制规定部分土地在农户耕作一定年限后归其所有,部分土地在身死后还给官府。均田制的实施,肯定了土地的所有权和占有权,有利于无主荒田的开垦,对这一时期中国的农业生产起到了积极作用。租庸调制以均田制的推行为基础, 凡是均田人户,不论其家授田是多少,均按丁交纳定额的赋税并服一定的徭役,是政府财政收入的基本来源。均田制的实施和与之相联系的租庸调制使农户的总体税负较前朝有所减轻,使政府控制的自耕小农这一阶层的人数大大增多,保证了赋役来源,从而增强了专制主义中央集权制。唐代前期史治清明,政府的行政效率较高,向农民定期授田的制度一直得到严格执行。到了唐朝中期,由于人口大量增加,土地兼并日益严重,至唐天宝年间,根本无法实行土地还授,故在德宗年间被"两税法"取代。两税法改变了租税徭役据丁口征收,而是以财产的多少为计税依据,从而使税收负担相对比较公平,在一定程度上减轻了民众的税负,奠定了宋代以后两税法的基础,是中国赋税制度史上的一件大事。唐代初期,河湟地区与整个河西地区均受陇右道辖制,所以均田制在河西地区推行的同时,也在河湟地区得以推行。

中唐以后,青海全境基本为吐蕃统治,治下百姓须承担吐蕃的赋税以及兵徭之役。敦煌吐蕃历史文献《赤松德赞传》记载:"……疆域扩展,陇山山脉以上尽入赞普之手,建立通颊五万户,新设一由德论管辖之大区"。"通颊五万户"可能就是在河陇地区按照吐蕃的传统,按区域划分并建立万户,德论为此区域的行政负责人。此外,吐蕃还在河陇地区实行了每人以 10 亩(1 亩≈0.067 公顷,编者注)田地为标准的计口授田制度,并建立了相应的税赋制度。

二、重开屯田与农业发展

隋朝时期中央政府在尚书省的工部尚书之下, 设有专司屯田的侍郎 2 人,掌管全国的屯田事宜。隋炀帝亲征并大破吐谷浑后,为确保通往西域之路通畅,由镇守河源、积石的刘权主持,在新置的西海、河源、鄯善、且末等 4 郡周边开始了大规模的兴修水利、开掘新渠和屯田活动,范围包括今天的青海中西部和新疆东部地区。这一时期,包括青海境内的整个河西地区农业生产技术也因为屯田,而使中原地区较为先进的农耕技术得以传播,牛耕技术已由二牛挽拉的单辕犁过渡到了一牛挽拉的双辕犁,播种方法也出现了耧播技术和用水浸种催芽的技术,另外中原地区普遍使用的中耕锄草、施肥、除虫灭蝗、粟麦麻菽轮作倒茬等技术也在河湟地区被广泛使用。

唐朝的屯田主要分为军屯和民屯两种,军屯土地属于国家所有,屯田所需的种子、耕牛、农具以及口粮等均由政府提供,收获的粮食也全部上交国家。民屯是政府把均田制以外的土地交付给征发来的丁夫和流民耕种,名为屯丁或营田户,实为政府的佃农。唐初屯田管理机构的设置总体承袭了隋朝,但也有许多改进之处。屯田郎中是屯田管理机构中职位最高的官员,司农寺和州镇诸军管理屯田的具体事务。屯田的基本单位是“屯”,设有屯官和屯副,屯官必须是五品以上的勋官和武散官,或者是曾经任职于边州府县镇戍的八品以上文武官员,对屯官的考核奖惩等规定也比较详细。唐朝前期, 青海东部地区是唐蕃争夺的重要战略要地,随着戍边军队的不断增加,粮草供给显得尤其突出。唐朝为了解决驻军的军粮供给问题,先后在黄河、湟水河两岸以及河西、陇右地区开始兴修水利,实行大规模的屯田驻防。根据南宋《大唐六典》记载,开元二十一年(733 年),全国屯田总量的 1/3 分布在河西、陇右地区,其中陇右道的屯田共有 172 屯,主要集中在青海境内。在唐初屯田的百余年间,随着农业耕作技术的不断改进和生产条件的不断改善,河湟地区经济社会得到了前所未有的发展,与整个河陇地区一道成了当时唐朝最为富庶的地区之一,河陇屯田也成为唐朝中央政府重要的经济来源。

吐蕃人统治时期,因为其本部“土风寒苦,物产贫薄”,生产水平相对较低,后期,在接近汉地的青、甘、川、滇等地吐蕃民众从汉地农区引进了许多先进的生产技术,使得这些地区的农业又有了很大的发展。另外,安多一带地处青藏高原东缘,气候条件要比本部好很多,所以为了很好地控制这一地区,吐蕃政权的统治中心曾经一度东移到了这一带。太宗贞观十五年(641年)文成公主进藏和中宗景龙四年(701年)金城公主进藏期间,唐人均携带了大量种子、农具、纺织品、工艺品等物品,并有不少农民和工匠随行入藏,沿途传授了许多唐朝先进的农业和手工业方面的生产技术,对藏区经济发展影响较为深远。吐蕃的农业耕作技术,一般采用耦耕法。两头牛耦耕一日的土地面积称为一突,铁制斧头、镰刀等农业生工具也已在普遍使用。中原地区的水磨等农产品加工工具的引入,提高了粮食细加工的水平,使糌粑等日常食用品的制作更加精细。

三、马政崛起与畜牧业发展

隋唐时期,包括河湟地区在内的河西、陇右地区除了屯田之地外,还有更大面积的土地是水草丰美的草原,非常适合发展畜牧业。隋朝中央政府由于军事需要很注重畜牧业的发展,尤其是当面对西边的强敌突厥和吐谷浑人时,隋军需要河陇地区的草原提供数量可观的战马用于军事战斗。所以,中央政府曾经在河陇地区专门设置了陇右牧监(设总监、副监)、丞等职位掌管牧养官马等畜牧事宜,由政府出面从事官营性质的畜牧业经营。这一时期青海境内民间畜牧业发展的情况,相关的文史资料非常稀少。但总体来看,青海境内除了河湟地区属于农牧并重的半农半牧地区,中西部柴达木盆地一带有一些零星的绿洲农业外,其余大部分地区历史上均为牧业区。

唐朝的马政在承启隋朝的基础上,又进行了一定的改进和完善。唐朝立国初期,唐军先后从突厥人处俘获2 000匹马,又在赤岸泽(今陕西大荔县南)得隋马3 000匹,中央政府将这些马匹全部安置在陇右牧马监,成立了西北官营牧场,并建立了较为完善的马政管理"监牧"制度。当时陇右地区的官营马场东西约600里,南北约400里。在此之后的50多年里,官营牧场所养的马匹一度达到了70余万匹,是唐朝官营牧场取得快速发展的时期,也是包括河湟地区在内的陇右地区畜牧业经济发展的黄金时期。唐朝政府不得不在原来48个马监的基础上,又在河曲之地(今甘肃甘南和青海黄南、海南和果洛州北部)又开辟了 8 个马监。这一时期,唐朝以河西和陇右地区为主体构建的巨大的环形官营牧场区域,是当时世界上最大的由国家经营的牧场之一。

另外需要注意的是,这一时期唐朝的官营牧场是一种综合性的牧场,虽然以饲养马匹为主,但还兼顾牛、羊、骆驼等牲畜。也可以说,这种官营的牧场不但可以为军队提供重要的马匹保障,还可为农业、交通运输业和商业贸易提供必不可少的畜力保障。所以,前唐时期陇右地区以养马为主的畜牧业在取得长足发展的同时,也直接或间接地促进了商品流通、交通贸易和农业的大发展。"安史之乱"以后,吐蕃趁机占领了陇右地区,唐朝失去了重要的牧场,其马政也从此一蹶不振。

唃厮啰统治时期,其辖下的祁连山麓和青海湖畔历来就是出产优良马匹的地方,他们饲养的战马、牛、羊、骆驼等牲畜是与周边国家(尤其是宋朝)开展外交关系的重要商品。而他们用冷锻工艺制作的锻甲工艺非常精良,是那一时期青海手工业最具代表性的产品。曾在陕西任职的北宋丞相沈括在《梦溪笔谈》中举过一个生动的例子,证明了这种铠甲的强大防身作用。"宋朝名臣韩琦曾经用青唐铠甲做实验,检测它的保护性能。结果在 50 步之外,强弩射出的箭都不能穿透它。有一支箭射穿了铠甲,仔细一看原来是射入了铠甲穿带子的小孔,箭头被小孔刮削得铁都卷了起来。"

四、茶马互市与交通运输的繁兴

茶马贸易作为历史上农耕民族和游牧民族间一种传统的以茶易马或以马换茶为核心内容的贸易往来,自唐宋至明清,前后共延续了千余年。隋唐时期,互市有专门的政府机构,如隋代设有"交市监"机构管理包括民族间贸易之事宜。唐代初期沿用隋代的"交市监"互市管理机构,贞观六年(632 年)将交市监改名为"互市监"。武则天垂拱元年(685 年),曾经一度改称为"通市监",但是不久又恢复为"互市监"。隋唐时期,河湟地区属于半农半牧地区,而南部和中西部地区生活着的吐谷浑和党项人则以游牧为主。吐蕃统治青海草原后仍以游牧经济为主,史称吐蕃"俗养牛羊,取乳酪供食,兼取毛为褐色而衣焉""其畜牧,逐水草,无常所"。吐谷浑人培育的"青海骢"和"舞马"均是与隋和唐进行交易的重要商品。吐蕃在河曲地区培育的河曲马也是隋唐时期重要的优良马种。加上农业经济与牧业经济产品互补的关系,使得在隋唐时代这些农牧交界地区的商品贸易无论是以官方的形式,还是以民间的形式,都有其存在的必然理由。高祖武德八年(625年),突厥、吐谷浑等西北少数民族请求和市,双方共同在承风戍(今贵德境内)互市交易。开元二十年(732年),唐与吐蕃一度在赤岭(今湟源县日月山一带)互市,双方用丝绢、茶叶和马匹进行着商品交换。在都兰等地的考古发掘和大量历史文献记载表明,这一时期包括青海东部地区在内的河陇一带,一度成为全国最为富裕的地区。而陇右道治鄯州(今乐都县一带)一度曾是唐朝陇右地区的政治中心,通往各地交通路线四通八达,为贸易往来提供了极为便利的交通条件,使得丝绸之路青海道经历了一段连接东西方贸易繁荣发展的黄金时期。

唃厮啰统治时期,由于西夏国在占领了河西走廊后,经常劫杀往来客商,并抽取很重的苛税,使得丝路河西段一度中断。而唃厮啰人很有商业头脑,不但主动开辟了古青海路,还在临谷、青唐、邈川等城设立了贸易市场,并派兵保护各国商队直至宋朝边境,使往来东西方的商人能够平安经过丝路青海道前往中原地区,使得青唐城内来自西域和中原地区的商户云集,梵宫林立,百姓生活安定富裕,一片繁华景象。据宋朝人张舜民《画墁录》记载,那时青唐城的宝货很多,人们将珍珠、翡翠、金玉、犀角、象牙等都用柜子装起来埋在地下。另外一位宋朝人李远所著《青唐录》记载,青唐城以西处处是平川沃壤,人民依湟水筑屋而居,沿着河流有很多磨坊,粮食产量很高。青唐、邈川两地存储的粮食可供1万名士兵吃10年。

第五章　元明清时期

第一节　政治环境与建制沿革

一、元朝统治下的青海

元朝对中国的全面统治从忽必烈攻破临安城算起,到元朝最后一任皇帝元顺帝被明朝军队逐回漠北草原,共历时 93 年(1276—1368 年)。其执政情况大致可以概括为三个阶段:初期战争不断,国家财政困难;中期政变夺权迭起,种族歧视日益严重;晚期自然灾害频繁,瘟疫流行,群盗蜂起。元朝对青海地区的统治开始于南宋玉庆三年(1227 年)春,成吉思汗亲率蒙古大军攻取西夏并占领西宁州,忽必烈继汗位以后蒙元最终统治了包括青海全境在内的整个吐蕃地区。元朝对青海地区的统治,一直持续到明太祖朱元璋在南京建立明王朝的第四年(1371 年),明朝大将徐达率兵先后攻占甘青地区的洮河 2 州以及河湟地区,前后共历时 145 年。元朝在继承了宋、金两朝的主要地方行政制度的基础上,创立了行省制度。元朝中央政府有中书省,直辖黄河以北的区域,又在 10多处地方设置了与中央政权完全相同(但权限有所不同)的行中书省,如河南、陕西、甘肃、江西等行中书省。"行"是派出的意思,"行中书省"简称"行省",又单称"省",这就是沿用至今的省名之由来。

青海东部地区曾先后隶属于"西夏中兴行中书省(1261 年)""陕西四川行中书省(1273 年)"和"甘肃行中书省(1281 年)"。西宁州(辖今湟水流域广大地区)是当时甘肃行省管辖的七路二州中的一州。贵德州(治今贵德县)、积石州(治今甘肃积石山县大河家)归"陕西等处行中书省"下辖的河州路管辖。

元朝时期,青海地区主要生活着汉、吐蕃、蒙古、回纥等族人。元时突厥族乌古斯部落中撒鲁尔部的一支从中亚辗转迁徙,最后在循化一带定居下来并形成了今天的撒拉族。这一时期,回族的先民陆续以蒙古军队的"西域亲军"和随军工匠、商人及其家属等方式,从中亚一带大批迁入甘青地区,形成了今天的回族。至元二十五年(1288年),元朝开始在青藏高原等地牧区推行"政教合一"的政治制度,并在甘、青、川、滇等地藏区设置了"吐蕃等路宣慰使司都元帅府"。此外,元朝还先后在柴达木盆地西部设置了"曲先答林元帅府",在今海南州、黄南州等地设置了"必里万户府"以加强对上述地区的军事守备。

二、明朝统治下的青海

元朝末年王室内部政治斗争惨烈,国家政治腐败,自然灾害频繁,瘟疫和饥荒四起,百姓生活空前艰难。1351年,元朝不顾百姓疾苦,强调十几万农民和兵士治理黄河水患,最终激起民变,导致红巾军起义的全面爆发。洪武元年(1368年),红巾军首领朱元璋在南京称帝,明王朝正式建立。明朝大将徐达在1368年和洪武三年(1370年)的两次西征过程中,经过庆阳会战、沈儿峪决战等一系列大战,最终打败了镇守在山西和陕西地区的元末名将扩廓帖木儿和李思齐等部,占领了关陇地区,并于次年乘胜追击,占领了甘青地区的河、湟、岷、洮一带。洪武七年(1374年),镇守在柴达木盆地一带的元将卜烟帖木儿也归降了明朝。此后,明将蓝玉、邓愈、沐英等人先后率大军占领了青海各地,青海全境最终全部纳入了明王朝的统治之下。同时,为有效孤立退往漠北草原的蒙元势力并切断其南下的通道,明朝并没有在青海地区设立府、州、县等行政机构,而是参考了汉武帝建置河西4郡阻断匈奴联系的做法,在河西地区设立了具有军事防御性质的卫所,以防蒙藏两族结盟,力保藏区稳定。

明朝初期,西海蒙古部落开始了在青海西部地区的游牧生活,并逐渐成为青海境内一个重要的民族。土人作为一个民族实体也在逐渐形成。明代中期,撒拉已发展壮大到了上万人口的规模。洪武六年(1373年)明朝改西宁州为西宁卫(属实土卫,兼具军事和行政双重职能),下辖中、左、右、前、后5个千户所,管辖范围总体沿袭了元朝西宁州的辖区。宣德七年(1432年)又升西宁卫为军民指挥使司,正式成为军政合一的地方行政机构。在青海湖以西的撒里畏兀尔(今柴达木盆地一带),先后设立了安定、阿端、曲先和罕东"塞外四卫",与甘肃河西地区沙州、罕东左卫以及赤斤卫合称"关西七卫"。在玉树地区,先后设立了陇卜卫、毕力术江卫。同时结合卫所的建设,在元的基础上开始普遍推行"土汉参政"的土官制度,封授降附明朝的故元官吏和一些部落首领相应的官职和土地、属民,并选派内地汉官与土官任职于卫所共同管理地方事务,为明王朝青海地区的政治稳定发挥了重要作用。明朝时期,藏传佛教格鲁派(俗称黄教)开始在藏区广泛传播,明朝中央政府一度借助这一宗教影响,实施了对藏区的统治。

明代末年,李自成起义军贺锦部曾挥戈西进,控制西宁地区长达一年,势力一度扩张到了青海湖地区。直到清王朝的建立,大顺军在西宁地区的活动才宣告终结。

三、清朝统治时期的青海

16世纪末,东北地区的女真族在其首领努尔哈赤的统领下,在逐步征服建州、海西、东海等女真各部的同时,于1616年建立了后金政权,1636年,女真降服漠南蒙古后,皇太极称帝并改金为清。1640年,明清松锦之战爆发。1644年,李自成率领的大顺军攻陷北京,驻守山海关的明将吴三桂降清,引清军入关击败大顺农民军并迁都北京,开始了长达268年的统治。顺治二年(1645年),清军一路追击并攻灭了逃往西北地区的李自成余部。陕甘总督孟乔芳率兵占领西宁地区,派遣土官李天俞、祁延谏和祁兴周父子带兵追剿甘州"流寇",招抚东部农业区各土官。在随后的10年时间里,相继重新任命了一大批投降清朝的原有土官为世袭土司,并授予正式官职,使其成为维护统治地位的重要力量。

清朝统治青海后,行政建制仍保留了明朝在关卡要塞建立卫所的做法。顺治十五年(1658年)改西宁副将为西宁镇总兵,加强了对青海东部地区的军事戍守。康熙、雍正时期,清朝多次对割据新疆的厄鲁特蒙古准噶尔部噶尔丹等用兵,在柴达木盆地西部增设卡伦,派兵防守。噶尔丹败亡后,青海蒙古诸台吉归顺清朝。康熙六年(1667年),分陕西省为陕、甘两省,青海东部隶属甘肃管辖。雍正二年(1724年),在平息了罗卜藏丹津叛乱后,清政府采纳了年羹尧所奏《青海善后事宜十三条》和《禁约青海十二事》,对青海的地方建制作了较大调整,改西宁卫为西宁府,仍隶属甘肃省。下设西宁、碾伯两县和大通卫(1761年改为大通县)。乾隆八年(1743年),设巴燕戎格厅(今化隆县),隶西宁府。乾隆二十七年(1762年)设循化厅,隶属于兰州府(1823年改隶西宁府)。道光九年(1829年),设丹噶尔厅(今湟源县)。至此,青海东部河湟地区的行政建制为一府三县(西宁、碾伯、大通)四厅(巴燕戎格、丹噶尔、循化、贵德)。

第二节　财税制度与经济发展

一、财税制度

元朝时期的土地主要分为官田和民田。官田主要包括皇族和官员阶层的食邑,作为官员俸禄补充的职田和学校师生禄禀的学国,寺庙道观的寺田以及供应军粮的屯田。民田征税,官田收租。为了鼓励商业经济发展,元朝初期的商业税率较低,执政后期商业税种不断增加,出现了税收总量猛增的情况。据《元史·食货志》载,至元八年(1271年)时,西宁州的税粮标准是:旱地每亩3升,水地每亩5升,与僧、道种田应纳粮相同。税粮除田赋外,还有历日、契本、山场、窑冶、房地、门摊、煤炭柳、牙例、乳牛、柴、羊皮等32项额外课。元朝中后期有些税目比初期增加了近20倍。元朝前期还承袭宋制发行了纸币,并一度在商业贸易中得到广泛使用,但在中后期由于纸币发行过量,引起了全国性的通货膨胀,商业贸易又重新回到了以物易物的状态,纸币制度遂被破坏。这一时期官田私租日盛,佃户所受盘剥日重,民间苦不堪言。

明朝初期,政府鼓励移民垦荒,运用减免赋役等办法引导流民回乡务农,发展农业,并大兴屯田,缓解了军队的粮食供应问题,也减轻了百姓的赋役负担。明初,政府鼓励工商业发展,对商户实行的是低税政策,一般是三十税一,而且免除了元朝时期的大量杂税。同时也解放了大批奴隶,整肃了吏治,出现了明初的"洪武之治"和"宣德之治"。但是在明后期,土地兼并日趋激烈,百姓丧失土地到处流亡或沦为田奴,加之政府吏治败坏,工商税制日趋紊乱,财政危机愈演愈烈,最终激起民变。

　　清朝中前期,为了尽快恢复经济,清政府一度根据各地不同的情况,实行了减免赋役政策,并多次下达禁止圈地令将土地归还于民。康熙八年(1669年),清政府还下令把直隶、山西、山东、河南、湖北、湖南、陕西、甘肃等8省,共18万顷明朝藩王的土地归还原来佃种的农民,改为民户,称为更名田。康熙五十一年(1712年),政府对外宣布了永不加赋的政策,并在康熙五十五年(1716年)开始实行摊丁入亩(也称为地丁银制度,即以人丁为准收田赋)的改革。雍正二年(1724年),清政府推出了火耗归公制。这些新的财税政策的实施,对于规范当时的财政管理,平均百姓税赋,促进工商业的发展深影响深远,有力地促进了经济的复苏和发展。这一时期,清朝的赋役格局大致是西北役重赋轻,东南赋重役轻。清朝后期,由于吏治败坏和西方列强入侵,清政府军费支出和赔款支出大增,一些摊赔、分赔等名目的附加赋税和捐杂开始增多,百姓负担日重。

二、屯田与农业发展

　　元朝时期的青海经济以畜牧业为主,东部宜农区兼营一些农业,由于元朝疆域继续向西扩张,所以这一时期的青海并不属于边疆地区,加之元政府一直对农业的发展重视不足,所以屯田活动在元朝一度中落,但东部农业区的耕地和租佃关系一直得到了承袭。直到明朝时期,青海地区的农业经济才得以恢复和发展。明朝的田制,主要分为官田和民田两大类。屯田在诸项官田中占有重要地位,有军屯、民屯和商屯之分,是军队粮饷的主要来源。明政府在青海地区的屯田以军屯为主,主要集中在适宜发展农业的东北部河湟地区和东南部的黄河两岸地区,即西宁卫和归德千户所等地。西宁卫地区的屯田在明朝始于洪武十年(1377年),归德千户所的屯田始于永乐九年(1411年)。屯田由卫所的管屯指挥、千户、百户、总旗、小旗等官员层层管理,每民屯军管理耕地50亩左右,屯军所屯田地位置、数量、具体人员等必要信息均登记在"屯田黄册"之上,管理非常严格。宣德以后,明朝的屯田制度逐渐废止,屯田开始逐步向民田转化。清朝时期,清政府对青海地区的屯田,最早见于雍正时期,川陕总督年羹尧在《青海善后事宜十三条》中记载有关于在青海大通河等地的屯田建议,但似乎并没有收到特别好的成效。直到乾隆五年(1740年),清政府下发了对新开垦的荒地和边地永不征赋的诏令以后,西宁、碾伯、大通、丹噶尔、贵德、巴燕戎等宜农地区包括官田和民田在内的田地数量开始明显增加。到光绪三十三年(1907年),清政府在西宁设置了青海垦务局,并在黄河两岸适宜耕作的蒙古族和藏族地区进行了试垦,并一直持续到了清朝覆亡。由于我国的农业生产工具和生产技术在宋代以后就没有大的改进,所以明清时期的青海农业主要是向精耕细作的方向缓慢发展,这一时期(尤其是乾隆以后)新开垦的许多新耕地以及玉米、马铃薯等外来高产作物的大量推广种植,对青海人口的大量增加起到了重要的支撑作用。

三、官营牧场与畜牧业的衰退

元朝时期,元政府非常重视畜牧业的发展。先后推行了许多鼓励发展畜牧业的政策和措施,如禁止宰杀幼畜和母畜,建立畜产品市场,保护牲畜产权,兴办国家牧场等。但与唐宋时期相比,元朝青海地区的畜牧业由于受战乱、灾害以及劳动力大量减少等因素的影响,整体发展水平远不如唐宋强盛时期。明朝由于是中国历代战马资源最为稀缺的朝代,包括青海地区在内的整个西北草原是明政府非常宝贵的牧马场。据《万历会典》记载,永乐年间全国各兵镇拥有军马大约为34万匹,均分布在北方各兵镇,其中甘肃地区拥有军马约为3万匹,约占全国军马总数的1/10。洪武末年实行金牌制后,出自青海境内的马匹就约占当时金牌纳马总数的78%。洪武三十年(1397年)起,明政府就一直在青海境内设置了一些牧马监苑。永乐四年(1406年),明政府在碾伯设置的甘肃苑马寺中共有6监24苑,其中的甘泉、祁连、临川、宗水4监16苑就分布在今天的青海境内。清朝时期,青海境内的藏族、蒙古族和撒里畏吾尔人主要生活在青海的南部草原和中西部草原,过着逐水草而居的游牧生活。但是由于明朝中叶以后,河湟地区的人口数量增长较快,农业垦殖不断向牧业区、浅山地区甚至脑山地区推进,国家经营的牧场不断被民地侵占,大量的草场变为了耕地,大量番族人口由游牧转为农耕。到乾隆末期,青海地区黄河谷地农耕线已经深入到了牧业地区,畜牧业只保留在农耕所不能及的偏远山区,牧业人口日益萎缩,农进牧退的趋势非常明显。

四、茶马互市的兴衰和民间贸易的崛起

元朝时期,由于蒙古族本身产马,加上西藏、青海、甘肃等地均属元朝版图,马源十分充沛,所以官营的茶马互市一度中断。明朝初期,明政府极为重视边疆地区的商业贸易,始终将茶马贸易视为控制少数民族经济的一种非常有效的手段。洪武四年(1371年),在秦州、洮州、河州等地设立了专管河湟和甘洮等地茶马互市的茶马司。其制订的茶马贸易制度主要通过将金牌信符对剖为二,上号由政府保管,下号交由周边各部族首领保管,每三年召集各部首领,以符为信交易茶马一次。洪武三十年(1397年)时,明政府又在西宁(交易市场设在镇海堡)专设了茶马司,并设大使和副史各1人,管理金牌16面,可以交易马匹3 296匹。当时明政府在西北地区有三大茶马贸易中心,地处河湟地区的西宁和河州就占据了其中的两个,当时茶马贸易在青海地区经济发展中的重要性可见一斑。明中期以后,由于吏治败坏,导致茶贵马贱,官方主导的茶马贸易逐渐被民间贸易一度取代。明政府虽然多次试图恢复,但收效甚微。清朝初期,清政府沿袭了明制,继续开展了茶马互市。先后设置了西宁、洮州、河州、庄浪、甘州等五大茶马司。西宁茶马司设在今西宁北大街一带,交易市场则移到了镇海堡河对面的多巴地区。之后随着国家政局的长期稳定,民间贸易开始兴起,官方主导的茶马贸易日渐衰败。雍正后期蒙古卜藏丹津反清被平定以后,清政府正式停止了茶马交易,变茶马司为茶司,不再管理交易马匹事务,自唐宋以来延续了千年的茶马互市正式退出了历史舞台。

伴随着民间商业贸易的日益繁盛,地处农牧分界线一带的西宁、丹噶尔、多巴、白塔尔(今大通城关镇)相继成了商业贸易的重要中转地,吸引了大量本地的蒙、藏、回、汉人口和来自英国、俄罗斯、中西亚、新疆、西藏以及中原等地的外来人口在这些地区生活、经商、传教,继而发展成了新兴的贸易城镇。到18世纪中叶,西宁地区的商业贸易一度超过了河州地区。山西、陕西、四川等地商人纷纷在此设立会馆。"晋益老""合盛裕"是山西商人在西宁最早创办的商号。光绪之后,国外商品开始进入青海地区,美、英、俄、德等国先后在西宁、丹噶尔等地设立了仁记、新泰、平和等多家洋行,从事皮毛贸易,并和沿海地区一样,产生了一批买办商人,并一直延续到了民国时期。这一时期,由于藏传佛教的兴盛,

河湟一带佛教寺院数量大增,从而带动和形成了一批湟中鲁沙尔镇、同仁隆务镇、玉树结古镇等以寺院为依托的寺院城镇,并出现了独具藏区特色的寺院经济。

第三节　近代河湟邮政业的发展

青海河湟地区的近代邮政业是从清光绪三十二年(1906年)开始的,根据《西宁市志·邮政志》的记载,青海最早的邮局设在当年道台衙门附近的一处民房中,邮局建成之初,只有一名职员。清光绪三十三年(1907年)北京邮政总局的副邮务司英国人希尔兹来青海视察,他将所见所闻以报告的形式发给了当时主管西宁府邮政分局的北京邮政总局,讲明了他对青海发展邮政业的若干建议,北京邮政总局采纳了他的建议,并于宣统三年(1911年)陆续在碾伯、享堂、丹噶尔、贵德等地开办了邮政代办所,由此青海近代的邮政业进入了新的发展时期。

今天的西宁东大街东门十字一带已是繁华的商业区,青海最早的邮政分局的具体位置我们已经无从得知,一些专家推测它的位置可能在原工业大楼的地址上。从希尔兹的西宁府及边远地区的巡视考察报告中可以看到青海最早的邮政所建立的经过:清朝光绪年间,西宁府、丹噶尔厅、碾伯镇等城镇都是民族贸易的集散地。当时羊毛和土特产的贸易都掌握在来自天津的洋行代理商手中,为了加强河湟地区与内地的联系,方便人们寄送来往信件,近代邮政逐渐从沿海通商口岸迁至青海西宁。

西宁府邮政分局沿用大清邮政制度,实行垂直领导的邮政管理体制,由当时的北京邮政总局管理。希尔兹作为北京邮政总局派到青海筹建邮政事业的副邮务司,不仅需要为西宁府邮政分局选址、招人,还担负着巡视青海各地,增设邮政代办所,开辟新邮路的使命。希尔兹到青海考察认为,"青海东部地区是发展邮政业最好的地区,虽然青海的邮政业有很好的发展前景,但是由于邮局在此获利不大,所以设立邮政代办所宜缓不宜急"。

希尔兹来西宁时为西宁邮政分局开辟了另外两条邮路,并且引进了一套先进的邮政管理制度。青海最早的邮路是西宁至兰州的邮路,据史料记载,这条邮路从兰州出发经新城、享堂,穿越老鸦峡,经碾伯到西宁,全长267公里。后来希尔兹又增设西宁至丹噶尔和西宁至贵德的两条邮路,清朝时期,这3条邮路是青海最主要的邮路。经过一段时期的发展,邮局的信差越来越多,查点信函、包裹等工作都是人工完成的,清朝时期西宁的邮局一直没有自己的资产,租用民房当作办公地点,宣统三年(1911年)以后,青海的邮政业渐渐成了规模。

在希尔兹的报告中可以看出,自从近代邮政进入青海后,青海一些地区居民的生活也逐渐发生了变化。在青海东部地区,无论是荒乡僻壤还是商贸重镇,随处可见的都是信差们奔波的身影,3条邮路也在人马车流中显得异常繁忙。

第六章　民国时期

第一节　政治环境与建制沿革

　　1912年2月，袁世凯继孙中山成为中华民国临时大总统，北洋势力初秉政。北洋政府是中国历史上第一个以和平方式完整继承前朝疆域的政权，也是清朝灭亡后第一个被国际承认的中国政府。1912年8月，北洋政府任命原西宁府知府廉兴为青海办事长官，任命马麒为西宁镇总兵。第二年，廉兴、马麒在青海湖畔察汗城，召集青海各地蒙藏王公千百户举行祭海会盟，宣布了清帝退位、民国成立的消息，并与蒙藏头人联名致电北洋政府，表示拥护共和，标志着青海全境正式归附"中华民国"。1913年1月28日，北洋政府颁布《划一现行各省地方行政官厅组织令》，废除府、州、厅，实行省、道、县三级制度，并实行军民分治。西宁道隶属甘肃省管辖，下设西宁、大通、碾伯（今乐都）、湟源（原丹噶尔厅）、循化、巴戎（后改巴燕，今化隆）、贵德共7县，民国六年（1917年）又增设都兰理事和玉树理事，负责管理调解蒙藏事务。民国四年（1915年），廉兴被查办后，马麒被提任为甘边宁海镇守使兼蒙番宣慰使，集青海地区的军政大权于一身，期间他一直在积极扩充军力，组建了宁海军，并通过武力先后统一了青海玉树、果洛各部以及甘南藏区各部，为之后的马氏家族统治青海近40年拉开了序幕。

　　北伐战争开始后，冯玉祥从北京赶走谋图复辟的曹锟，支持皖系军阀段祺瑞为"中华民国"执政。1925年，段祺瑞任命冯玉祥为西北边防督办。同年10月，国民军进据甘肃,冯玉祥派国民军第二师师长刘郁芬率部从包头经五原、磴口、宁夏、中卫、一条山等地进入甘肃兰州。为了稳定西北后方,陇东战争结束后,冯部对回族各镇暂时采取了笼络谅解的态度。次年,冯玉祥任马麒为青海护军使,马麒所率军队接受国民军改编。1928年6月,国民政府定都南京,9月5日国民党中央政治会议第153次会议作出决议,将青海改为行省,建立青海省政府。10月19日正式下文,将原甘肃西宁道属西宁、大通、碾伯、循化、巴戎、湟源、贵德7县,与原西宁办事长官所属青海牧区(包括厄鲁特蒙古和硕特部21旗、绰罗斯部2旗,玉树土司25族、环湖7族、果洛族等)划出,成立青海省西宁为省会。1929年元月1日起,各县行政由省政府处理。元月18日,孙连仲率国民军进入西宁,20日正式就任青海省政府主席。南京国民政府当时虽然在政治上掌握了西北各项事务,但对西北边远省份还无实力真正控制。为确保西北政权稳定,1930年1月,南京国民政府正式任命马麒为青海省政府主席,青海政权再次落入马家手中,之后的4任青海主席均由马氏家族担任。马麒升任青海主席后,除将原来的巴戎县改为巴燕县(后又改为化隆县)、碾伯县改为乐都县外,又增设了互助、民和、同仁、门源、共和5县,将玉树、都兰两理事分别改为玉树县和都兰县。1931年,国民政府明令取消了青海省土司各职,青海东部地区土民直接归当地县乡政府管辖。

1936年6月,36岁的马步芳在马氏家族内部纷争中脱颖而出,被蒋介石任命为青海省政府代主席,并于两年后正式被任命为青海省政府主席,独揽了青海军、政、宗教大权,成了远近闻名的"青海王"。马步芳家族统治青海时期,以战时管制为借口长期垄断青海的皮毛、食盐、粮食、金融等主要贸易,不顾百姓疾苦,一味开征各种赋税,并多次残酷镇压各族百姓,不断发展壮大自己的家族势力。

抗日战争爆发前,马步芳追随蒋介石大肆屠杀抗日将士和进步人士,并派出部队在河西走廊围攻红军西路军并残害了大批红军被俘人员。尽管中共主动采取了一系列联合行动,希望其放弃反共政策,参加抗日民族统一战线,但其死心投靠国民党政府,坚持了反动路线。抗日战争爆发后,青海社会各界与全国人民一道,多次发起捐款、捐物、捐飞机等多种多样的抗日宣传和支援活动,以实际行动支持国家抗日救国。1937年8月,应蒋介石的命令,河西马步青与青海马步芳共同组成了暂编骑兵第一师出省抗日。马步芳即命海南警备司令部第一师师长马彪为师长，分别从八二军、骑五军和部分民团抽调兵力8 000余人，编为3个旅，于9月19日起程东下参加抗日。骑一师于1937年10月抵达陕西后，先后在陕西乾县、华阴、潼关，河南豫东，安徽淮阳、皖北一带驻防，分别划归宋哲元、汤恩伯、卫立煌部下。1938年2月，骑一师又扩编为骑八师和骑二师，并由青海改派孟全禄旅进行补充。7月河西骑五军也派出步、骑各一旅进行了补充，总兵力一度达到2.3万人。马家军出省抗日，前后历时9年，与日军开战8次，死伤3 000余人。抗日期间，骑八师也曾配合国民党军进攻了我新四军。在驻防华中时，这个师还曾因在长江和黄河流域进行武装走私活动被卫立煌部缴械。

抗日战争胜利后，1946年初，国民政府撤销了抗战期间建立的西北第八战区，改设国民党军事委员会西北行营于兰州。骑八师与骑二师被合编为骑八师，移驻陕西富平地区，于同年5月再调甘肃永登，担任对陕甘宁边区的封锁任务。在此之前，即1945年9月，中共甘肃省工委重建了陕甘宁青边区共产党地下组织，加强了对西北四省地下党组织的领导。1947年元月，国共和谈破裂，蒋介石发动内战，任命马步芳为西北"剿匪"副总司令，马家军遂成为西北反共战场之主力，并多次配合国民党胡宗南部队进攻陕西解放区。1949年4月，西北解放军开始了解放大西北的战斗，5月马步芳就任"代理西北军政长官"，并调集重兵准备与解放军在兰州决战，最终被解放军重创，于9月1日携家眷和财物乘飞机逃离了青海。9月6日解放军解放西宁，马步芳家族对青海的统治正式宣告结束。

马步芳家族统治青海时期，曾多次增设县、设治局等，行政区划屡有变动，至1943年已有19个县、6个设治局。新中国成立前的1947年，全省辖1市（西宁市）、1地（玉树行政督察区）、19县（大通、湟中、互助、乐都、民和、循化、贵德、化隆、湟源、共和、门源、玉树、都兰、兴海、同仁、囊谦、称多、海晏、同德县），还有祁连设治局、星川设治局。已改县或裁撤的设治局有海晏、兴海、通新、香德、西乐、和顺等。

第二节　财税制度与经济发展

一、财税制度

民国时期,青海地区的赋税徭役,主要包括田赋(牧区为"草头税")、捐税和差役。农业区的田赋,大致可以分为田赋正税和田赋附加两类。田赋正税包括屯科粮、番贡粮和新垦粮。民国初,青海各县每年共征粮一两万石不等,民国八年(1919 年)以后恒征粮三万七八千石。建省后税额猛升,一般在六七万石左右,有些年份高达十多万石。农民缴纳的正赋粮额,一般要占到田地收入的 20%—30%左右。田赋附加,即一切以土地为对象的地方附征。建省前,每亩附加税银"二两七钱五分"。建省后,地方军政费用剧增,国赋附加更加繁重。据民国二十五年(1936 年)对大通等 6 县的调查统计,田赋正税按时价计算值银 99 702 元,而田赋附加即达 234 332 元,附加额为正税的 2.3 倍。

牧业区的正赋,民国初按旧例征收户赋。民国五年(1916 年)改征"草头税",每年收白银 30 余万两,于秋季一次性征取,解缴"蒙番宣慰使行署"。征收办法为马 1 匹收银圆 5 角,牛 1 头收银圆 3 角,羊 1 只收银圆 1 角。从民国三十年(1941 年)起,草头税改称"建设费",赋税以征收羊毛和皮张为主,税率总的趋势逐年上升。民国三十年(1941 年)与民国十年(1921 年)相比,一般都增长了一倍以上,有的地区增长了两倍半到四倍半。

除田赋外,还有名目繁多的苛捐杂税,仅可查的即达七八十种。以税为例,有地照税、契税、油粮磨税、印花税、牙税、营业税、出入山税、人口税、烟筒税、门槛税等 30 余种。民国时期,马步芳家族官僚资本产生并逐步发展,控制了青海全省的农业、牧业、工矿、商业、金融等各个领域,垄断了青海的经济命脉,使生产力受到严重束缚。

二、农牧业的低水平发展

民国时期,青海牧畜草场近 6 亿亩,占全省农牧业土地总面积的 98%以上;

畜牧业年产值一般维持在七八千万元,占全省农牧业生产总值的 60% 左右。牧业区生产工具较落后,牧业生产一直停留在靠天养畜的低级水平上,缺乏对自然灾害的抵抗力。据新中国建立初期对牧区 16 个县的 7 100 万亩草原调查,鼠害面积即达 4 045 万亩,虫害面积达 763 万亩,牧草损失率为 70%。同时,牧区草场由于滥牧、滥垦而不断退化和沙化,载畜能力很低,平均养 1 只羊就需要 28.7 亩的可利用草场。限于客观条件,牧区牲畜一般并无棚圈。海南、海北等地偶有畜圈者,也极其简陋。牧场归封建领主(蒙古王公、藏族千百户等)占有。牲畜数量最多的年份曾突破 1 000 万头 (只)。但畜牧业一直停留在靠天养畜的低水平上,抵御自然灾害的能力很低。

民国时期,青海宜农地区主要集中在东部的黄河、湟水河、大通河流域。西部和南部牧区的江河谷地,也有零星小块农田。民国初期,青海农田不逾 500 万亩。后期经多次举办垦务,农田面积有所增加。到 1949 年时,全省土地面积已达 679 万亩,比民国初期增加 1/3。其中水浇地面积达到 78.29 万亩,比民国初期有所增加,比清朝雍乾时期的灌溉渠道总数略有发展。农业的主要耕作方式仍是"二牛抬杠"。青稞和小麦是当时最主要的农作物。此外还种植一些马铃薯、油菜、胡麻等。西部和南部牧区的小块农业,比东部农业区要简单、落后得多,主要种植青稞,生产工具中铁具很少。土地经营十分粗放,一些地方春种以后,人随畜群转移,不浇水、施肥和除草,只待秋收。1949 年,全省粮食总产量 5 900 余万斤(1 斤 =0.5 千克,编者注),平均亩产不足百斤。

三、工业和手工业的起步发展

民国初期,青海大多数资源还没有被人们充分认识和利用,工矿业资源只是初步的开发和加工。由于社会分工很不发达,手工业主要仍以家庭副业的形式存在。皮毛加工在全省农牧民家庭副业中具有突出的地位。毛毡为各族人民的生活必需品。牧区牧民主要居住在牛毛毡房中,但由于费工费时和需要一定技术,所以专业人士不多。湟源地区是当时最主要的藏靴产地,有手工作坊 80 多家,年产 10 万余双,主要销往青海各地和西藏、甘肃、宁夏等地。铁器加工以撒拉族制作的腰刀较为出名。熟铜器具以大通衙门庄产品最精。1935 年,西宁东关出现了全省第一家专业性五金修理铺——"义聚成"铁厂,起初只修理马车和自行车,之后能够生产犁铧等多种农具,1949年时有工匠16人,年产值为9000元。湟源陈醋在当时的西北和西藏地区有较高声誉,年产销量可达10万吨左右。互助威远镇酿酒作坊多至12家,大多由山西客商开办,年产青稞酒七八万斤,畅销全省各地和甘肃地区。1930年在"义源祥"商号内附设了义源工厂,随后又相继开办了军械厂、印刷厂、纺织厂、火柴厂等,后来在此基础上建成了"八大工厂"。这些厂矿有些属于传统的作坊,有些是手工工场,拥有电力机器设备的企业占少数,且规模不大,条件简陋。

四、商业贸易的兴衰

民国时期,青海地区的商业和金融业也发生了一些变化。商品种类较以往有所增加,除由内地输入青海的传统商品如布匹、丝绸、茶叶、生产工具和日用百货外,外国商品如布匹、火柴、西药等也输入市场。青海输出的商品,主要有羊毛、皮张、食盐等。省内贸易集市也有了较大发展,西宁为当时青海最大的贸易市场。20世纪30年代,每年经销入省商品约值600余万元,经销出省商品约值800余万元。1944年以后,官办"德兴海"商号先后在各县治地和重要居民点开设了分店,初步形成了一批固定市场。民国时期,青海地区的商人仍以山西、陕西人居多,资金也较雄厚。随后,青海籍商人逐渐增多,西宁较大的商号如裕丰昶、福顺昌、永和祥、德生隆、昌顺德、洪丰店、福盛店、恒庆栈,湟源的德兴成、德义兴、忠信昌、福兴连,湟中的泰生店、万兴永等,都是青海人经营的较有实力的商号。民国时期,青海的商业大致有洋行、会馆、商会等3种组织系统。洋行属于外国资本在青海的商业办事机构,清末进入青海,到第一次世界大战时均先后撤走。这一时期,民间商人和实业家也有出现,如湟源县李子发等人曾于1943年集资合办了"振兴毛织厂",但经营不久就倒闭了。马辅臣在民国初年包揽了青海盐业的产、运、销,同时又贩运粮、茶、布匹和木材等,积累了巨额资金,并于1940年在兰州开办了汽车厂,在临夏筹建了1个发电厂。湟源巨商李耀庭,因包收牧区草头税并兼营商业贸易而获取暴利,拥有资金170多万银圆,并一度扩建商号、投资办学。当时青海具有工商实业性质的商人为数不多,且大多是因为与马步芳家族关系密切才得以发展的,后期受马步芳家族排斥打压后,大多都破产倒闭或转向省外发展。

　　马步芳家族统治青海以后,开办了德顺昌、德兴海两大商号,逐步垄断了全省贸易并在建立起了遍布全省的官商网络,成为马步芳家族重要的经济支柱。民国后期,青海本地的民营商业在国内外其他地区廉价商品、繁重的苛捐杂税以及官营商业的排挤下,开始纷纷倒闭。传统的民间手工业和私营作坊,也紧随商业市场的萧条而纷纷倒闭。新中国成立前,仅湟中县倒闭的商户占该县商户总数的70%左右。门源县在民国初有30多家商户,到1948年时只剩下了8家。由于金融、工业、商业和农业等行业经营状况直线下降,全省经济也逐步走向了衰败。

第七章　国民经济恢复和发展时期

第一节　新中国成立前的经济基础

中华人民共和国成立前,青海属于封建社会经济制度。在马步芳政权统治下,全省经济十分落后,基本上没有现代化工业,以农牧业为主体,手工劳动为特征。农业生产是"二牛抬杠",生产工具原始,生产力水平极为低下,处于自然或半自然经济状态。1949 年共有耕地面积 681.65 万亩,粮食总产量 5.91 亿斤;全省共有大小牲畜 748.73 万头。按 1952 年不变价格计算的农牧业总产值为 1.33 亿元,占社会总产值的 78.69%。此外,工业占 11.04%,建筑业占 0.57%,运输、邮电业占 0.13%,商业占 9.57%。

在农业区,地主阶级占统治地位,土地所有制的基本形式是地主土地所有制、寺院土地所有制和自耕农(主要是中农和贫农)土地所有制。地主阶级及寺院上层依靠封建特权,占有大量土地,用出租土地、雇工、放高利贷及无偿劳役等形式,对广大贫苦农民进行残酷剥削。

在广大牧业区,实行着封建的千百户部落制度和盟旗制度。玉树 25 族、果洛三大部落、环海 8 族、黄南 12 族,是青海藏族部落的基本社会组织。在这些组织内,千百户、牧主头人占统治地位。在海西的都兰和黄南的河南地区,聚居着蒙古族牧民,实行盟旗制度,旗长就是王公贵族,牧主阶级剥削牧民的主要形式是实物租和无偿劳役。

牧业区的基本生产资料属牧主阶级所有。宗教寺院遍布牧业区,占有一定数量的牲畜和草山,较大的寺院还拥有一定数量的"塔哇"(奴隶),供寺院任意奴役。千百户、王公贵族、宗教首领集领主经济剥削与牧主经济剥削之大成,集政治权力与经济权利于一身,对贫苦牧民不仅进行残酷的剥削与掠夺,而且有奴役、刑罚和杀戮之权。

牧业区没有工业。在气候温暖、雨量较多的山间小盆地虽然有小片农业耕地,但产量低、面积小,属于试种阶段,没有形成农业生产区。手工业没有从牧业中分离出来,商品实行简单的物物交换,基本是单一的原始畜牧业经济。

交通通讯落后。没有铁路、民航等现代化的交通工具,公路运输也极为落后,只有简易公路472公里,道路狭窄,坎坷不平。

文化教育事业落后。没有一所大专院校和科研机构,只有中等专业学校5所(其中包括中师3所),在校学生683人;普通中学3所,在校学生705人;小学717所,在校学生4.05万人,共有学生人数4.18万人。90%以上的人口是文盲。

省会西宁市经济很不发达,只有少数工业和商业。马步芳官僚资本掌握下的"八大工厂",规模小、设备简陋、技术落后,是手工业性质的作坊,工业产值折合人民币只有500多万元。除西宁"湟中实业股份有限公司""德兴海商号""义源祥商号"等官僚资本经办的商业外,个体商户只有近百家,上市交易的商品量很少,市场萧条。

在封建军阀、地主、领主、千百户、王公贵族和宗教寺院的统治下,落后的封建政治、经济、文化与思想意识根深蒂固,严重阻碍了青海生产力的发展和社会的进步。马步芳政权统治时期,为了进行反共反人民战争的需要,其疯狂地抓兵抓夫,要马要款,搜刮民脂民膏。曾先后6次向全省各族人民及西宁市商会掠去白洋410多万元,向牧区各族人民勒索军马4 000多匹。1949年,青海解放前夕,工农业生产遭到严重破坏,农业区因劳力不足,土地大量荒芜;畜牧业生产急骤下降,牧区赤贫户和沦为乞丐的有8万人之多,占牧区总户数的20%以上;西宁市工厂停工,商店倒闭,物价飞涨,民不聊生,仅西宁和湟中两地的乞丐、难民就达6万人之多,各族人民生活陷入饥寒交迫、水深火热之中,国民经济陷入绝境。

第二节 国民经济的恢复

1949 年 9 月 5 日,中国人民解放军解放了西宁市,同年年底,除个别地区外,青海全境获得解放,从此结束了马步芳统治青海人民的罪恶历史,开创了人民当家做主的新纪元。新中国成立后,青海在中国共产党和人民政府的领导下,社会秩序趋于安定、国民经济得以逐渐恢复。

一、采取的措施

1.接管反动政权、没收战犯财产及官僚资本

青海解放前夕,马步芳及其亲信逃离西宁时,将历年搜刮的民脂民膏及贵重财产席卷一空,人民政府接收的粮食仅 840 万斤、白洋 1.9 万元、白银 2 000 余两、砂金 50 余两、军用布匹一部。此外,人民政府还接管了反动政权所属的一切机关、工厂、学校、医院、银行、邮电、交通和公司的一些物资及档案等。

2.打击投机倒把,稳定物价

由于战争创伤和旧社会恶性通货膨胀的影响,西宁解放不久,投机商便两次抬高物价,影响人民生活。青海省人民政府采取各种措施稳定物价。西宁市军事管制委员会于 1949 年 9 月 13 日布告通用人民币,禁止伪法币流通,禁止银圆在市场上交易。并且还严厉惩处了一些贩卖银圆、哄抬物价的投机商,国营贸易公司有计划地吞吐物资,稳定了物价,从而对国民经济的恢复和争取经济状况好转,发挥了积极的作用。

3.减租减息

1950 年 10 月 8 日,青海省人民政府颁布了《青海省农村减租实施细则》,10 月 15 日在湟中县新民(水磨)乡进行减租试点。11 月在农业区的湟中、湟源、民和、乐都、大通、互助和西宁相继展开。1951 年 8 月,中国共产党青海省委员会召开一届二次党代会,8 月 28 日通过关于今后任务的决议,决议要求:"减租、反恶霸是为土地改革铺平道路。1951 年冬季循化、化隆、贵德、门源 4 县,必须集中一切力量,大胆放手发动群众,为完成减租、反恶霸任务而斗争。"到

1952 年 2 月,在农业区的湟中、湟源、民和、乐都、大通、互助、循化、化隆、贵德、门源 10 县和西宁市 253 个乡完成了减租减息的任务。这次减租工作从 3 607 户地主、富农手中,共减租粮食 175.87 万斤;减租减息的佃户 2.28 万户,每户平均减租 77.23 斤。与此同时,清理了债务,减少了高利贷者对农民的高利盘剥。

4.改革土地制度

1951 年 1 月 25 日,青海省人民政府决定进行土地改革。5 月 7 日,在湟中县的多巴、通海、扎麻隆 3 个乡开始试点。8 月,中国共产党青海省委召开第二次党代会,决定在完成减租减息的地区,进行土地改革。第一期土改决定"1951年冬季到 1952 年春季在有 98.90 万人口的西宁、湟中、民和、乐都、互助、大通、湟源 6 县 1 市地区进行"。决定认为,"这是一个非常重大而艰巨的光荣任务;也是一场系统的、反封建的、剧烈的阶级斗争。必须全党动员起来,统一思想,加强领导,在充分发动群众的基础上,开展一次轰轰烈烈的、大规模的农民运动,保证此一任务的顺利完成。"9 日,青海省人民政府发布命令,指示 6 县 1 市第一期土地改革在 10 月正式展开,各县(市)依据具体情况逐步进行。到 1952年 4 月,除互助县 4 个乡、湟中县 1 个乡因属藏族牧民聚居地区不宜进行土地改革外, 第一期土地改革工作全部胜利结束。第二期土地改革于 1952 年冬季在完成减租减息的循化、化隆、贵德、门源 4 县进行,1953 年春季完成。

进行土地改革是青海国民经济恢复时期的中心任务。在整个土地改革过程中,省委、省人委正确地贯彻执行了中国共产党和中央人民政府制定的"依靠贫雇农、团结中农、中立富农、有步骤地、有分别地消灭地主阶级,发展农业生产的总路线",认真发动群众,正确地划分阶级成分,改变土地占有情况的不合理制度,顺利地完成了土地改革的历史任务。在土地改革中,搞清了农村各阶层土地占有情况。土改前,青海 11 县(市)共有地主 6 070 户,占农村总户数3.2%,人口 6.13 万人,占总人口 5.6%,占有耕地 103.20 万亩,占农村耕地总面积15.14%,人均占有耕地 19.49 万亩;共有雇农 2.13 万户,占农村总户数 11.5%,人口 9.15万人,占总人口 8.3%,占有耕地 4.27 万亩,占耕地总面积 0.62%,人均占有耕地 0.48 亩;贫农 5.4 万户,占农村总户数 28.4%,人口 29.38 万人,占总人口26.7%,占有耕地 74.78 万亩,占耕地总面积 10.97%,人均占有耕地 2.58 亩;中农占农村总人口的 46.1%,占耕地总面积 46.7%,人均占有耕地 4.88 亩。

经过土地改革,没收和征收了地主阶级和富农、小土地出租者等阶层的土地及生产资料,计土地 126.83 万亩,房屋 14.43 万间,耕畜 5.11 万头,农具 41.48 万件,粮食 1659.5 万斤。除留给地主本身与农民基本上相等的一份土地及生产资料外,其余的一律分配给无地少地的贫雇农及下中农。土改之后,农村土地占有情况发生了根本变化。地主阶级由土地改革前占农村耕地总面积的 19.71%,下降为 4.18%;雇农由土地改革前占总耕地面积的 0.8%,上升为 6.8%;贫农由土改前占总耕地面积的 14.3%,上升为 23.02%;中农由土改前占总耕地面积的 46.7%,上升为 50.02%,广大农民千百年来耕者有其田的愿望得以实现。

5.稳定牧业区社会秩序,恢复与发展畜牧业生产

根据中央精神,中共青海省委决定在广大牧业区不实行土地改革,采取"慎重稳进"的方针,培养少数民族干部,团结各族人民。1951 年 9 月,在全省各族各界人民代表会议上,省人民政府宣布,在牧业区"不分牛羊,不分草场,长期不变",缓和了上层头人、千百户与广大牧民的矛盾。省人民政府主席赵寿山 1952 年 10 月在省政府委员会和省政治协商委员会联席会议上讲:"农业区的藏民聚居乡不进行土地改革,喇嘛寺、清真寺的土地一律不动,半农半牧区及牧业区的小块农业区亦不进行土地改革,严格保护畜牧业,地主经营的牧场亦不没收。"这些政策,对稳定牧业区的社会秩序,恢复与发展畜牧业生产起到了重要作用。

二、取得的成果

由于采取了正确的政策与措施,经过 3 年艰苦奋斗,青海省顺利完成了国民经济的恢复任务,工、农、牧业生产都得到较快的发展。

1.农业生产

随着减租、反恶霸及土地改革的胜利完成,解放了农村生产力,出现了组织起来发展农业生产的互助组形式,进一步推动了农业生产的发展。人民政府还采取了一系列积极措施,在农村发放救济款和贷款,1950 年至 1952 年,国家用于扶持青海农业生产的贷款达 423.30 万元,救济款 39.51 万元,农业投资 432.05 万元,修筑、恢复了北川、和平、人民、平安、解放、芒拉、东渠、丹阳、深沟等多项水利工程,建成了一批小型水利工程,扩大水浇地面积 22 万亩,有效地

促进了农业生产的恢复与发展。1952年青海农村引进了第一台农用拖拉机,并开始使用化学肥料,农业生产出现了一些丰产典型。1951年,贵德县农民史春奎播种的小麦平均亩产达到678斤。荣获全国丰产模范的光荣称号。到1952年,耕地面积扩大15.25万亩,全省粮食产量达到7.43亿斤,比1949年增长25.57%,年均增长7.88%;油料产量3 245万斤,比1949年增长94.32%,年均增长24.79%。

2.畜牧业生产

3年中牧业区贯彻党的民族平等团结的政策,大力安定社会秩序,废除一切苛捐杂税,减轻群众负担。提高畜产品收购价格,开展爱国保畜增畜运动,调解草场纠纷,普遍进行兽疫防治。发放畜牧业贷款25.59万元,发放给贫苦牧民救济款43.24万元,用于兽疫防治的经费达53.67万元,从而促进了畜牧业生产的恢复,各类牲畜均有显著增加。到1952年,全省各类牲畜总头数达到933.52万头,比1949年增长24.68%,年均增长7.63%。

3.地方工业生产

3年中,人民政府努力整顿和改组原有企业,对西宁电厂、青海毛纺厂、西宁化工厂、青海印刷厂、大通煤矿进行改建和扩建,并兴建了西宁面粉厂。非常弱小的地方工业得到了恢复与发展。与1949年相比,1952年原煤产量达到10万吨,增长了1.5倍;发电量84万千瓦时,增长75%;原盐6 600吨,增长了4.5倍;机制纸及纸板41吨,增长1.16倍;皮鞋两万双,增长2.33倍;肥皂136吨。工业产值达到2 696万元(1952年不变价),增长44.09%,年均增长12.95%。

4.基本建设

3年内共投资1 676万元,改建与新建厂矿13个(包括劳改系统厂矿4个),新建国营农场13个(包括劳改系统两个),改建牧场3个,新修了东垣、北川、深沟大型水利工程3处。新增固定资产1 364万元,固定资产交付使用率81.38%,投资效益显著。

5.交通邮电

3年中,人民政府修复和改建公路2 523公里。1952年末公路通车里程达到1 346公里,比1949年增长1.85倍;邮电营业所由1949年的44处发展到114处,增长1.59倍;西宁市内电话用户由原来的15户增加到235户。

6.文教卫生

3 年中,各类学校由 1949 年的 725 所增加到 1 076 所,在校学生由 4.19 万人增加到 9.09 万人;卫生医疗机构由 9 所发展到 67 所,病床由 100 张增加到 529 张;文化馆、剧场、电影院(队)由 4 处增加到 43 处。

7.私营工商业得到很快的恢复与发展

1950 年底,西宁市坐商比新中国成立前增加了 736 户。1951 年 10 月,全省私营工商业户由新中国成立前夕的 4 450 家增加到 8 424 家,增长了 89.3%。1952 年,全省零售商业公私比重发生了显著变化:国营商业由 1950 年的 4.3%,上升为 1952 年的 16.69%;私营商业由 1950 年的 95.66%,下降为 1952 年的 77.31%;合作社商业占 6%。

由于各项事业的迅速恢复与发展,1952 年社会总产值达 2.26 亿元,工农业总产值 1.96 亿元(按 1952 年不变价格计算,下同),其中农牧业总产值 1.69 亿元,占工农业总产值的 86.22%;工业总产值 0.27 亿元,占工农业总产值的 13.78%。国民收入 1.52 亿元,人均国民收入 96.10 元。按可比价格计算,国民经济综合指标三年平均增长速度为:社会总产值增长 11.37%,国民收入增长 9.12%,工农业总产值增长 8.76%,其中农业总产值增长 8.15%,工业总产值增长 12.96%。1952 年各族人民的平均购买力达到 35.75 元,比 1950 年提高 52.97%,人民生活有所改善,恢复国民经济的任务顺利完成,为有计划地发展国民经济做好了准备,奠定了基础。

第三节　农业的社会主义改造

1952 年完成国民经济的恢复任务后,新中国随之进入了国民经济有计划发展时期,1953 年到 1957 年,开始实施国民经济第一个五年计划。也就是从这一时期开始,国家选择了优先发展重工业的发展战略。为了集中有限的人力、物力和财力保证"一五"计划,特别是其中 156 个重工业项目的顺利实施,国家决定最先在农村开展农业合作化运动。农业合作化运动在 1952 年到 1957 年间,先后经历了 3—5 家农户自愿参加来的互助组时期(1952—1954 年),20—

30 户农户自愿参加的初级合作社时期(1954—1956 年),150—200 户农户自愿参加的高级合作社(1956—1957 年)时期这三个阶段,取得了不错的效果,合作社经济在这一时期已经成为国民经济中的一个重要成分。

此时的青海,已经于 1952 年上半年起,在全省农业区逐步建立了 3 600 多个互助组,参加互助组的农户覆盖面达到了 79.3%。到 1956 年 6 月,全省建成的初级农业合作社达到了 876 个,入社农户数覆盖面达到了 12.9%。1955 年 7 月底,毛泽东主席在省、市、自治区党委书记会议上做出的《关于农业合作化问题的报告》是农业社会主义改造加速进行的转折点。1955 年 11 月,青海省委召开全委扩大会议,要求加快农业合作化步伐,提出到 1957 年基本完成半社会主义改造的任务,使得全省掀起了农业合作化的高潮。不到 1 个月时间,全省初级合作社增加到了 2 057 个,入社农户覆盖面达到了 50.9%,到 12 月底又增加到了 4 028 个,入社农户覆盖面达到了 85.2%。到 1956 年初,全省又一鼓作气完成了由初级社向高级社的转变。到 1956 年 3 月,全省农业区的 11 个县市建成高级农业合作社 2 317 个,入社农户覆盖面达到了 91.2%,基本完成了农业的社会主义改造。

但是由于这一时期的农业合作化时间太过仓促,缺少必要的组织保障,以至于高级社成立不久后便不可避免地出现了一些诸如经营管理跟不上、财务管理混乱、由于规模效益递减之后社员收入减少引起退社等问题。为此,省政府对全省的农业合作社开展了分批整顿工作,并对合作社规模进行了调整,将区划较小的乡适当合并成了大乡,将一些小的合作社合并成了大社。到 1957 年,全省高级合作社总数降到了 2 400 多个,但仍高于 1956 年时的水平。

1956 年初,青海省委召开了全省牧区试办建设座谈会,明确指出要在坚持"全面规划、加强领导、积极发展、稳步前进"的方针的前提下,继续实行"不斗不分、不划阶级""牧工、牧主两利"和宗教信仰自由的政策,并提出争取在 1959 年前在牧业区完成半社会主义的合作化。1956 年 8 月,牧业区各县建立了一批初级畜牧业合作社,但参与的牧户不多,覆盖面只有 1.17%,这主要是因为大多数牧业主和头人普遍担心利益受损而存在抵触情绪所致。鉴于对牧业的社会主义改造具有完成民主改革和社会主义改造的双重任务,1956 年 6 月和 11 月,青海省委先后召开了中共青海省第二次党代会和二届四次全委会扩大会,明确提出了在有条件的牧业区建立牧业合作社和公私合营牧场,并制定了分批完成社会主义改造的计划。但是随着1958年"大跃进"的开始以及通过对甘南青海牧区武装叛乱的平叛斗争,对牧业区6个自治州的社会主义改造除玉树和果洛两州外,其余4个州全部提前至1958年下半年就已完成。

第四节　资本主义工商业和手工业的社会主义改造

1953年6月,中共中央政治局正式讨论和制定了党在过渡时期的总路线:从中华人民共和国成立,到社会主义改造基本完成,这是一个过渡时期。党在这个过渡时期的总路线和总任务是,要在一个相当长的时期内,逐步实现国家的社会主义工业化,并逐步实现国家对农业、手工业和对资本主义工商业的社会主义改造。我国对资本主义工商业的社会主义改造,从1954年开始全面进行,采取的是"和平赎买"的政策,目的旨在通过国家资本主义形式,逐步将其改造成社会主义公有制企业,而且"将所有制改造与人的改造相结合,努力使剥削者成为自食其力的劳动者"。对手工业的社会主义改造从1953年11月开始至1956年年底结束,全国90%以上的手工业者加入了合作社。政府对手工业的社会主义改造采取的3种形式分别是手工业生产小组、手工业供销生产合作社、手工业生产合作社。通过这3种形式,把大量的手工业者组织起来,实现由分散到集中,由低级到高级的社会主义改造。

青海对资本主义工商业的社会主义改造开始于1953年冬,在开始实行全省第一个五年计划时,按照国家规定,对粮、油、棉布相继开始实行统购统销,并对经营粮、油、棉布的私商开始进行社会主义改造。1955年12月,在全国社会主义新高潮推动下,青海省委召开了全省对资本主义工商业改造工作会议,依据"全面规划,统筹安排,积极改造的方针",制定了全省资本主义工商业改造全面规划。要求在1956年上半年将农业区城镇的资本主义工商业全部纳入公私合营,到1960年完成对牧业区私营商业的半社会主义改造。根据1955年11月底的统计,全省有国营粮食购销站110个,国家粮食市场38处。实行油品、油料统购统销后,取缔了私营油商的私有经营。棉布方面,改造私商棉布批发商9

户,从业 62 人,资本 26 万多元,并对其从业人员做了妥善安排。

青海对手工业的社会主义改造工作同全国一样,开始于 1953 年的 3 个生产合作社和 12 个生产小组的试点。到 1955 年 4 月,全省手工业合作社发展到了 34 个,供销合作社 2 个,生产小组 43 个。1955 年 5 月全省召开发展手工业工作会议,要求按照"统筹兼顾,全面安排,积极领导,稳步前进"的方针和自愿互利、由低级到高级、由小到大、循序渐进的原则,对已组织起来的合作社和小组进行整顿提高。到 1955 年底,全省手工业合作社达到了 54 个,供销合作社 10 个,生产小组 54 个,入社的人数占全省手工业者总人数的 32%。

在三大改造的高潮中,1956 年元月,全省召开了第一次手工业合作社代表会议,要求在当年 3 月底以前将农业区 95%的手工业者组织起来,基本实现合作化。在几天之后召开的全省第二次手工业者代表大会上又进一步提出,农业区要在当年的春节前实现全部合作化的工作目标。到 1956 年 6 月,全省第二次党代会召开时,在农业区加入手工业合作社和生产小组的手工业者达到了 93.13%,全省对手工业的社会主义改造目标也得以实现。

第五节 "一五"计划的制订与执行

早在 1952 年完成国民经济的恢复任务之前,中央就决定从 1953 年起开始实施第一个五年计划。并于 1952 年初成立了由周恩来、陈云、薄一波、李富春、宋劭文 6 人组成的领导小组,负责组织第一个五年计划的制订工作。由于缺少编制经验,所以我国在编制第一个五年计划时经历了一个向苏联学习求助,不断摸索和完善的漫长过程。正如美国经济学家马巴里·诺顿所言:中国的第一个五年计划是"一半在莫斯科,一半在北京"规划出来的。

由于中央高度重视我国的第一个"五年"计划,所以在编制过程中曾先后历时 4 年,五易其稿,直到 1955 年 7 月计划实施期已经过半,才正式在全国人大一届二次会议上审议通过。五年计划包括绪言和正文 11 章,共计 11 万余字。其基本任务是:集中主要力量进行以苏联帮助我国设计的 156 个建设单位为中心的、由限额以上的 694 个建设单位组成的工业建设,建立我国社会主义工业化的初步基础;发展部分集体所有制的农业生产合作社,并发展手工业生产合作社,建立对农业和手工业的社会主义改造的初步基础;基本上把资本主义工商业分别纳入各种形式的国家资本主义的轨道,建立对私营工商业的社会主义改造的基础。围绕上述基本任务,"一五"计划提出了重工业建设、轻工业建设、原有企业利用、少数民族地区发展等 12 项具体任务。规定"一五"时期的主要经济指标是:工业每年增速为 14.7%,五年投资合计为 427 亿元,限额以上的建设项目为 694 个,要求期末加入合作社的农户达到总户数的 1/3 左右。伴随着 1954 年新中国第一部宪法中"国家用经济计划指导国民经济的发展和改造"的明确规定,从"一五"时期开始,计划经济已逐渐成为中国法定的经济体制。

　　1954 年 5 月,青海省计划委员会正式成立。1955 年 8 月 15 日,经青海省第一届人民代表大会第三次会议正式审议通过的《青海省发展国民经济第一个五年计划纲要》,依据国家在过渡近期的总任务和国家"一五"计划的基本任务,确定青海在"一五"期间的基本任务和方针是:在进一步巩固与增强民族间和民族内部团结的基础上,以发展农牧业生产为主,加强地方工业与交通运输业,积极进行社会主义建设和在农业区对农业、手工业及资本主义工商业的社会主义改造,大力支援国家的各项资源勘察工作,并在保证发展生产、厉行节约和增加国家资金积累的前提下,逐步提高各族人民的物质生活与文化生活水平。围绕上述基本任务和方针,"一五"计划提出了对农业、手工业合作化及资本主义工商业进行社会主义改造,发展国营农牧场和拖拉机站,兴修水利,扩大农田灌溉面积,发展畜牧业生产,加强地方工业发展等 9 项具体任务。按照"一五"计划的各项目标和要求,青海省计划委员会又逐年编制了年度计划和具体实施措施。《青海省发展国民经济第一个五年计划纲要》规定的主要计划指标如下:

表 7-1　青海省 1957 年国民经济主要计划指标表

指标项目	计量单位	1952 年实际	1957 年计划	1957 年为 1952 年的倍数
粮食总产量	(亿斤)	7.43	12.96	1.74 倍
油料总产量	(万斤)	3 245	5 620	1.73 倍
牲畜总头数	(万头)	933.52	1 974.68	2.12 倍
其中:大牲畜	(万头)	290.88	488.16	1.68 倍

续表

指标项目	计量单位	1952 年实际	1957 年计划	1957 年为 1952 年的%
绵山羊	（万只）	642.64	1 469.93	2.29 倍
猪	（万头）	14.15	16.59	1.17 倍
发电量	（万千瓦时）	84.00	800.00	9.52 倍
原煤	（万吨）	10.00	35.00	3.5 倍
食用植物油	（万吨）	0.10	0.20	2.0 倍
货物运输量	（万吨）	2.60	25.60	9.85 倍
货物周转量	（万吨公里）	553.00	7 411.10	13.40 倍
客运量	（万人）	4.80	48.51	0.10 倍
旅客周转量	（万人）	381.00	7 282.1	19.11 倍

资料来源：青海经济信息网

经过全省各族人民的辛勤劳动,青海省发展国民经济第一个五年计划基本完成,国民经济各部门基本上确立了社会主义经济基础,工农牧业生产向前发展了一步。1956 年,全省粮食总产量达到 12.22 亿斤,这是"一五"期间粮食产量最高的一年。1957 年,全省大小牲畜达到 1 500.04 万头,完成计划的75.96%,年均增长 9.95%。工业总产值 1.04 亿元,按可比价格计算,比 1952 年增长 2.87倍,年均增长 31%。工农业总产值 3.53 亿元,按可比价格计算比 1952 年增长80.37%,年均增长 12.52%。常住居民当年实现的消费品购买力为 2.32 亿元,人均购买力为 112.42 元,比 1952 年增加 2.14 倍。5 年内,"一五"计划内全省18 个限额以上的建设项目和 1195 个限额以下建设单位全部建成。全民所有制单位基本建设投资完成 6.41 亿元,超过原计划 8.20 倍。新增发电装机容量6 989 千瓦,煤炭开采 15 万吨,新建公路 6 92 公里,新购置载重汽车 1 729 辆,长途线路3 250 对公里,开荒造田 37.6 万亩,扩大耕地面积 75.87 万亩,扩大农田灌溉面积 38.13 万亩。

从总体执行情况看,"一五"时期青海的经济发展比较顺利,除了粮食、油料、牲畜三项重要指标虽然增长速度较快,但由于计划指标定得偏高没能完成外,其余经济指标基本上实现了预定和计划目标,国民经济实现了较快增长,市场繁荣、物价稳定、人民生活水平得到了显著提高。

第八章 "大跃进"时期

第一节 "大跃进"运动

随着"一五"计划的超额完成,早已受够了贫穷和屈辱的国人对中国美好的未来充满了无限遐想和憧憬。在这种大的社会背景下,上到中央,下至地方的许多人坚信中国"一天等于二十年"的时刻已经到来。1957 年 11 月 13 日《人民日报》发表社论,号召全党"在生产战线上来一个大的跃进",这是官方第一次公开提出"大跃进"口号。1958 年元旦,《人民日报》发表社论《乘风破浪》,向全国公布了毛泽东主席关于社会主义建设的新的总体设想:首先用 15 年时间在主要工业产品的产量方面赶上英国,然后再用 20 到 30 年时间在经济上赶上并超过美国,以便逐步地由社会主义社会过渡到共产主义社会。1958 年 5 月召开的中共八大二次会议,正式通过了"鼓足干劲、力争上游、多快好省地建设社会主义"的总路线,随后在全国掀起了"大跃进""大炼钢铁"和农村人民公社化运动。在此之前的分两步建设社会主义的战略构想已经被一步建设社会主义并准备向共产主义过渡的战略构想所取代,中国的赶超战略进入了激进化模式。

在此之后,中央对工业、财政、商业、企业、基本建设等方面先后进行了以"权力下放"为主导思路的、匆忙而又大幅度的改革。随着"大跃进"运动的不断深入,贪多求快的冒进氛围越来越浓,高指标、浮夸风盛行,中国的管理体制一度变成了主观行政命令管理体制,中央集权的计划经济一度变成了地方分权型的命令经济。

在全国宏观形势的大背景下,1958 年 6 月中共青海省委召开的二届二次党代会在传达贯彻中共八大二次会议精神的同时,重新研究了 1956 年制定的《青海省发展国民经济的第二个五年计划纲要(草案)》的各项任务目标,并根据国内形势,提出了更高的目标要求:到"二五"末期,全省的工业总产值要达到 44 亿至 48 亿元,比 1957 年增加 43 至 57 倍。牧业总产值达到 26.9 亿至 31.3 亿元,粮食总产量超过 140 亿斤。牧业总产值达到 10 亿至 14 亿元,牲畜总头数达到 4 314 万头(只)。工业产品中,生铁产量要达到 200 万至 400 万吨,钢达到 40 万至 100 万吨,煤炭达到 1 350 万至 2 000 万吨,发电量达到 16 亿至 22 亿千瓦时等。1958 年 7 月 8 日,《青海省发展国民经济的第二个五年计划纲要(草案)》经青海省第二届人民代表大会第一次会议审议,正式批准。

1958 年 8 月,中共中央在北戴河召开中央政治局扩大会议,批准了国家计划委员会党组提交的《关于第二个五年计划的意见》。意见书提出,第二个五年计划的基本目标是:"完成我国社会主义建设,提前把我国建设成为一个具有现代工业、现代农业和现代科学文化的社会主义国家,为第三个五年计划期间经济、技术、文化的高度发展,开始向共产主义过渡创造条件。到 1962 年,全国建成强大的独立完整的工业体系;各协作区建成比较完整的、不同水平和各有特点的工业体系;全国在钢铁和其他若干重要工业产品的产量方面就能接近美国,在主要科学技术方面赶上世界先进水平。"按照意见书规定的主要指标推算,1962 年全国工农业总产值将比 1957 年增长 5 至 5.7 倍,年均增长 43%至46.4%。农业总产值为 2 400 亿元左右,比 1957 年增长 2.5 至 2.8 倍,平均每年增长 20%左右。工业总产值约为 5 700 亿元,将比 1957 年增长 7.4 倍左右,平均每年增长 53%左右。这些指标与全国八大二次会议通过的国家"二五"计划指标相比,又普遍翻了一番。根据这个意见,青海的经济计划部门对"二五"计划的主要指标重新作了调整,提出了 1962 年工业总产值达到 90 亿元,农业总产值 74.77 亿元,钢 140 万吨,发电量 50 亿千瓦时,粮食总产量 250 亿斤,牲畜总头数 6 812 万头等更加脱离实际的高指标。

1957 年冬,全民大办水利运动掀起了青海"大跃进"的序幕。1957 年 10 月召开的全省农田水利会议,要求次年兴修水利扩大灌溉面积 31.9 万亩。但是在"彻底反对右倾思想"的口号下,在距离全省农田水利会议只有短短 5 个月的时间时,全省兴建水利扩大灌溉面积的计划在没有任何技术支撑和科学论证的前提下竟然又提高到了150万亩。在这种行政管理体制下,各级部门的浮夸之风开始盛行。1958年3月,互助县率先提出了全县"40天实现水利化"的口号,紧接着湟中、湟源、乐都、循化等县不甘落后,又相继提出了"6昼夜""30天"实现全县"水利化"的口号,最终省内各地也掀起了竞赛运动高潮。

在"水利化"为先导的"大跃进"推动下,全省工业、农业甚至文化、教育、卫生等各行各业也都先后掀起了"大跃进"高潮。到1958年下半年,"大跃进"高潮遍及青海城乡各地。先后出现了牧业区灌溉草原400万亩,农业区办起颗粒肥料厂1 800座,全省建起万座冶炼厂等一系列虚假报告,全省第二个五年计划实际上已经根本无法得到落实。

1959年初,青海省又根据国内发展形势,制定出了1959年国民经济计划,在工业和农业方面提出了更加脱离实际的目标任务。在这些高指标的影响下,湟中提出粮食平均亩产达到3 500斤,西宁要达到4 000斤,互助要实现3 000斤。为了实现上述任务,青海除在工业上继续执行"以钢为纲"的方针外,又增加了以"开荒为纲"的方针,使"牧业区成为主要的粮食基地"。1958年召开的全省农垦会议要求5年内开荒1 000万亩,办农场300个。1958年冬,经与河南省协商,从河南省共移入青年12万人,建立了32个青年农场。由于盲目迁入的大量人口超过了当时青海农业生产的承受能力,加之盲目开垦的是不适宜农作物生长的牧草地,所以开荒不但没有达到预期的效果,还对草原生态环境造成了不可逆的破坏,而且这种破坏环境的负面影响直到几十年后的今天,仍然没有被消除。从"大跃进"的发展阶段看,1958年中共八大二次会议到11月的郑州会议,是发动"大跃进"的狂潮阶段,也是"特大卫星"满天飞的浮夸风高峰阶段。1958年11月至1959年7月庐山会议前期,是对"大跃进"及其高指标有所纠正的阶段,也是浮夸风初步退潮阶段。1959年8月庐山会议后期到1960年底中共中央工作会议召开前,是"大跃进"运动继续高涨的阶段,高指标、浮夸风再度盛行,程度较前期更为严重。

"大跃进"运动是中国社会主义建设道路上一次不成功的探索。虽然其出发点有加快经济发展的良好愿景,但由于它超越了客观现实的可能性,违背了经济规律与自然规律,注定事与愿违,最终给包括青海在内的全国各地造成了一系列灾难性的后果。在盲目冒进的"左"的指导思想下，1958—1960年的3年间，青海的基本建设、工业生产、交通运输等方面人力、物力和财力的损失浪费极为严重。煤炭和运输力量严重不足，工业生产大幅度减产，半数以上工厂处于瘫痪或半瘫痪状态。农牧业生产连续下降，粮食供应紧张，人口与牲畜大量非正常死亡，人民生活极端困难。国民经济遭受严重创伤，全省第一个五年计划奠定的发展基础也遭到了严重破坏。

第二节　人民公社化运动

农村的社会主义改造基本完成以后，1958年5月中共八大二次会议正式通过了"鼓足干劲，力争上游，多快好省地建设社会主义"的总路线，全国各族人民开始转入全民的经济建设，在这一形势下，农村掀起了"大兵团作战"为特点、一定规模农田水利基本建设和大炼钢为中心任务的"大跃进"运动。中共中央政治局于1958年8月17日至30日在北戴河举行扩大会议审议并通过了《中共中央关于在农村建立人民公社问题的决议》。《决议》的主要内容是：人民公社将是建成社会主义和逐步向共产主义过渡的最好的组织形式，建立人民公社是逐步过渡到共产主义所必须采取的基本方针，我们应该积极地运用人民公社的形式，摸索一条过渡到共产主义的具体途径。

关于社的组织规模，《决议》认为一般以一乡一社、两千户左右较为合适。某些乡界辽阔、人烟稀少的地方，可以少于两千户，一乡数社。有的地方根据自然地形条件和生产发展的需要，也可以由数乡并为一乡，组成一社，六七千户左右。至于达到万户或两万户以上的，也不要去反对，但在目前也不要主动提倡。人民公社进一步发展的趋势，也可能以县为单位组成联社。

关于小社并大、转为人民公社的做法和步骤。《决议》认为要依靠贫农、下中农，充分发动群众，展开辩论，团结大部分赞成并大社、转公社的上中农，克服另一部分上中农的动摇，揭穿和击退地主富农的造谣破坏，使广大农民在思想解放自觉自愿的基础上并大社，转公社，防止强迫命令。在步骤上，并大社，转公社，一气呵成当然更好，不能够一气呵成的，也可以分两步走，不要勉强、性急。各县都应先进行试点,然后逐步推广。

关于并社中的若干经济政策问题。《决议》强调在并社过程中,应该加强教育,防止少数社发展本位主义,在合并前不留或少留公共积累,分多分空。但是,另一方面又必须了解,由于各个农业社的基础不同,若干社合并成一个大社,他们的公共财产,社内和社外的债务等等,不会是完全相同的,在并社过程中,应该以共产主义的精神去教育干部和群众,承认这种差别,不要采取算细账、找平补齐的办法,不要去斤斤计较小事。人民公社建立时,对于自留地、零星果树、股份基金等等问题,不必急于处理,也不必来一次明文规定。一般地说,随着生产的发展、收入的增加和人们觉悟的提高,它们自然地变为公有。

关于社的名称、所有制和分配制问题。《决议》规定大社统一定名为人民公社,不必搞成国营农场,农场就不好包括工、农、商、学、兵各个方面。人民公社建成以后,不要忙于改集体所有制为全民所有制,在目前还是以采用集体所有制为好。这种全民所有制,将在不断发展中继续增长,逐步地代替集体所有制。过渡到了全民所有制,如国营工业那样,它的性质还是社会主义的,各尽所能,按劳取酬。

北戴河会议公报于 9 月 1 日公开发表,关于建立人民公社的决议也于当月 10 日下达公布,全国随即迅速掀起了大规模的人民公社化运动。在短短 1 个月内,全国大多数省区就宣布实现了农村人民公社化。青海的农村人民公社化运动从 8 月 23 日《青海日报》报道乐都县创建东风、红旗两个人民公社起,到 9 月 6 日宣布已将全省 2 400 多个农业合作社合并为 94 个人民公社,前后只用了不到半个月的时间。全省农业区的 23 万多农户,130 多万人,全部加入了人民公社。平均每社有 2 602 户,其中以互助县沙塘川人民公社最大,拥有 13 401 户,贵德县全县成立了一个公社。与此同时,在青海的牧业区也照搬农业区的做法,掀起了人民公社化的热潮。

随着人民公社的成立,全省出现以大炼钢铁、深翻土地为中心的新的"大跃进"高潮。人民公社化以后,各人民公社先后建立了三支大军,一支是钢铁大军,上山选矿采矿和兴建土高炉;一支是农业生产大军,大搞秋田后期加工,深翻土地和积肥;一支是民兵武装大军,整顿训练,随时响应祖国号召。随着国家对农业的大力扶持,这一时期青海的农业在水利灌溉、道路交通等农业基础设施建设方面均有了长足的发展,对于青海省农业发展有着久远的影响。但更令人担忧的是,在"以粮为纲""以钢为纲",片面追求高速度、高指标的情况下,宣扬"人有多大胆、地有多大产"浮夸风骤起,各地掀起一股虚报产量,竞放高产"卫星"的浪潮。不断批判"粮食增产有限论""高产条件论"等所谓"右"倾保守思想,使已经发生的"左"倾冒进错误继续泛滥,给农村经济带来重大损失和浪费。

1958 年 9 月 18 日,青海省委做出《关于农村建立人民公社的决定》。《决定》对人民公社的规模、组织机构等做出了明确的规定。主要内容如下:①人民公社的规模一般为一乡一社,有条件的以县(如互助沙塘县)为单位组成联社或一个社,搞好规划,合理布局。人民公社组织机构实行乡社合一,乡长兼社长,乡党委书记兼公社党委记,乡人民代表大会就是社员代表大会,乡人民委员会就是社管理委员会。②干部配备应根据规模大小、机构多少、干部力量等安排。生产队作为公社劳动组织的基础单位,要求配备最强的干部力量。要求无产阶级在公社组织机构中处于优势,人民公社管理制度实行民主集中制。③公社实行工、农、商、学、兵结合。公社普遍建立各类学校,建立科学研究机构。公社实行全民武装,组织民兵经常进行军事训练。④公社收益分配实行按劳分配。随着生产的发展和社员觉悟的提高,逐步增加"各取所需"的分配方案。公社要积极办好公共食堂、托儿所、幼儿园、缝纫组、治疗所、妇产院、浴室、理发室等福利事业,对生活无依靠的老、弱、孤、寡、残、疾社员,由公社负责抚养。

这种号称"一大二公"的体制,在人民公社化运动初期,把各种权力集中在县、社两级,基层的生产单位没有自主权,不能实行分级管理、个人负责的做法远远超越了当时农村经济的真实发展水平,最终引起"一平二调三收款"的"共产风"的盛行,结果损害了群众的利益,导致农民生活非常困难,严重阻碍了农村经济的健康发展。

1958 年 11 月中共中央工作会议(第一次郑州会议)后,毛泽东和中共中央开始逐步纠正人民公社化运动中的错误。1959 年初召开的中共中央政治局扩大会议(第二次郑州会议)提出了《关于人民公社管理体制的若干规定(草案)》,进一步纠正"共产风"的问题。青海省委相应开始调整社队规模,农村人民公社由 1958 年的 193 个大社,分为 408 个小社。1961 年,毛泽东主席亲自主持制定了《农村人民公社工作条例(草案)》,进一步明确了在现阶段人民公社实行三级所有,以队为基础的制度。在1962年9月中共八届十中全会上,中央又通过了《农村人民公社工作条例(修正案)》(即农业六十条),对人民公社体制做了较大调整,是促进全国农业形势好转的关键性措施。青海在贯彻落实时,也相应地落实了自留地、自留畜,降低粮食征购指标,实行"洋芋包产到户",开放城乡集市贸易,撤销农村公共食堂,在牧业区实行政社分离,恢复乡级政权等工作。但是在随后的"四清运动"中,中央关于人民公社所有制问题的认识又有动摇,并在之后的"文化大革命"中出现更严重的现象,尤其是在1975年普及大寨运动中,变生产队为生产大队基本核算单位的问题又提了出来。直到1982年五届人大第二次会议修改宪法时,中央终于做出了改变农村人民公社政社合一的体制,重新设立乡政权的决定,标志着"人民公社"在中国的正式结束。1984年,根据中央《关于实行政社分开建立乡政府的通知》精神,青海把全省428个人民公社全部改为了乡政府,从此人民公社制度在青海宣告结束。

第三节 "二五"计划编制的教训

1955年,青海省发展国民经济第一个五年计划由青海省第一届人民代表大会第三次会议批准下达执行。同时,青海省计划委员会即着手编制《青海省发展国民经济的第二个五年计划纲要(草案)》;同年11月,完成计划编制任务,并得到省人民政府的同意,上报中共青海省委。《"二五"计划纲要》建议数字提出,1962年国民经济的主要指标要达到:工业总产值5.3亿元,年均增长36%。耕地达到1 192万亩,5年开荒396万亩,粮食产量达到30.8亿斤,水浇地达到652.7万亩,比1957年增加近400万亩,牲畜总头数达到3 192万头……"。当时这些计划建议数字明显脱离实际,暴露出急躁的冒进情绪。

1956年上半年,青海农业区胜利完成社会主义三大改造任务,各项社会主义建设事业取得明显成就,"一五"计划的许多项目和主要指标提前完成。根据新的形势,6月召开了中国共产党青海省第二次代表大会,讨论了青海省计划委员会重新提出的《关于青海省发展国民经济第二个五年计划及十二年(1956—1967年)远景规划(草案)的报告》,这个报告根据党中央和毛泽东关于

"全面规划,加强领导,把社会主义建设事业做得又多、又快、又好、又省"的指示和中共青海省委既反对右倾保守思想,又防止盲目冒进的指示,提出了青海省各行各业的建设方针和计划指标。发展地方工业的方针是:"为农牧业生产服务,并与农牧业经济密切结合,生产和建设必须适应农牧业生产和手工业生产发展以及私营工商业社会主义改造的新要求。继续提高产品质量,增加品种,努力降低成本,积极发展为农牧业服务的加工工业。"要求 1962 年地方工业产值达到 49.68 亿元,比 1957 年增长 39.11 倍;年均增长 1.08 倍。大力发展农业,保证粮食增产,5 年内计划开荒 800 万亩,扩大水浇地面积 1 089.66 万亩,1962年粮食总产量达到 44.53 亿斤,比 1957 年增长 2.8 倍,年均增长 30.63%。1962年计划牲畜总头数达到 3 656 万头,比 1957 年增长 1.44 倍,年均增长 19.50%。并且对其他各行各业也相应提出了具体方针与高指标的要求。

党代表大会审议青海省第二个五年计划报告时,忽视了青海刚刚处于社会主义的起始阶段,经济基础薄弱,资金不足,技术力量缺乏,自然条件差,社会主义建设没有经验这些基本事实。对当时的形势做出了错误的分析,对人的主观能动作用做了不适当的估量,认为影响青海国民经济发展的主要障碍是右倾保守思想。除同意"二五"计划报告提出的各项任务指标外,还提出了过高过急的要求和不符合青海实际的方针与口号,大会提出把工业建设提到首要任务上来,要求 1962 年工业总产值达到 53 亿元,年均增长 1.14 倍;党代表大会讨论12 年远景规划时,要求在 10 年内大量移民垦荒,计划 1967 年全省人口达到1 000 万人。不顾国力省力的可能,企图一步登天,跨入共产主义社会。这次党代表大会的精神和大会提出的严重脱离青海实际的各项任务指标,成为后来修改"二五"计划指导思想及"大跃进"中出现的高指标和浮夸风的前奏。

党代表大会结束后,1956 年 9 月 3 日,中共青海省委员会发出通知,征求对《青海省发展国民经济第二个五年计划及十二年远景规划(草案)》的意见。省计划委员会根据党代表大会讨论的精神,与各部门协商,对"二五"计划进行了修改,经过两年的反复研究和协商,向中共青海省委正式提出《青海省发展国民经济第二个五年计划纲要(草案)》,1958 年 6 月,经中共青海省委二届二次党代会讨论通过。1958 年 7 月 8 日,青海省第二届人民代表大会第一次会议批准。

青海省第二个五年计划下达后,1958 年 9 月,中共中央在北戴河召开中央政治局扩大会议,讨论国家第二个五年计划。国家计划委员会党组提出《关于第二个五年计划的意见》,中央批准了这个"意见",提出第二个五年计划的基本目标是:"完成我国的社会主义建设,提前把我国建设成为一个具有现代工业、现代农业和现代科学文化的社会主义国家;为第三个五年计划期间经济、技术、文化的高度发展,开始向共产主义过渡创造条件。到1962年,全国建成强大的独立完整的工业体系;各协作区建成比较完整的、不同水平和各有特点的工业体系;全国在钢铁和其他若干重要工业产品的产量方面能接近美国,在主要科学技术方面能赶上世界先进水平。"并相应地提出了国家各行业的方针任务与奋斗目标。

根据这个意见,青海省计划委员会立即对青海省发展国民经济第二个五年计划的主要指标又作了一次研究,提出1962年工业总产值达到90亿元,农业总产值74.77亿元,钢140万吨,发电量50亿千瓦时,粮食总产量250亿斤,牲畜总头数6 812万头。

第四节 国民经济的重新调整

从1960年夏天开始,中央和毛泽东意识到国民经济严重困难的形势,并对前些年的经济工作有所反思。1961年1月的中共八届九中全会决定,从1961年起,对整个国民经济实行"调整、巩固、充实、提高"的八字方针。此后,在大量调查研究的基础上,中央先后制定了《农村人民公社工作条例》(即农业六十条)和《关于当前工业问题的指示》,调整工作有序地开展起来。在调整农业生产方面,一方面中央再次明确了以生产队为基本核算单位的三级所有制是现阶段农村人民公社的根本制度,规定公社对生产队的生产经营活动不得强加干涉。另一方面开始精减和动员城市人口回乡,加强农业第一线的劳动力。另外,在重点加强工业和其他行业对农业在物质和技术方面的支援的同时,又降低了粮食征购量和降低农业税,让农业有休养生息的机会。在调整工业生产方面,一方面把工业生产和工业基本建设指标降下来,另一方面是把过去下放过多的权力集中到省、市、自治区一级,然后再通过中央统一安排,重新安排和合理使用人力、物力和财力。在对市场调整方面,一方面恢复和发展日用工业品和手工业品的生产,增强市场供应能力,另一方面对粮食、棉布等18种基本生活必需品实行平价定量供应法。同时,开放农村集市贸易并恢复了"大跃进"以来撤并的农业供销合作社、合作商店和合作小组,以增加流通渠道。上述政策的实施在短期内就取得了明显成效,在一定程度上稳定了人心。

1961年8月,中央在庐山召开工作会议,审议通过了《国营工业企业工作条例(草案)》(即工业七十条),比较实事求是地总结了"大跃进"以来经济工作的经验教训,并对这一时期经济调整见效慢的原因进行了分析。1962年1月,中央又在北京召开了七千多人参加的扩大的工作会议,再次深入总结了导致国民经济困难的原因,提出了克服严重经济困难的比较切合实际的思路和措施。由于这次会议基本上统一了全党对形势、任务的认识,从而开启了国民经济调整的新阶段。在此之后,中央又恢复了以陈云为首的中央财经领导小组,统管全国财经工作和国民经济调整事宜。根据陈云的建议,中央对1962年国民经济计划指标做了普遍下调,并大幅度削减基本建设工程和投资,通过"关、停、并、转"优化和调整工业内部结构,继续降低农业税,提高农副产品价格,大力精简企业职工和城镇人口等方面入手,全面实施了一系列经济调整措施,国家的经济管理体制又重新回到了计划经济模式。

由于这一阶段的各项经济调整措施在地方层面得到了很好的贯彻,从1962起,我国的农业生产水平一举扭转了前三年连续下降的局面,农、轻、重产业严重失调的比例关系明显改善,国家财政收支趋于平衡,城乡居民的生活水平开始提高。到1965年底国民经济调整正式结束时,我国的工农业生产已接近或超过了历史最高水平,农、轻、重比例关系基本恢复到了正常水平,工业内部结构也逐步趋于合理,财政收支保持平衡,市场秩序逐步稳定,人民生活得到了明显改善。

这一时期,青海省委根据中央对经济调整工作的指示,开始对国民经济面临的严重困难和下一步经济调整工作进行认真研究。1961年2月,青海省委举行三届三次委员扩大会议,在传达八届九中全会和中央工作会议精神的同时,结合青海实际情况,初步总结和反思了近3年工作中存在的问题。6月22日至8月9日,青海省委召开了三届四次全体委员会议,同时召开三级干部会议,在深入吸取经验教训的基础上,提出了发展国民经济必须贯彻"以农业为基础,以工业为主导,以及按农轻重次序安排国民经济"的方针,坚持有计划、按比例发展国民经济。10月,青海省委召开三届五次全委扩大会议,时任省委副书记高克亭做了《关于贯彻执行国民经济调整、巩固、充实、提高方针的意见》,认为青海国民经济3年"大跃进"的基本经验和教训主要是:国民经济发展必须以农业为基础,发展工业必须和发展农业相适应。正确地处理轻重工业之间的比例关系,工业内部必须合理安排。生产关系一定要适应生产力性质,不能混淆和随意改变所有制。计划工作必须从实际出发,加强综合平衡,加强集中领导。

根据中央工作会议精神和青海省委三届五次全委扩大会议批准的《关于贯彻国民经济调整、巩固、充实、提高方针的意见》精神,青海省委初步确定1961年和1962年的经济调整工作要以调整为中心,着重调整农轻重的关系、城乡关系、工作内部关系、企业内部关系。之后又下发了《1961年和1962年补充计划(草案)》,提出1961年和1962年全省国民经济调整的指导思想是:集中力量恢复农牧业生产,调整工业生产,努力增产粮食和油料、增殖牲畜、增产煤炭、增产农村用的生产资料和农牧民生活必需品,活跃城乡物资交流,巩固工农联盟,安定人民生活。争取粮食总产量在5年左右的时间内,牲畜总头数在9年左右的时间内恢复到1957年的水平,使工业生产逐步走入正常轨道,为青海省国民经济的继续前进创造条件。

这两年的经济调整,由于能够从实际出发,采取切实有效的措施,国民经济形势逐步开始好转,特别是农业生产扭转了连年下降的局面。1962年全省农业总产值达到2.36亿元,比上一年增长了14.8%。

通过企业整顿,全省工业企业单位由1960年底的899个减为1962年的368个。全省职工人数由1960年底的48.32万人,减为1962年的16.20万人。全省非农业人口由1960年底的82.46万人,减为1962年的36.80万人。工业发展增速逐步降低,国民经济比例关系得到优化,初步克服了三年自然灾害和工作错误带来的困难。但这一时期,农牧业生产还没有恢复到1957年水平,粮、油、肉、布等基础消费品仍然紧缺,商品零售物价总指数上涨了23.39%,通货膨胀形势不容乐观,财政收入也在下降通道中没有趋好的迹象,国民经济还得继续改善和提高。

因此,和全国其他省区一样,青海从 1963 年到 1965 年利用 3 年时间对国民经济进行了第二次调整。根据中央的方针和青海省的具体情况,1963 年 5 月 15 日,青海省委下发了《青海省国民经济三年(1963—1965)调整方案》,明确提出 3 年调整的中心任务是坚持以农业为基础,以工业为主导的发展国民经济的总方针,大力恢复和发展农牧业生产,使 1965 年全省粮食总产量超过 1957 年水平,牲畜头数接近 1957 年水平;进一步调整工业,把工业工作转移到以农业为基础的轨道上来,更好地为农牧业生产和人民生活服务。商业市场争取有更大好转,人民生活继续得到改善。文教卫生等各项事业继续有所提高和发展。积极支援国防建设和开发地下资源,促使国民经济进一步全面好转。国民经济主要比例关系争取在新的基础上取得基本协调。并从多个方面进一步深入开展了经济调整工作。

在调整农牧业生产方面。继续贯彻执行"以粮为纲,粮食与经济作物并举,全面安排,多种经营"的方针。在保证粮食增产的同时,积极发展油料作物和其他经济作物。恢复和发展农村的磨坊、油坊、粉坊等各种农产品加工作坊和家庭副业。在大力发展牲畜数量的同时,有计划地开展草原建设,恢复和扩大草原利用面积,提高载畜量。提高幼畜繁殖成活率,在有条件的地区大力饲养家畜家禽。

在调整工业方面。继续贯彻"工业七十条",认真改进企业经营管理,提高质量,增加品种,降低原材料消耗,降低成本,提高劳动生产率。对有生产能力、生产技术过关、有销路、原材料有保证的产品,积极增加生产。对生产技术未过关、产品质量不好或企业内部生产不协调的,则适当压缩生产,提高质量,使企业生产正常化。并逐步恢复了一些传统产品和民族特需用品的生产。

在改善交通与运输方面。加强对农牧业生产的支援,改进车辆线路设备的技术状况,加强短途运输的组织和建设工作。做好农村电话管理体制的调整工作,进行整顿,加强维修,提高通话质量,基本达到农业区社社通电话。增加邮运班次,改善农村、牧区邮政业务状况。

在加强商业和市场管理方面。逐步充实了农村基层供销网点,大力改进了农、牧、副、土和工业产品的收购工作,以稳定物价,降低流通费用,提高服务质量。

在加强基本建设方面。根据国民经济 3 年调整和为第三个五年计划大发展创造条件的要求,重点安排了农牧业及为农牧业生产服务的建设项目,加大了对农牧业和支农工业、采掘业的投资。根据条件有重点地发展了牧区文化、教育及卫生方面的建设。

经过 3 年的经济调整,1960 年全省农业净产值急骤下降的状况经过 5 年的调整工作得到恢复,农业生产主要指标恢复到了 1957 年水平,畜牧业生产接近恢复到了 1957 年的水平。工业过快增长的不协调现象得到扭转,1960 至 1962 年间的五大物质生产部门(农业、工业、建筑业、邮电运输业和商业)之间的比例关系不协调现象得到纠正。人均国民收入 271 元(按当年价计算),比 1962 年增加了 53 元。职工平均工资比 1962 年增加了 159 元。国民经济出现了全面好转的局面。

第九章 "文化大革命"时期计划经济体制的混乱

第一节 国民经济的起伏发展

1966 年 5 月 16 日,中共中央政治局扩大会议审议通过了《中国共产党中央委员会通知》(即《五一六通知》)指出:"混进党里、政府里、军队里和各种文化界的资产阶级代表人物是一批反革命的修正主义分子,一旦时机成熟,他们就会通过夺取政权,将无产阶级专政变为资产阶级专政。"会议还决定取代原先由彭真、陆定一领导的"文化大革命五人小组",成立新的"中央文化大革命小组"。原五人小组上报并得到刘少奇、周恩来、邓小平等批准的《二月提纲》也被废除。"五一六通知"发布和《二月提纲》被撤销标志着"文化大革命"正式开始。5 月 29 日,青海省委发出了《关于坚决贯彻执行中央 5 月 16 日通知精神,继续深入开展"文化大革命"的通知》。6 月 3 日,《青海日报》响应中央号召,发表了《大进攻、大反击、大革命》的社论,揭开了青海"文化大革命"动乱的序幕。

同年 8 月,中央召开了八届十一中全会并讨论通过了《中国共产党中央委员会关于无产阶级文化大革命的决定》(即《十六条》)。指出:"'文化大革命'的斗争目标是斗垮'走资本主义道路的当权派',批判'资产阶级反动学术权威',要充分运用大鸣、大放、大字报、大辩论的形式,把领导权夺回到无产阶级手中来。"在此之后,包括青海在内的全国各地的红卫兵运动开始迅猛发展,并由最初的破除"四旧"(即所谓旧思想、旧文化、旧风俗、旧习惯),发展到了"斗黑帮"

"大串联"等一系列严重破坏社会秩序和民主法制的违法活动。在"踢开党委闹革命"的口号下,造反从最初的文化和教育领域全面扩展到了工农业和经济领域。

1967年1月,上海发生了"一月夺权"风暴后,全国各地掀起了夺权运动的高潮,打、砸、抢、抄、抓等问题越来越严重,并很快发展成了以阶级斗争为纲,"打倒一切、全面内战"局面。中央和地方的各级领导干部被批斗打倒,各级国家机关普遍陷入瘫痪或半瘫痪状态,国家进入了空前的混乱之中。新中国成立以来许多行之有效的经济政策、部门规章制度和理论观点都被当作修正主义或资本主义的东西批判。3月24日,中共中央、国务院、中央军委、中央文化大革命领导小组发出《关于青海问题的决定》,决定建立青海省军事管制委员会,对青海省实行军事管制。8月12日,青海省革命委员会成立。青海省党、政、财、支一切权力全部归青海省革委会,各单位的主要任务是"斗、批、改"。

到了1968年,由于鼓吹停产闹革命,许多企业和工厂开始停工停产,工人和群众分裂成对立的两派,武斗持续升级,整个国民经济秩序处于混乱无序的状态。1968年10月31日,青海省革委会发出《关于牧区划分阶级成分的安排意见》,提出在牧区应划分"牧主、富牧、中牧、贫牧"4个阶级成分,规定"牧主和富牧是打击对象",并将牧区的乡一律改为公社,参照农区的办法实行政社合一的管理体制。同时在农牧区强行扩社并队,收回了农民的自留地和家庭副业等"资本主义尾巴",大搞"穷过渡"。12月20日,青海省革委会召开5万人群众大会,欢送西宁地区300名知识青年到天峻、乌兰、都兰等地插队落户,接受贫下中农再教育。12月31日,青海省革委会决定撤销原省级厅局,暂保留邮电局、铁路局、省人民银行、地质局,其业务工作全部由省革委会生产指挥部接管。这一年青海的工业产值比上一年减少了288万元,粮食作物总产量和油料作物总产量仅完成了年度计划的69.59%。粮食总产量只有10.09亿斤,仅仅是"文化大革命"前1965年的七成半左右。

1969年,中共九大以后"斗、批、改"运动在全国范围普遍展开。为了维持阶级斗争下的基本经济秩序,国内新成立的29个省市区革命委员会中,有21个革委会主任都是现役军人,全国进入军事管制状态,国内政治动荡的局面开始有所好转。12月22日—24日,青海省革委会召开第十一次全委会议,确定全省要以战备为中心,抓革命、促生产,积极做好物资准备工作。这一年,全省粮食总产量完成 11.16 亿斤,油料 5 423 万斤,分别比上年增长 10.6%和22.01%。畜牧业中各类牲畜达到 1 913.4 万头,比上年增长 3.5%。全省的发电量、农用轴承、拖拉机修理、原盐、铜精矿等 60 种主要产品的数量和质量比上年都有了较大幅度的提高。

1970 年,当"文化大革命"走过最混乱的一段时期后,中央召开了全国计划会议,开始讨论制定第四个五年发展计划。由于当时"以战备为纲"的思想在中央和地方地各级领导干部中占据主导地位,所以会议急切地对我国后一个五年的经济发展提出了工业年度增速要达到 12.8%,钢铁产量要比 1970 年翻一番等旨在重点发展国防工业和电力、轻工业,但明显超出当时发展能力的、过高的目标任务。为了确保实现这些目标,中央开始参考 1958 年向地方下放权力时的做法,提出了反对"条条专政"的口号,并制定了以扩大地方管理权限为重点的经济管理体制改革方案。先后采取了向地方大批下放中央直属企业、事业和建设单位,在地方实行财政收支、物资收入和基建投资"大包干",简化税收、信贷环节以及取消工资奖励基金制度和计件工资制度,统一采取单一的劳动工资制度等一系列政策措施。随着这些政策措施的推行,许多地方出现了无序竞争、扩大基建规模、乱上项目的现象,盲目追求高速度,急于求成的思想又开始故态复萌,经济领域很快出现了无序发展和过热发展的状况。在短短的一年时间内,全国职工人数突破了 5 000 万人,工资总额突破了 300 亿元,粮食销量突破了 400 亿斤,国民经济再一次进入结构失调、秩序混乱的状态。这一年,青海的工业总产值达到 5.51 亿元,比上年增长了 42.3%。粮食总产量达到 13 亿斤,比上年增长了 16%。1969 年时开始建设的青海钢铁厂至 1975 年 9 月竣工投产,国家累计投入了近 6.8 亿元。计划年产生铁 10 万吨、钢 5 万吨、钢材 3.5 万吨。但从建成投产至 1979 年倒闭,仅生产了生铁 4.4 万吨、钢材 2.1 万吨,累计完成产值 1.9 亿元,亏损近 2.7 亿元。

1971 年林彪叛逃事件发生后,周恩来开始全面主持中央工作,国民经济开始进入了"文化大革命"后期的整顿时期。这一时期,中央制定了《关于坚持统一计划、加强经济管理的规定》,针对当时中央和地方关系过于分散,企业经营权责不清,劳动分配还在吃"大锅饭"等问题提出了改进管理的十条规定。主要内容有:加强国家统一计划的领导,搞好综合平衡,反对地方各行其是,严格控制基本建设规模,不许乱上建设项目;职工总数、工资总额、物价等控制权集中在中央,各地区各部门无权擅自决定;中央下放的大中型企业由省、市、自治区或少数省市管辖,不能再层层下放,严格执行物资分配计划和订货合同,不准随意中断合同关系,加强资金管理,严禁拖欠、挪用税款和利润,不准用银行贷款和企业流动资金搞基本建设;企业实行党委领导下的厂长负责制,建立强有力的生产指挥系统;坚持社会主义按劳分配原则,广泛推行计时工资加奖励,少数重体力劳动可以实行计件工资。1972 年,中央针对经济工作中已经出现的粮食销售、工资总额、职工人数"三个突破",开始加大了调整力度,并对基本建设规模进一步作了压缩和控制。经过对经济领域的大力整顿,1973 年的国民经济状况较前几年有了明显好转。这一年,青海省革委会根据中央精神,先后实施了《关于 1971 年农、牧业税征收工作通知》《关于实行财政收支包干试行办法的通知》《关于手工业几个问题的规定》等一系列旨在恢复经济发展秩序的政策措施,国民经济得到了稳定发展。工农业总产值达到 13.66 亿元,比上年增长了14.7%。工业全员劳动生产率比上年提高 10%。粮食总产量达到了 16.66 亿斤,牲畜总头数达到 2 046 万头,分别比上年增长了 5.1% 和 7.4%。年末职工总人数为 35.11 万人,控制在了国家下达的劳动计划之内。

1974 年,"批林批孔"开始后,"四人帮"借机大搞所谓的"第二次夺权"活动,指使他们的爪牙打着"反潮流"和"反复辟"的旗号,在各地揪斗党政军企负责人和社会知名人士,国家秩序再度产生混乱,工业生产骤然下降,刚刚有所好转的国民经济再度恶化。1974 年底,在毛泽东的支持下,邓小平重新出山并辅佐周恩来主持国务院工作,开始了对国民经济秩序的再一次整顿。1975 年的经济整顿工作集中反映在国务院下发的《关于加快工业发展的若干问题》(即"工业二十条")上。主要内容包括:必须加强国家对经济生活的集中统一领导,凡国民经济的方针政策、工农业主要生产指标、基本建设投资和重大建设项目、重要物资分配、主要商品的收购调拨、国家财政预算和货币发行、新增职工人数和工资总额、主要工农产业产品的价格,必须由中央集中决策,任何地区、任何部门不得自行其是,国家计划要着重搞好综合平衡,重点安排好农、轻、重的比例关系,积累和消费的比例关系,经济建设和国防建设的比例关系等,计划的制订要进行逐级平衡,订出全国统一的计划;中央下放给地方的企业及地方原有的大中型企业,原则上由省、市、自治区和直辖市领导,不能再往下放,中央各部对这些企业要进行必要的指导和管理。通过这次整顿,国民经济秩序重新回到了有序的状态,经济重新走上了好转的趋势。然而,随着整顿工作的深入展开,一些"文化大革命"中存在的"左"倾错误开始被逐步纠正,使得这一次的经济整顿工作不断遭到"四人帮"的阻挠,随着"反击右倾翻案风"(翌年初改称为"批邓、反击右倾翻案风")运动的兴起,全面的经济整顿又一次被迫中断,并一直持续到了 1976 年"文化大革命"结束。

我们在分析这段历史时,要想做到实事求是,就必须分清楚"文化大革命"和"文化大革命"时期是两个不同的概念。"文化大革命"是一场严重错误的政治运动,它"不是也不可能是任何意义上的革命或社会进步"。而"文化大革命"时期是这场运动所经历的十年时间,这一时期既发生了种种严重的错误,也存在抵制和纠正这些错误的斗争以及在困难条件下进行的经济建设。因此,彻底否定"文化大革命"并不等于否定这一时期所发生的全部历史。同样,肯定"文化大革命"时期经济、科技等方面的发展,也不等于要肯定"文化大革命"本身的错误。

"文化大革命"时期的十年,青海经济年均增速接近 9.3%,工业总产值年均增速达到了 13.83%,农牧业总产值年均增速达到了 4.71%,人均 GDP 十年时间增长了近 32%,全省的工业、农业、科技和经济发展等方面都上了一个大台阶,这在当时政治冲突、社会动荡、经济秩序混乱的大背景下,是一个超出发展预期的奇迹。另外,从长远战略目标的实现看,"文化大革命"时期执行的"三五"和"四五"计划,基本实现了中共八大提出的初步建立工业化基础的发展目标。

从部门经济考察,"文化大革命"时期青海的农业发展,除粮食产量保持了持续增长外,民和官亭灌溉工程、湟中大南川水库、海晏红河渠等一大批农田水利基本建设得以实施,是新中国成立以来成就最大的时期,也是农业机械化程度大幅度提高的时期,农业生产条件有了较大改善。由于生产条件改善,农业抵抗自然灾害的能力有了巨大的提升,为青海今后农业的可持续发展提供了基础保障。1975 年全省粮食总产量比 1965 年增长了 39%,年均增长 3.34%;畜牧业产值年均增速也达到了 7.29%的水平。

工业交通方面,由于国家"三线"建设,一大批内迁企业(尤其是机械制造企业)在青海建设投产,为青海的工业发展打下了前期基础。"文化大革命"十年,青海的工业总产值增长了近3.16倍。完成了公路新建和改建2 000多公里。青藏铁路西宁段于1960年开始施工建设,到1975年西宁至哈尔盖段已建成通车。1969年6月,国家投资1亿多元,加快了青藏公路、青新公路、宁临公路(南线)、热水公路的建设。10月5日,青海第一机床厂试制成功我国第一台可控硅无级调速光坐标镗铣床。11月,格尔木民用机场建成使用。1971年10月,建成了西宁至玉树、果洛的长途明线电讯线路。1974年9月26日,全省第一条从西宁红湾到达贵德县的超高压支农送电线路提前竣工。1975年5月4日,乐都至化隆甘都35千伏高压输电线工程建成送电。

第二节 工业"三线建设"

20世纪60年代初期,周边政治环境空前紧张,中苏关系破裂,苏联在我国北部边境陈兵百万,美国对越南的侵略战争也在不断升级,台湾在东南沿海地区随时可能发动反攻大陆的"国光计划",印度自1962年被击退后一直没有停止与西部边境的对峙。出于国家安全战略的考虑,1964年5月27日,中央召开政治局会议,提出了将"三五"计划原定的指导思想由"解决吃穿用"转变为加强国防建设,加快三线建设。产业发展顺序也相应由农轻重转变为了重农轻。8月17日和20日,毛泽东在中央书记处会议上两次指出:要准备帝国主义可能发动侵略战争,现在的工厂都集中在大城市和沿海地区,不利于备战,工厂可以一分为二,抢时间迁到内地去。各省都要建立自己的战略后方。后来毛泽东进一步提出了"备战、备荒、为人民"与"深挖洞、广积粮、不称霸"的战略方针。10月30日,中央批准了1965年国民经济年度计划,它的指导思想是:争取时间,大力建设战略后方,防止帝国主义发动侵略战争。

此后经过多次研究,中央逐步确定将沿边沿海的前线地区列为一线地区;将一线地区与京广铁路之间的安徽、江西及河北、河南、湖北、湖南4省的东半部列为二线地区;将长城以南、广东省韶关以北、京广铁路以西、甘肃乌鞘岭以东的广大地区,包括基本属于内地的四川、贵州、云南、陕西、甘肃、宁夏、青海7

个省区及山西、河北、河南、湖南、湖北、广西等省区靠内地的一部分,共 13 个省区列为三线地区。其中西南的川、贵、云和西北的陕、甘、宁、青俗称为"大三线",一、二线地区的腹地俗称为"小三线"。用今天的区域概念表述,"三线地区"基本上就是除新疆、西藏、内蒙古以外的中国中西部地区。1964 年 8 月,国家建委召开一、二线搬迁会议,提出要大分散、小集中,少数国防尖端项目要"靠山、分散、隐蔽"。10 月 30 日,中央工作会议下发了《1965 年计划纲要(草案)》。这个计划提出的三线建设总目标是:要争取多快好省的方法,在纵深地区建立起一个工农业结合的、为国防和农业服务的比较完整的战略后方基地。至此,全国性的"三线建设"宣告拉开了帷幕。

我国的"三线建设"从 1964 年开始到 1978 年结束共历时 14 年,历经了三个五年计划。先后投入各类资金 2 052 亿元,涉及 600 多家企、事业单位的重建、搬迁、合并,投入人力高峰时达到了 400 多万,共实施了 1 100 个建设项目。"三线建设"决策之快,规模之大,时间之长,堪称新中国建设史上最重要的一次战略部署,对之后我国的经济发展格局产生了极其深远的影响。

1964 年 12 月,西北局在西安召开了西北地区迁厂工作和"三五"建设会议,明确了西北地区"三线建设"的总体安排。青海的"三线建设"从 1964 年 9 月黑龙江齐齐哈尔第二机床厂内迁到西宁开始,到 1973 年最后一个机械工业企业完成内迁结束,共历时约 10 年。其中 1965—1968 年是最为集中的建设时期。这一时期,国家先后从上海、山东、黑龙江等地向青海迁入了一批以生产铣床和重型车床为主的机床制造企业;从河南、辽宁、天津等地迁入了一批拖拉机、内燃机制造企业;从上海、江苏、河南、北京等地迁入了一批电机、电器制造、轴承、标准件制造企业。

1964 年 9 月,黑龙江齐齐哈尔第二机床厂部分设备和人员内迁至西宁,并入了西宁机床厂,同时组建了西宁机床厂铸造分厂(后更名为山川机床铸造厂)。

1965 年,山东济南第一机床厂、上海劳动机械厂和江苏无锡、镇江标准件厂等企业全部或部分内迁至西宁,分别组建了青海第二机床厂、青沪机床厂、青海机床锻造厂和西宁标准件厂。同年,上海第二汽车齿轮厂全部、天津拖拉机厂齿轮工段和南昌齿轮厂部分人员、设备内迁至西宁,共同组建了青海齿轮厂。鞍山红旗拖拉机厂部分内迁至西宁,组建了青海拖拉机制造厂(后更名为青海工程机械厂)。东北本溪钢厂部分内迁至西宁,组建了"五六厂"(后更名为西宁钢厂)。吉林、辽宁化工厂内迁至西宁,组建了青海光明化工厂。吉林化学工业公司、沈阳化工厂、沈阳油脂化工厂、京西化学公司、天津化工厂、大沽化工厂、北京化学研究院、上海化学研究院、太原新华化工厂内迁至西宁,组建了青海黎明化工厂。民和镁厂是国家重要的有色金属冶炼和加工企业,1966 年开始筹建,1970 年正式列为冶金部第四冶金建设公司的项目,1987 年 11 月试生产出了第一炉合格的金属镁,改变了中国长期进口金属镁的历史,后来经过长期建设,成为中国重要的镁生产基地。

1966 年,洛阳第一拖拉机制造厂部分内迁至西宁和乐都等地,分别组建了青海农机锻造厂(后更名为青海锻造厂)、青海农机铸造厂(后更名为青海铸造厂)、青海农机工具厂(后更名为青海工具厂)。洛阳轴承厂部分内迁至西宁,组建了青海海山轴承厂。北京、天津、沈阳微电机厂和沈阳电动工具厂部分内迁至西宁,分别组建了青海微电机厂和青海电动工具厂。上海力生机械厂部分内迁至西宁,组建了青海通用机械厂。从洛阳、天津内迁了一批工人至西宁,组建了青海农牧机械厂。北京丰台木工厂内迁至西宁,改建为西宁第一木工厂。上海劳动机械厂内迁至西宁,改建为西宁劳动机床厂(后又改建为青沪机床厂)。哈尔滨市量具刃具厂的千分尺车间内迁至西宁,并入青海第二机床厂。洛阳拖拉机厂、开封机械厂、天津拖拉机厂部分内迁至西宁,组建了青海汽车改装厂。北京被服厂内迁至西宁,改建为西宁服装厂。

1967 年,齐齐哈尔第二机床厂内迁到大通,改建为青海重型机床厂。齐齐哈尔第一、第二机床厂、济南第一机床厂部分内迁至西宁,组建了山川机床铸造厂。"文化大革命"前期,青海的工业企业中一些科学合理的规章制度,在以"阶级斗争为纲"的极端政治环境中被废除,许多工业企业随着"批、改、斗"的进行陷入了混乱无序的状态。

1968 年,无锡标准件厂、镇江标准件厂第二次部分内迁至西宁,充实了西宁标准件厂。

1969 年,青海第一机床厂试制成功了我国第一台可控硅无级调速光坐标镗铣床。也是在这一年,青海的工业总产值在历史上第一次超过了农牧业总产值。

1970 年,中央第五机械工业部在西宁先后组建了昆仑机械一、二、三厂。青海第一台"青海湖"牌汽车问世,主要部件自产率达84%。青海矿山机械厂试制成功一台具有国内先进水平的26千瓦直流发电机可控硅调压电气传动装置。

这一时期,国家在青海还先后新建了青海农业机械厂、青海第一化肥厂、青海电化厂、青海综合电机厂(后更名为青海变压器厂)、青海水电设备制造厂、西宁仪表厂、青海五七汽车配件厂(后更名为青海发动机厂)、西宁汽车配件厂、西宁灯泡厂、西宁起重机械厂、西宁呢绒时装厂、西宁有色金属冶炼厂、西宁压力表厂、青海无线电一、二、三、四厂和一批州、市、县农机修造厂等地方国营、集体工业企业。同期组建的还有青海制药厂、青海铝制品厂、青海山鹰机械厂以及西宁日用五金厂、西宁第二木器厂等一部分手工业工厂。另外,这一时期国家还在青海先后建立了6家军工企业。根据翟松天和崔永红先生在《青海经济史·当代卷》中的统计,1965年至1972年,国家累计搬迁了轻、重工业企业31家,随迁设备2 897台(不包括军工企业),职工13 298人。另据《青海省志·人口志》的记载,1965—1973年,迁建企业迁入青海的人口(含职工和家属)共计有14.03万人。

"三线建设"时期,国家对青海的基本建设投资达到了32.83亿(1965—1976年累计值),比1959—1964年历时15年的基本建设投资总额还高出了25.19%。特别是这一时期国家对青海机械工业基本建设的投入累计达到了4.16亿元,是1953—1964年投资总额的6.4倍。1975年,全省工业企业总数达到了1 038家,职工总数达到了14.34万人,比1965年分别增长了1.3倍和4倍。当年的工业总产值达到了10.46亿元,是1965年的3.3倍。其中机械工业总产值占全省工业总产值的比重达到了31.24%,是当时青海工业部门中最重要的支柱产业。根据蔡昉等人的测算,1951—1978年,中国重工业增长了2 780%,同期轻工业只增长了906%。而青海重工业的发展系数则达到了惊人的5.95,居全国首位。

总体来看,"三线建设"时期是青海的工业在计划经济体制下逐步兴起的时期。虽然探索发展的过程历经徘徊和曲折,但终于在"一穷二白"的初始条件下,通过几代"三线建设"人的不懈奋斗,创立了一批青海机械制造工业、化工工业、冶金工业和能源工业等现代工业企业,为青海的工业发展构筑了较为完善的工业体系,彻底改变了青海千年发展史上始终以农牧业为主体的经济结构状况,为之后青海的发展奠定了重要的现代工业基础。

第十章　改革开放初期经济发展背景

第一节　市场取向改革路径的探索

粉碎"四人帮"以后到党的十一届三中全会前的这几年,是我国开始全面拨乱反正(包括经济发展理论方面的拨乱反正)的重要时期。这一时期,关于中国向何处去的讨论逐渐成了包括中央高层以及经济学界在内的国内各阶层人们广泛考量的首要问题。1977 年 2 月起,我国经济学界开始以按劳分配问题为核心进行了长达一年半的广泛和深入的公开讨论。之后,《人民日报》多次发文,就坚持按劳分配和发展社会主义商品经济等重大经济理论问题进行了一系列正本清源式的拨乱反正,引起了社会各界的积极响应。1978 年 9 月召开的全国计划工作会议明确提出了经济战线必须实行三个转变:一是从上到下,都要把注意力转到生产建设和技术革命上来;二是从那种不计经济效果、不讲工作效率的官僚主义转到按照经济规律办事、把民主和集中很好地结合起来的科学管理轨道上;三是从那种不和资本主义国家进行经济技术交流的闭关自守或半闭关自守状态转到积极引进国外先进技术,利用国外资金,大胆地进入国际市场上来。这就意味着国内各阶层对于经济体制改革在思想层面已初步达成了一致。

1978 年 12 月 18 日—22 日召开的党的十一届三中全会,重新确立了解放思想、实事求是的思想路线,停止使用"以阶级斗争为纲"的口号,做出把党和国家的工作重心转移到经济建设上来,实行改革开放的重大决策,标志着我国经济体制改革开始了新的征程。就在中央十一届三中全会闭幕后的第三天,也就是 1978 年 12 月 24 日,青海省委、省革委会的领导同志就通过开会,集中学习了《中国共产党第十一届中央委员会第三次全体会议公报》,并一致表示完全拥护和坚决贯彻全会精神,尽快将全省工作的着重点转移到社会主义现代化建设上来。1979 年 1 月 6 日—25 日,青海省委召开的常委扩大会议讨论了加快发展工农牧业生产的具体措施和开展集市贸易等文件,并就拨乱反正若干问题做出了决定。这次会议,标志着青海省正式进入了拨乱反正和建设社会主义的新时期。

　　虽然党的十一届三中全会从宏观角度提出了实行经济体制改革的目标任务,但是通过什么具体的路径以及如何实现这一目标任务,在当时的中国还处于不断探索的过程,或者说在实践中还需要一个逐步统一思想的过程。1979 年 4 月 5 日—28 日召开的中央工作会议上,各省、市、自治区和中央党政军机关的主要负责同志对当时的经济形势和党的对策进行了讨论,深入分析了当时国民经济比例关系失调的严重情况,阐明了调整国民经济的必要性,明确了对国民经济实行“调整、改革、整顿、提高”的八字方针。会议决定从 1979 年起,用 3 年的时间,认真做好调整国民经济的比例关系的工作,同时做好改革不合理的经济管理体制、整顿现有企业、提高企业的管理水平和科学技术水平的工作。同年 5 月中旬,青海省委召开工作会议,明确要求全省上下要解放思想,坚决按照中央的部署,贯彻“调整、改革、整顿、提高”的方针,用 3 年时间,有计划有步骤地完成全省国民经济的调整任务。

　　但是由于当时全国上下对宏观经济形势的估计普遍过于乐观,经济调整方针在地方层面的贯彻效果并没有达到中央的预期,各地的基本建设投资规模安排仍然过大,高投资、低效益的问题仍然很突出,财政赤字水平始终居高不下。为此,1980 年 12 月召开的中央工作会议再一次指出了当时各地在经济建设方面的“左”的错误,并进一步对全面打开经济调整局面提出了具体的指导意见,将 1981 年的工业增速目标下调到了 3%,将基本建设投资砍掉了 40%。会后,国家计委根据这次会议精神,把提高经济效益作为经济工作的中心任务,重新编制了新的“六五”计划,压缩了原来十年规划中过高的、不切实际的目标任务。这也标志着我国的计划管理工作一改过去片面强调速度,为生产而生产,不注重经济效益的工作模式,开始向注重从国情实际出发,综合考量平衡发展和突出经济效益方面的重大转变。

这次会议之后,由于全党上下基本统一了关于经济调整工作的思路,所以各地的调整工作进展较为顺利。从 1981 年起,各地对于基本建设的支出开始明显下降,重工业发展比重过高,农业和轻工业发展滞后的局面也有了根本转变,国家的财政赤字也由 1980 年的 170 亿元下降到了 1981 年的 25 亿元。这一时期,青海的经济发展也保持了与中央大政方针高度的一致性,1980 年和 1981 年,青海的基本建设在提高了农牧业、轻纺工业和人民生活方面投资比重的同时,投资总额连续缩减了 24.3% 和 18%;轻工业在工业总产值中的比重连续上升到了 36.2% 和 41.1% 的水平;城乡居民收入稳步增长,停滞多年的民间贸易开始活跃,社会商品零售总额先后增长了 10.7% 和 8%。至此,经济调整的任务在全国和青海终于得以完成。

1982 年 9 月,中共十二大召开并明确提出了"计划经济为主、市场调节为辅"的方针。之后,"国家在社会主义公有制基础上实行计划经济。国家通过经济计划的综合平衡和市场调节的辅助作用,保证国民经济按比例协调发展"也被写进了新修改的 1982 年《宪法》。这意味着在坚持计划经济的基础上,引入市场调节来完善经济管理体制就成了 1984 年以前中央政府最根本的改革立场。

1984 年 10 月召开的中共十二届三中全会审议通过的《关于经济体制改革的决定》,提出了要突破把计划经济同商品经济对立起来的传统观念,明确认识社会主义计划经济必须自觉依据和运用价值规律,社会主义经济是以公有制为基础的有计划的商品经济。从而在商品经济、价值规律这些重大问题上,冲破了当时"左"的思想束缚,澄清了在许多人中间存在的模糊认识。而"有计划的商品经济"的提出,在社会主义经济理论上实现了一次重大突破,为之后全面开展经济体制改革提供了必要的理论指导。之后的几年时间里,我国的政界和学界均围绕经济体制改革的方向问题进行了广泛的探讨。其中,由国家经济体制改革委员会、中国社会科学院和世界银行联合举办的,共有包括科尔内、托宾、马洪、吴敬琏等 60 余位中外重要经济学家和政府官员参加的"宏观经济管理国际讨论会"(俗称"巴山轮会议")就是这一时期召开的一次有重要影响力的研讨会议。1987 年 10 月召开的党的十三大,在继续肯定社会主义经济是公有制基础上的有计划的商品经济的同时,进一步明确和提高了市场机制在经济改革中的地位,或者说经济体制改革目标开始更加向市场经济倾斜了。

正当全国上下准备按照十三大的思路进一步贯彻经济体制改革的时候,国际国内政局发生了一系列重大的变化。首先在国内,随着扩大企业自主权、经济结构调整等一系列市场改革措施的落地,1984年以前有些地区开始探索对国有企业生产的石油、煤炭等少数工业生产资料和一部分农产品实行计划产量内用计划价格,超产部分用市场价格,两种定价方式并存的做法。一批青年经济学者在1984年召开的"中青年经济科学工作者学术讨论会"(俗称"莫干山会议")上通过集中讨论,形成了用"双轨价格制"和"放调结合"逐渐实现价格的市场化改革思路,在上报中央后被决策层所采纳。但在实践过程中,伴随着1988年的价格改革的实施,全国范围内出乎意料地出现了抢购潮和挤兑风,并导致这一次"价格闯关"最终以失败告终。这一时期中国的宏观经济在短期内陷入了一种非常紊乱的状态。现在回过头来分析,"价格双轨制"在当时一方面打破了指令性计划导致市场僵化的局面,为非公有制经济企业创造了亟须的生存空间,但另一方面也引起了全国性的物价暴涨和一系列的经济腐败蔓延,并最终酿成了一场令人痛心疾首的短期政治风波。这一时期的国际政局也发生了诸如东欧社会主义政权瓦解和苏联解体等重大政治动荡。

在这种局面下,1989—1991年间,国内政学两界整体陷入了改革的彷徨期。理论界开始针对经济改革到底是以计划为主还是以市场为主,产生了激烈的思想争论。计划派的学者认为当时出现的种种问题,都是市场经济带来的,所以坚持反对市场取向的改革。市场派的学者认为当时面临的发展困局和相关经济问题,正是因为改革不彻底引起的,解决这些问题还需要继续深化改革。总体来看,当时市场取向观点在大部分时期一度处于被批判的不利境地中。

这种改革理论层面的持续交锋,直接导致了改革行动的踟蹰,改革一度陷入了两难境地,经济滑坡现象变得越来越严重。1984年我国的经济增速是15.2%,到1989年就突然降到4.1%,1990年更是降到了3.8%。受当时国内宏观经济环境影响,青海的经济增速也由"六五"时期(1981—1985年)的8.95%,直接下降到了"七五"时期的5.25%。尤其是1989年和1990年两年,经济增速从1988年的11.1%突然下降到了1.5%和2.5%的水平。物价指数则从1985年开始一路走高,并在 1988 年和 1989 年大幅上涨到了 18.3% 和 17.7% 的水平。与此同时,很多 20 世纪 80 年代中期发展起来的个体经济、私营经济也出现了下滑的现象。但值得欣慰的是,1990 年与 1984 年相比,国家定价的商品由 67.5% 下降为了 30.0%,市场调节价商品由 18.1% 上升为 45.0%。据测算,1990 年中国经济市场化程度大致达到了 61.0% 水平。也就是说,虽然这一时期的经济改革付出了很高的代价,但市场导向的改革路径仍然没有发生偏离,市场在价格形成中的作用也在日益增大。

第二节　农村牧区经济体制改革

从 1958 年人民公社化以来, 由于农业生产效率的提升始终没有达到发展预期,农民的生活水平改善极为有限。所以在 1978 年底的十一届三中全会上,政府通过了《关于加快农业发展若干问题的决定(草案)》。该文件针对前一阶段我国农业发展所遇到的困难, 决定针对统购价格过低的问题进行价格改革,粮食统购价格提高 17%,超购部分在这个基础上再加价 30%—50%。保障生产队的经营自主权。恢复农村集贸市场和长途贩运。允许包产到组或包干到组,但仍坚决维持集体生产制度,禁止包产到户或包干到户。这一年的冬天,在安徽凤阳县小岗村,18 户农民冒险秘密签订了一份契约,决定将集体耕地承包到户,搞“大包干”。随后,安徽省不少生产队也实行了包产到户。之后,贵州、四川、甘肃、内蒙古、河南等省、自治区的一些较穷的生产队也纷纷效仿了这种做法,并取得了明显的成效。随后,在 1980 年 9 月召开的各省、自治区、直辖市党委第一书记座谈会上,中央首次肯定了包产到户是联系群众、发展生产、解决温饱问题的一种必要措施。因此,从 1981 年开始,政府就将这种“双包”形式的家庭联产承包制度向全国推广。当年底, 全国就有 45% 的生产队开始实行,到 1984 年,全国 99.97% 的生产队均实行了联产承包责任制。

家庭联产承包责任制在青海的普遍实行,总体进度比全国要晚两年。但在此之前的 1979 年初,民和县大庄、柴沟公社的一部分边远贫困山村,为了摆脱贫困处境,就已经在尝试包工到组、联产到组的做法,取得了不错的效果。由于这种做法与中央关于农业改革的精神很契合,所以很快就得到了省委的充分肯定并开始在全省的边远地区推行。1980年初,青海根据中共十一届四中全会精神,尝试在全省农村地区建立诸如包工到组、专业承包、大包干到组、包产到户、包干到户等多种形式的生产责任制。但由于各级干部和群众顾虑较大,所以始终没有在农村地区(尤其是海东各县)全面推开。直到1981年联产承包制的做法得到中央充分肯定,当年7月青海省委在乐都县召开了全省联产承包责任制现场会后,才得以正式推行。到1983年3月,全省农业区中99.5%的生产队均实行了家庭联产承包责任制。由于家庭联产承包责任制突破了当时农业生产"一大二公"的旧体制,农业生产效率开始大幅度提升。

1984年,青海的粮食人均占有量达到了创纪录的421公斤/人,是1978年的1.3倍;油料作物人均占有量达到了26.7公斤/人,是1978年的1.6倍。农牧民人均纯收入达到了281.2元,是1978年的2.5倍,农村居民生活水平开始快速提高。由于农民的生产自主权得到保障,经营商业、运输业、建筑业等行业的农村专业户开始迅速发展,乡镇企业异军突起,农业发展开始出现了一番新景象。

在此之后,土地承包制度中的土地承包期限、承包方式在实践和探索中不断得以发展和完善,逐步确立了"土地集体所有、家庭承包经营、长期稳定承包权、鼓励合法流转"的新型农村土地制度。1985年3月10日,青海省委、省政府下发了《关于贯彻中共中央、国务院〈关于进一步活跃农村经济的十项政策〉的意见》。该文件就改革农牧产品收购制度,扩大市场调节范围,调整农村产业结构,大力兴办交通运输、能源和采矿等开发性事业,以及放宽农村牧区金融和税收政策,完善生产责任制,建立健全合作组织,扩大城乡内外交流等问题提出了明确的实施办法。从1987年开始,青海省又在稳定家庭承包责任制的同时,开始不断完善双层经营体制工作,有计划地逐步在农业区以村为单位建立了村级经济合作组织,并与村委会实行"一套班子,两块牌子",统称为经联社,村委会主任兼任社长。"双层经营"包含了两个经营层次:一是家庭分散经营层次;二是集体统一经营层次。按照这一经营形式,集体经济组织在实行联产承包、生产经营,建立家庭承包经营这个层次的同时,还对一些不适合农户承包经营或农户不愿承包经营的生产项目和经济活动,诸如某些大型农机具的管理使用,大规模的农田基本建设活动,植保、防疫、制种、配种以及各种产前、产后的农业社会化服务,某些工副业生产等,进行集体统一经营和管理,从而建立起一个统一经营层次。同年,青海根据国家相关精神,加快了在农村牧区的经管站、农技站、农机站、水保站、畜牧兽医站的改革步伐。要求上述这些农牧区县、乡站积极扩大服务领域,兴办经济实体,向综合服务站的方向发展。1991 年,青海省委又下发了《关于加强农牧业社会化服务体系建设的意见》,并着手组织相关部门开展了试点工作。上述一系列改革措施从农业生产关系层面进一步调动了农民的生产积极性,解放了生产力,促进了农业发展。到 1992 年,全省种植业总产值达到了 11.85 亿元,比 1987 年增长了 17.6%;粮食总产量达到了 118.5 万吨,增长了 13.8%;油料总产量达到了 14 万吨,增长了 34.9%。粮食、油料总产量均再创当时的历史最高纪录。全省农牧民人均年纯收入达到了 603.4 元,是 1987 年的 1.5 倍。这一时期,适宜农户经营的中小型拖拉机、柴油机、榨油机以及饲料粉碎机等农用机械和农机具开始逐步受到农民的青睐,家庭农业机械化水平开始快速提升。同时,农区通过落实综合开发等措施,扭转了持续多年耕地面积减少的局面,播种面积稳定增加,粮油生产能力有较大提高。乡镇企业和多种经营稳步发展,促进了农牧区商品经济的发育。

经过前一阶段的人民公社和牧业学大寨等生产运动后,青海省委在党的十一届三中全会后准备着手在牧业区开展经济体制改革,在牧业生产队中鼓励和推广"两定一奖"(定工、定产、超产奖励)生产责任制。到 1979 年底,有 28% 的牧业生产队实行了"两定一奖"到组,68% 的牧业生产队实行了"两定一奖"到户。1982 年,果洛州甘德县率先在全县范围内试行了牧业包干到户责任制,并取得了非常好的效果。1983 年初,全省在 6 个自治州开始推广牧业包产到户试点。8 月 22 日,青海省委发文《关于实行牧业包干到户责任制若干问题的试行办法》,正式实施草原承包责任制。该文件就牲畜承包过程中可能遇到的一些诸如牲畜保本增值、牲畜保本保值、牲畜公有私养、牲畜作价归户等均作了明确的规定和说明。由于改革措施得力,顺应民心,很快得到了牧民群众的积极响应。到 1983 年底,全省牧区 6 州有 97.3% 的牧业生产队实行了包干到户。

1984 年起,青海牧区进一步调整和优化了承包责任制,在全省 2700 多个牧业生产队推行了"草场公有,承包经营,牲畜作价,户有户养"的牧业生产责任制,另有 70%的牧业生产队实行了冬春草场承包到户。由于这种到户的承包制度改革在很大程度上解决了以往"大锅饭"式的平均主义,牧民群众拥有了更多的生产经营权,生产积极性得到有效激发,畜牧业生产开始呈现出良好发展景象。

为了进一步巩固改革成果,青海从 1986 年起,开始探索把固定草场使用权、落实草场分户承包、完善草场有偿使用制度作为深化牧区改革的重点,并在牧业区进行了一些先行试点工作。1989 年,海北州在祁连县多隆重乡扎沙村开展了"一包四定五统一"草场长期有偿分户承包试点工作,在取得了试点经验以后,又在全州范围内进行了推广。到 1991 年,青海的牧业生产实现了四年稳定增长,全年总增牲畜 463.9 万头,年末各类牲畜存栏数比上年增长 1.94%。牧区通过建设围栏草场和牲畜棚圈,推行人工种草和畜种改良,加强牲畜疫病和草原鼠虫害防治,生产条件得到改善,抗灾能力有所提高。

第三节　国有企业改革的初步探索

改革开放初期,由于新中国成立以来所采取的"企业下放"式国有企业改革并没有取得预期效果,所以包括企业界和经济学界在内的多数人开始将国企改革的方向转向了对企业的放权让利,认为国有企业之所以经济效益不高,主要是由于政府管得过多、统得过死造成的。到 20 世纪 70 年代末,对企业"放权让利"自然就成了包括政府、企业和经济学界在内的主流意见。也就是从那时起,一直到 20 世纪 90 年代初期,我国的国有企业改革总体上都是围绕着"扩大企业自主权"进行的改革。

1978 年 10 月,四川省首先选择了重庆钢铁等 6 家地方国营企业在全国率先进行了"扩大企业自主权"的试点,在增产节约的基础上,企业可以提取一定比例的利润向职工发放奖金;在完成国家计划的前提下,可以额外生产市场需要的产品,承接来料加工;可以销售多余的物资和商业部门不收购的产品,也可以试销新产品;可以提拔中层管理干部等。这种做法调动了企业和职工的积极性,上述企业均超额完成了四季度的生产任务。根据四川试点的经验,1979 年

5 月,国家经委、财政部等六部委决定在京、津、沪三地选择首都钢铁公司等 8 家企业进行扩大企业自主权试点,同样取得了不错的效果。1979 年 7 月,国务院正式颁发了《关于扩大国营工业企业经济管理自主权的若干规定》《关于国营企业实行利润留成的规定》等 5 个相关文件,开始向全国的企业推广。

到 1980 年底,全国进行试点的企业扩大到了 6000 多家,户数占当时全国预算内工业企业的 15%,产值占 60%,利润占 70%。但随着试点范围的不断扩大,改革很快就出现了诸如国家财政赤字剧增,经济秩序混乱等问题。对此,1981 年底和 1982 年底,国务院分别下发了《关于实行工业生产经济责任制若干问题的意见》《关于当前完善工业经济责任的几个问题》等文件,决定对国有企业实行的扩权改革中强化完成国家计划的责任制改革。经济责任制的主要内容包括:一是国家对企业实行经济责任制,通过利润留成、盈亏包干、以税代利等形式,理顺国家与企业间的利润分配。二是要求企业采用计分计奖、计件工资、超产奖、浮动工资等方式,处理好企业内部的利润分配。为了使经济责任制在不同企业间的实施更具公平性和可操作性,1983 年 2 月,国务院又下发了《关于国营企业利改税试行办法(草案)的报告》,这是利税并存式的第一步改革。1984 年开始,国务院通过下发《关于进一步扩大国营工业企业自主权的暂行规定》,在赋予了企业更多自主权的同时,也将利改税过渡到了完全以税代利的第二步改革。通过这种改革,企业开始有了自己独立的经济利益,获得了一部分计划外的物资采购权、生产经营权以及产品销售权和劳务定价权等。到 1994 年税收制度改革后,国有企业除按统一税率上缴所得税外,不再向国家上缴利润所得。

这一时期,青海的国有企业改革同全国基本保持了一致,在经历了扩大企业自主权、两步利改税、承包经营等改革实践的同时,也对轻重工业内部结构、行业结构和产品结构进行了相应的调整。随着十一届三中全会后全党工作重点的转移,青海省也根据青海的实际情况,开始了工业生产的恢复和调整工作,关、停、并、转了一批原料无来源、产品无销路、经济效益极差的企业。仅 1979 年,就决定停、缓建项目 112 个,关、停、并、转了青海钢铁厂、江沧煤矿、上庄硫铁矿、冷湖云母矿以及部分军工企业,州、县农机修造厂等工业企 117 个,并对"五五"计划中的工业产值、产量等指标进行了下调。1981 年又继续关、停、并、转了 96 个工业企业,清理了停、缓建项目 174 个,压缩未完工程投资 5 亿元。同时又加大了对人民生活密切相关的轻工业生产,如皮革、毛纺、食品加工等行业的投资比重,促进了轻工行业的快速发展。1985 年,轻工业产值在工业总产值中的比重,从 1978 年的 34%上升到了 1985 年的 38.6%。此外,还对一些行业和产品结构进行了调整,大力发展具有青海特色优势的电力、煤炭、石化、冶金、能源等工业。先后建设并投产了锡铁山铅锌矿、青海铝厂、民和镁厂等一批重点建设项目。到 1988 年,完成工业总产值 30.62 亿元,是 1985 年的 1.5 倍。工业企业发展高投入、高产出、低效益的局面一度得到了明显改善。1988 年以后,受国内宏观经济由过热转向偏冷,省内大部分国有企业出现了开工不足和库存加大的问题,使得停产和半停产企业增加,工业增速一度有所回落。

第十一章　改革开放经济社会发展步入加速阶段

　　1978年12月24日,中共青海省委、青海省革委会举行会议,学习《中国共产党第十一届中央委员会第三次全体会议公报》。会议决定尽快将全省工作的重点转移到社会主义现代化建设上来,会议要求全省各级党组织和各族人民认真学习,坚决落实公报精神,彻底改变青海落后面貌。党的十三届四中全会后,青海省开展了社会主义市场经济理论大学习、大讨论活动,坚持用"三个有利于"标准检验发展中的问题,推动青海社会主义市场经济体制改革取得实质性突破。进入新世纪新阶段,青海全省上下紧紧抓住中央实施西部大开发战略的历史机遇,解放思想,打破思想观念上的束缚和体制机制上的障碍,始终坚持发展为第一要务,进一步拓展改革开放的深度和广度,使青海步入了经济快速发展、社会全面进步的健康发展轨道。党的十七大以来,青海坚持以科学发展观为统领,继续解放思想,坚持求真务实,确立了树立自信、开放、创新的青海意识,以思想的再解放、观念的再创新、改革的再深化,推动青海在新的历史起点上实现发展的新跨越,闯出了一条欠发达地区实践科学发展观的成功之路。具体表现在以下两个方面:

　　第一,实现了由计划经济体制向社会主义市场经济体制的根本性转变。改革是推动各项事业发展的根本动力。青海省在省委、省政府的领导下,坚定不移地推进各项改革,始终坚持改革方向,不断增强改革动力,努力推进改革深化,不断探索建立和完善适应青海生产力发展要求的经济制度和经济体制,发展社会主义市场经济,用改革的办法解决前进中的问题,用发展的举措在一些重要领域和关键环节不断实现新的突破。在建立以家庭承包经营为基础、统分结合的农牧区双层经营体制的基础上,积极推进农牧区综合改革,在统筹城乡一体化发展上进行了积极探索和实践。加快国有资产管理体制和国有企业改革,加快建立现代企业制度,培育壮大一批骨干企业集团,国有经济控制力和活力不断增强。大力培育发展非公有制经济,使非公有制经济成为促进发展、扩大就业、繁荣市场的重要力量。财税、粮食流通、投融资体制和教育、科技、文化、卫生等领域改革稳步推进,产权、资源等要素市场不断完善,市场体系建设步伐加快。政府机构和行政管理体制改革取得成效,初步实现了由管理型政府向公共服务型政府的转变。

第二,形成了全方位、宽领域、多层次的对外开放新格局。开放是实现青海经济腾飞的活力源泉。青海历届省委、省政府大力实施开放带动战略,把吸引资金、技术、人才作为实现互利共赢的突破口,积极扩大开放领域,不断优化开放结构,提高开放质量,经济发展格局逐步从封闭半封闭走向全面开放。坚持"引进来"与"走出去"相结合,充分利用国际国内两个市场、两种资源,大力拓宽发展空间,积极拓展对外贸易、利用外资和经济技术合作领域,全面提高对外开放水平。先后同世界 60 多个国家和地区建立起贸易往来与经济技术合作关系,对外进出口总额年均增长 15%,出口年均增长 24%。利用外资从无到有发展迅速。1991 年至 2007 年累计吸引外商直接投资合同额达 25.6 亿美元。在扩大开放的同时,更加注重培育自主发展能力,增强自我"造血"功能,有效激发自身活力,经济自主增长机制开始形成。

由此,青海经济步入了快速发展阶段。

第一节　主要经济指标的变化

青海改革开放 30 年,经济发展步入了快车道。具体表现在以下几个方面:

一、全省经济实力大幅提升

从 1997 年开始,青海生产总值增速开始超过全国平均水平,从 2001 年开始连续 8 年保持 10%以上的增长速度,进入持续、快速、稳定、健康的发展时期, 全省经济总量也迅速扩大, 不断迈上新台阶。全省生产总值由 1978 年的

15.54 亿元增加到 2008 年的 961.53 亿元，30 年增长了 10.7 倍，年均增长3.6%，第二产业年均增长 9.8%，第三产业年均增长 9.5%。人均生产总值由 1978 年的 428 元增加到 2008 年的 17 389 元，增长了 6.6 倍，年均增长 7.0%，其中，后 8 年年均增长 11.2%。全省财政一般预算收入由 1978 年的 2.9 亿元增加到 2008 年的136.51 亿元，增长了 46.1 倍，年均增长 13.7%。财政支出由 6.8 亿元增加到 363.83 亿元，增长 52.5 倍，年均增长 14.2%。

2004 年，青海人均生产总值突破 1 000 美元，2008 年已突破 2 000 美元，正朝着 3 000 美元的目标迈进。根据国际公认的人均生产总值 1 000—3 000 美元为"黄金发展期"，青海通过改革开放 30 年的快速发展，已经站在了加速起点上，正向科学发展的关键阶段迈进。

表 11-1　青海省 1978—2008 年主要经济指标发展变化情况

指标名称	单位	2008 年	1978 年	2008 年比 1978 年增长(倍)	1978—2008 年年均增速(%)
总人口	（万人）	554.3	364.86	0.5	1.4
人口自然增长率	（‰）	8.35	19.49	下降 11.14 个千分点	
生产总值	（亿元）	961.53	15.54	10.7	8.5
第一产业	（亿元）	105.58	3.67	1.9	3.6
第二产业	（亿元）	529.4	7.71	15.6	9.8
工业	（亿元）	442.85	5.57	18.9	10.5
第三产业	（亿元）	326.55	4.16	14.4	9.5
人均生产总值	（元）	17 389	428	6.6	7.0
非公有制经济增加值占 GDP 的比重	（%）	27.27	18.17	比 2000 年提高 9.1 个百分点	
财政一般预算收入	（亿元）	136.51	2.9	46.1	13.7
财政支出	（亿元）	363.83	6.8	52.5	14.2
城镇居民人均可支配收入	（元）	11 648.3	418.68	26.8	13.1
农牧民人均纯收入	（元）	3 061.24	191.56	15.0	10.8
城镇居民恩格尔系数	（%）	40.41	55.83	比 1981 年下降 15.42 个百分点	
农牧民恩格尔系数	（%）	43.64	66.53	比 1981 年下降 22.89 个百分点	
全社会固定资产投资	（亿元）	582.85	6.75	85.3	15.7
社会消费品零售总额	（亿元）	252.84	6.68	36.9	12.9
进出口总额	（万美元）	68 847	1 064	63.7	14.9

续表

指标名称	单位	2008 年	1978 年	2008 年比 1978 年增长（倍）	1978—2008 年年均增速（%）
旅游外汇收入	（万美元）	1 014.73	230.6	3.4	12.1
公路通车里程	（公里）	56 463	13 675	3.1	4.8
铁路通车里程	（公里）	2 207	503	3.4	5.1
民航通航里程	（公里）	32 149	4 893	5.8	6.5

注:1.非公有制经济占 GDP 比重的基期为 2000 年,报告期为 2007 年。2.城镇居民人均可支配收入、农牧民人均纯收入和城乡居民恩格尔系数基期均为 1981 年,收入增速为 27 年的年均增速。3.旅游外汇收入的基期为 1995 年。4.1979—2008 年全社会固定资产投资累计达 3 870.21 亿元,1999—2008 年累计达 3 189.86 亿元。

二、经济发展方式逐步转变

30 年间,青海各族人民在加快经济发展的同时,不断总结经验,遵循经济发展的内在规律,在实践中探索前进,不断调整经济结构,推动工业化、城镇化进程,促进经济发展方式的转变,取得了明显的成效。

1.产业结构进一步优化,工业化进程加快

从 1978 年到 2008 年,三次产业结构由 23.6:49.6:26.8 调整为 11:55:34。在加强农牧业基础地位的同时,工业化进程加快。一是第一产业下降 12.6 个百分点,第二产业和第三产业分别上升 5.4 个百分点和 7.2 个百分点。二是依托资源优势,实施资源开发和转换战略,形成了具有青海资源优势的特色工业体系,工业对全省经济增长的贡献率逐年提高,2007 年达 54.9%,工业成为拉动全省经济增长的主要动力。

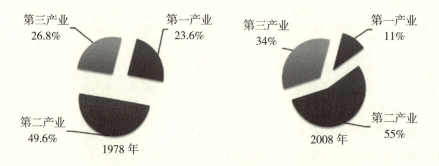

图 11—1　产业结构

2.所有制结构发生较大转变,多种经济成分共同支撑青海经济发展

所有制结构朝着多元化方向发展,个体、私营经济、外商投资、股份制经济得到较快发展,非公有经济总量迅速增加。2007年,非公有制经济增加值占全省经济总量的比重达到27.27%,比2000年提高9.1个百分点。2007年,工业增加值中非公有制工业企业增加值占29.5%,比2001年提高14.1个百分点。

3.农业劳动力转移加快,带动了城镇化进程加速

产业结构的变化带来了从业人员构成的变化。1978年,三次产业就业人员构成比例为71.3:18.3:10.4,2008年发展为44.5:21.3:34.2。第一产业人员比重降低26.8个百分点,第二产业和第三产业人员比重分别上升3和23.8个百分点。第一产业的人员向第二产业和第三产业逐步转移,尤其是随着市场经济的发展和第三产业的活跃,从业人员迅速向第三产业转移。随着农业劳动力向非农产业转移,全省城镇化进程加快,2008年全省城镇化率达40.9%,比1978年提高了22.3个百分点。

三、城乡居民改入大幅增长,生活水平迈进小康

改革开放30年,青海全省经济飞速发展,经济效益显著提高,城乡居民收入大幅增长,人民生活实现了由温饱到总体小康的历史性跨越。2008年,城镇居民人均可支配收入达到11 648.3元,比1981年增长26.8倍,年均增长13.1%;农牧民人均纯收入达3 061.24元,比1981年增长15倍,年均增长10.8%。生活质量日益改善,城镇居民恩格尔系数由1981年的55.83%下降到2008年40.41%,下降15.42个百分点,平均每年下降0.57个百分点。农牧民恩格尔系数由1981年的66.53%降至2008年的43.64%,下降了22.89个百分点,平均每年下降0.85个百分点。

居住条件得到极大改善。2008年,城镇居民人均住房建筑面积达到24.79平方米,比1981年增加17.49平方米;农村居民人均住房面积达19.78平方米,比1985年增加9.28平方米。

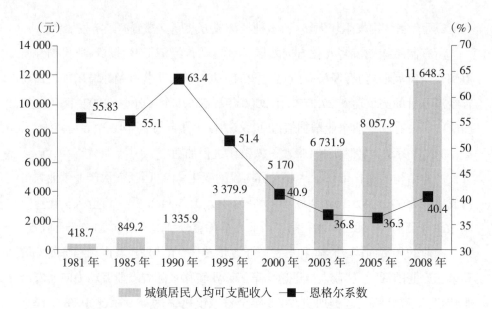

图 11-2　城镇居民人均可支配收入及恩格尔系数

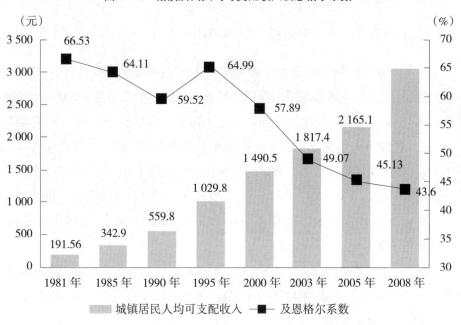

图 11-3　农牧民人均纯收入及恩格尔系数

消费结构升级。改革开放以后,随着经济社会的发展和社会主义市场经济的建立和发展,物质供应的丰富,票证逐渐被取消,百姓住房也从简陋的平房变成了水电暖厨卫设施齐全的楼房。电视、电话、冰箱、洗衣机、电脑成为普通家电,甚至轿车也开始进入寻常百姓家,居民生活实现了从温饱到总体小康的跨越。城镇和农村每百户居民拥有的耐用消费品大幅度增加,在满足基本需求的情况下,向高档次、多功能、智能化、环保等方向发展,实现了从量的满足到质的提高。

表 11-2　城镇每百户居民耐用消费品拥有量

名称	单位	2008 年	基期	备注
彩色电视机	(台)	103	22	基期为 1984 年
洗衣机	(台)	95	38	基期为 1984 年
电冰箱	(台)	85	4	基期为 1986 年
组合音响	(套)	12	7	基期为 1995 年
淋浴热水器	(台)	42	7	基期为 1995 年
移动电话	(部)	143	1	基期为 1999 年
微波炉	(台)	41	1	基期为 1999 年
家用电脑	(台)	35	1	基期为 1999 年
家用汽车	(辆)	3	1	基期为 2003 年

表 11-3　农村每百户居民耐用消费品拥有量

名称	单位	2008 年	基期	备注
洗衣机	(台)	63.2	0.4	基期为 1984 年
摩托车	(辆)	71.5	0.2	基期为 1985 年
彩色电视机	(台)	94	0.9	基期为 1985 年
固定电话	(部)	67	4	基期为 1985 年
照相机	(架)	1.7	0.4	基期为 1985 年
电冰箱	(台)	32	0.8	基期为 1995 年
移动电话	(部)	98.5	0.3	基期为 2000 年

四、固定资产投资成倍增长,各项建设硕果累累

改革开放 30 年,经过改革投资体制、调整投资结构、拓展投资渠道,青海的基本建设和资源开发进入了一个新的历史阶段。尤其是西部大开发以来,全省的固定资产投资大幅增长,经济和社会基础设施建设新上项目增多,基础设施

建设长期落后的局面得到明显改善,同时建成了一大批优势工业项目,为全省的经济发展奠定了坚实的物质基础。1979—2008年累计完成全社会固定资产投资3 870.21亿元,特别是1999年西部大开发以来的10年累计完成3 189.86亿元,占30年累计投资额的82.4%。其中2008年完成582.85亿元,比1978年增长85.3倍,年均增长15.7%。投资对经济增长和结构调整的作用进一步加大。在固定资产投资大幅度增加的同时,投资主体发生了深刻变化,逐步形成了国有投资、民间投资、外商投资等多种投资形式,尤其是民间投资大幅度增加,由1981年的0.62亿元增加到2008年的207.85亿元;外商投资从无到有,2008年达11.49亿元。投资主体的多样化,为经济的发展提供了资金保障。

城市面貌和环境发生了巨大变化。1978年以来,加强了基础设施和基础产业的投资,加快了城镇化进程,全省城镇农村公用设施日臻完善,社会治安、道路、供水、排水、供气、集中供热、垃圾处理、地下管网改造等基础设施显著改善,文化、体育、会展、航运等服务功能明显提升,市容大环境和居民生活小环境都有明显改观。到2007年末,全省使用天然气普及率达89.41%,改变了过去烧煤取暖做饭的传统;人均公共绿地面积达8.47平方米;人均拥有道路面积10.53平方米;用水普及率达100%;城市每万人拥有公共交通车辆18.73标台,比1985年增加14.17标台;建成区绿化覆盖率27.47%。

改革开放30年,交通通讯与基础设施建设实现了大飞跃。1979—2008年全省用于交通运输业固定资产投资累计达到568亿元。高速公路从无到有,2008年末达5 405公里,其中高速公路215公里,形成了以省会西宁为中心,国道、省道为骨架,县乡道为脉络的干支相连、脉络相通、辐射全省城乡的公路交通网。2008年,全省拥有民用汽车22.56万辆,比1978年增长10.7倍。铁路建设取得新突破。2006年7月1日青藏铁路全线贯通,对青海经济振兴和祖国西部边陲的繁荣稳定具有重要的意义,同时也增加了全省铁路运营里程,由1978年的503公里增加到2008年的2 207公里。民航运输业在改革开放中迅速发展。2008年,全省民航通航里程达3.21万公里,比1978年增长5.6倍,通航城市由4个增至北京、上海、广州、西安、成都、乌鲁木齐、武汉、沈阳等19个城市。

（万公里）

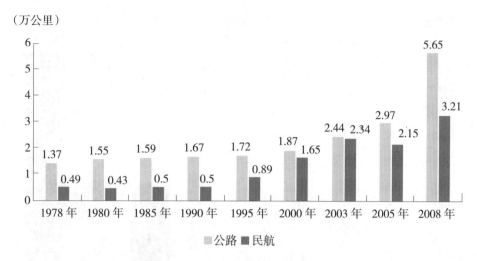

图 11-4　公路、民航通车(航)里程

（公里）

图 11-5　铁路运营里程

随着改革开放的逐步深化,邮电通信业的发展越来越快。2008 年,邮电业务总量达 69.95 亿元,固定电话年末用户达到 119.4 万户,其中城市 92.5 万户,农村 27 万户,分别比 1978 年增长 113 倍和 77 倍;移动电话从 20 世纪 90 年代末开始快速发展,到 2008 年底达 247.2 万户。电话普及率达到每百人 66.1 部,比 1978 年的每百人 0.22 部提高 65.88 部。

（万户）

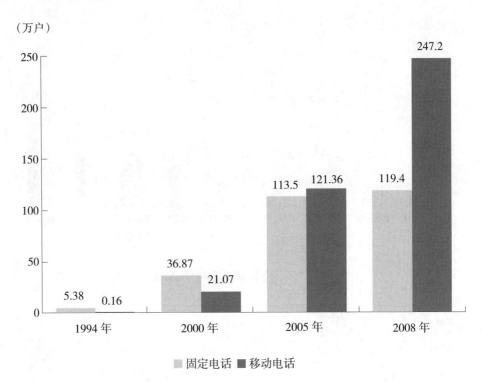

图 11-6　固定电话与移动电话用户量

五、农牧业稳定发展

党的十一届三中全会以来,青海省委、省政府高度重视"三农"工作,结合青海的实际,在农业区积极推行并完善以家庭经营为主的联产承包责任制,在牧业区实行"牧畜作价归户,私有私养"以及"以草定畜"的草原承包生产责任制,极大地调动农牧民的生产积极性,农村牧区经济取得前所未有的发展。近年来国家取消农牧业税,结束了我国延续2600年的"皇粮国税"历史,进一步激发了广大农牧民的生产积极性,有力地推动了全省农村牧区经济的全面发展。农业结构逐步向效益农业方向调整,高原特色农牧业、设施农牧业和家庭业产业化不断发展。2008年,特色农业种植面积占农作物总播种面积的比重达65.4%,畜牧业增加值占每一产业增加值的比重达62.5%。同时,各级政府加大对农牧业的投入,推广科技兴农项目,农业现代化水平和农业生产力明显提高。2008年, 全省第一产业增加值达到105.58亿元, 比1978年增长1.85倍, 年均增速

3.6%。薯类作物产量比 1978 年增长 3.39 倍;油料作物产量增长 6.77 倍;蔬菜产量增长 3.26 倍;禽蛋产量比 1982 年增长 3.73 倍。

表 11-4　农业现代化水平

	单位	2008 年	1978 年	2008 年比 1978 年
农业实现机耕地面积比重	(%)	48.3	32.2	提高 16.1 个百分点
农业机械总动力	(万千瓦)	362.41	52.91	增长 5.8 倍
农村用电量	(万千瓦时)	36 939	7 442	增长 4 倍

表 11-5　主要农牧业产品产量

	单位	2008 年	1978 年	2008 年比 1978 年增长(倍)	备注
粮食	(万吨)	101.8	90.30	0.13	
薯类	(万吨)	36.18	8.24	3.39	
油料	(万吨)	35.22	4.53	6.77	
肉类	(万吨)	25.54	5.99	3.26	
禽类	(吨)	14 913	3 155	3.73	基期为 1982 年
蔬菜	(万吨)	110.08	19.77	4.57	

表 11-6　畜牧业生产效益

单位:%

	2008 年	1983 年	2008 年比 1983 年上升或下降的百分点
草食畜出栏率	32.14	14.94	17.2
猪出栏率	157.99	57.61	100.38
草食畜商品率	28.76	8.91	19.85
猪的商品率	113.78	24.15	89.63
草食畜仔畜成活率	87.95	70.19	17.76
猪仔畜成活率	94.21	89.58	4.63
草食畜成幼畜死亡率	3.01	8.89	-5.88

六、工业化进程加快,工业成为经济发展的主导力量

改革开放 30 年,青海全省工业以市场为导向,以经济效益为中心,以优势资源为依托,加大工业项目的投资力度,大力推进产业结构优化升级,加快培育

特色工业和优势产业,建成青海石油三项工程、桥头电厂、涩宁兰输气管道、龙羊峡水电站、李家峡水电站、公伯峡水电站、拉西瓦水电站、赛什塘铜矿、100 万吨钾肥生产线、90 万吨纯碱项目和油气田勘探开发等一批大中型工业项目,逐步形成了以水电、盐化工、石油天然气、有色金属冶炼为主的四大优势工业。2008 年,四大支柱和四大优势产业完成增加值占规模以上工业增加值的比重为 82.9%。同时,近年来全省加大了工业结构调整力度,单晶硅、多晶硅等新型材料工业和藏毯、民族服饰、沙棘、畜产品加工等特色工业开始崛起,一批新的工业经济增长点正在逐步形成,工业对经济增长的贡献逐年提高。2008 年,工业投资达 288.49 亿元,是 1978 年工业投资的 78.7 倍。2008 年,全部工业增加值达 442.85 亿元,比 1978 年增长 18.9 倍,年均增长 10.5%。工业增加值占生产总值的比重由 1978 年的 35.8%提高到 2008 年的 46.1%,比重上升 10.3 个百分点。工业经济效益大幅提高,从 2000 年开始实现扭亏为盈。2008 年,规模以上工业实现利润 177.17 亿元。

进入新世纪以来,为了转变经济发展方式,提高经济增长的质量和效益,减轻环境污染和生态破坏,青海省加大了循环经济工作力度,到 2008 年底,国家已经批准设立柴达木和西宁市经济开发区两个循环经济试验区。青海省政府设立专项资金,出台相关管理办法,建立健全全省循环经济指标评价体系。连续三年召开柴达木循环经济试验区项目推介展。目前,青海碱业一期、青海乌兰焦化项目等项目已顺利投产;青海 100 万吨钾肥产品综合利用项目一期等一批重点项目已开工建设;有机硅、镁盐等一批计划新开工项目前期工作正有序进行。

七、对外开放取得丰硕成果,内外贸易不断增长

1978 年以来,青海省不断加大开放力度,实施"引进来"和"走出去"相结合的对外开放战略,充分利用两个市场、两种资源,拓宽发展空间,以开放促改革和发展,全面提高对外开放水平。同时,积极调整出口产品,对外开放质量不断提升。1979—2008 年累计对外进出口总额达 54.81 亿美元,年均增长 14.9%,出口累计达 40.92 亿美元,年均增长 23.4%,其中 2008 年外贸进出口贸易总额达 6.88 亿美元,出口 4.19 亿美元,分别比 1978 年增长 63.7 倍和 548.5 倍。2008 年,出口国家(或地区)达 86 个,出口产品也从资源型向加工型转化,如地毯、针

织服装、塑料制品等。对外开放水平不断提高,外贸依存度由 1978 年的 1.2%上升到 2008 年的 4.9%(进出口总值按 2008 年 12 月 31 日汇率换算)。利用外资从无到有发展迅速。1991—2008 年累计外商直接投资(合同)28.69 亿美元,其中,2007 年外商直接投资 3.09 亿美元,是 1991 年的 1 626 倍。

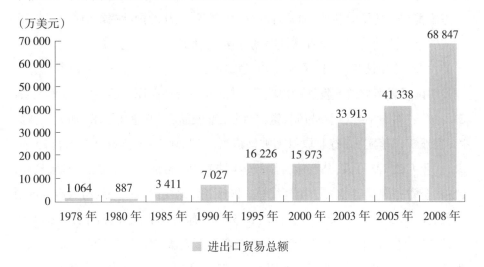

图 11-7　进出口贸易总额

改革开放 30 年,青海全省积极改革流通体制,在发展国有企业的同时,大力发展集体私营、个体商业和城乡集市贸易,商业交易网点大量增加,形成国有、集体、个体、私营、联营等多种经济形式并存、多流通渠道、多种经营方式相互竞争的商品流通体系。尤其是近年来大型超市、连锁店等现代流通体制的形成以及城乡居民收入的大幅提高,批发零售贸易企业由 2000 年的 91 个增加到 2007 年的 127 个;住宿餐饮企业由 2000 年的 6 个增加到 2007 年的 105 个。到 2007 年底,全省共有集贸市场 288 个,比 1978 年的 24 个增长了 11 倍。2008 年,全省实际社会消费品零售总额达 252.84 亿元,比 1978 年增长 36.9 倍,年均增长 12.9%。

八、多元化旅游市场主体基本形成

青海历史悠久、文化灿烂、山川秀美、民族众多,位于青藏高原腹地,地处世界三极,有着得天独厚的自然风光和人文景观,旅游资源非常丰富。改革开放后,尤其是 2000 年以来,加大旅游设施和服务设施投入力度,加快重点景区的开发建设,挖掘内涵、提高品位,形成以资源为依托、以项目为基础、以招商为手段、以多元为目标的旅游开发模式,努力培育多元化的旅游市场主体。开发具有民族特色的旅游产品,着力打造环西宁旅游精品,把青海建成全国知名的高原生态旅游和避暑旅游胜地。随着青洽会、环湖赛、三江源国际摄影节等一系列大型文体节庆活动的举办及青藏铁路的开通,极大地拉动了全省旅游业及相关产业的发展。特别是近几年,青海省委、省政府已连续召开 3 次旅游发展大会,进一步明确了青海旅游业发展的思路和目标,努力打造高原旅游名省。各地区、各部门按照"加强领导、理顺机制、整体规划、形成品牌"的总体要求,加大工作力度,狠抓工作落实,旅游业取得突破性进展。到 2008 年,全省已有旅行社 198 家,从业人数 1.9 万人,共有旅游星级饭店 117 家,再加上其他普通宾馆、旅店,目前,全省旅游接待能力已初具规模。2008 年,共接待国内外旅游人数 905 万人次,比 1995 年的 136.53 万人次增长 5.6 倍;旅游总收入 47.51 亿元,比 1995 年的 3.87 亿元增长 11.3 倍;接待入境游客 3 万人次,比 1995 年的 1.33 万人次增长 1.26 倍;国际旅游外汇收入达 1 014.73 万美元,比 1995 年的 230.6 万美元增长 3.4 倍。

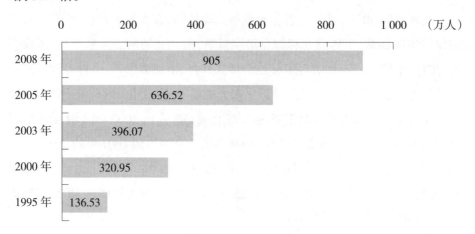

图 11-8　旅游人数

第二节　工业助推经济发展步入快车道

1978 年到 2007 年,青海的工业生产以年均 10.2%的速度增长;2007 年,青海工业增加值增速在全国排名第 19 位,在西部 12 个省区中排名第 6 位,在西北五省区排名第 2 位。1978 年到 2007 年,工业占全省经济总量的比重从35.8%上升到 44%,提高了 8.2 个百分点。这充分说明,工业经济的发展,已经成为推动青海经济发展最重要的力量。目前,青海省已逐步建立起了以优势资源为依托的石油天然气、水电、有色金属、盐湖化工、冶金、建材、医药、农畜产品加工等产业为主的工业体系。

青海现代工业是新中国成立后发展起来的,主要是纺织、轻工、农机修造等工业企业。20 世纪 60 年代,国家为加强"三线建设",从其他省市迁来了一批企业,比如青海光明厂、黎明厂、青拖厂、青海第一、第二机床厂、青海锻造厂、铸造厂、柴油机厂等。那一时期,在国家的大力支持下,青海工业建设的投资额大幅度增长,初步形成了现代工业经济体系。同时,一批地方企业也在"三线建设"企业的带动下,先后建成投产,成为青海工业发展的基础。不过,那一时期,青海工业总产量虽然有所增长,但工业布局不合理,主要集中在机械、钢铁、纺织等少数行业,没能体现出青海的特点和优势,粗放型工业体制始终没有多大改变,工业企业的整体素质不高。

党的十一届三中全会以来,改革开放给青海工业经济带来了前所未有的生机和活力。20 世纪 80 年代,在国家的大力支持下,青海省相继建成了一批大中型工业项目,形成了以重化工工业为基础的工业体系。进入 20 世纪 90 年代以后,通过改善投资环境,加大招商引资力度,兴建了一批新型企业。这一时期,一批具有一定规模和地方特色的工业企业迅速崛起,一批工业产品享誉省内外,部分产品甚至打入了国际市场。例如,"双虎"毛毯、"海山"压力锅、"牛牌"骨胶、"银狐"毛线、"天河"洗衣粉、"雪山"牌牛肉干等,曾经成为青海人的骄傲。康尔素乳品厂一度把分厂开到了中原河南,"康宁"大雪糕风靡国内许多城市。那时候,一说大雪糕,很多人都会提到康尔素乳品厂的"娃娃头"。一些外地人要买高压锅、买牛绒衫,都托在青海的亲朋好友给他们寄去。但是,由于这一时期,青海的工业布局不合理,没能体现出青海的特点和优势,粗放型工业体制始终没有多大改变,工业企业的整体素质不高,因此,一些企业和产品在不长的时间内就销声匿迹了,这也成了当时青海人的一大遗憾。

进入 21 世纪,国家实施西部大开发战略,青海抓住机遇,坚持生态立省战略,大力实施资源转换,推进循环经济发展,提高资源利用效率,促进产业结构优化升级。重点发展石油天然气、电力、有色金属和盐湖化工、煤焦化和太阳能六大支柱产业,建设区域性石油化工基地、盐湖化工基地、高原藏毯生产基地等六大产业基地。以柴达木循环经济试验区和西宁高新技术开发区为重要载体,初步形成了以西宁经济技术开发区和柴达木循环经济试验区为重点的工业发展平台,工业经济整体实现了持续、快速、稳定发展。

举几个例子:

1987 年 9 月 29 号,黄河上游的"龙头"水利工程——龙羊峡水电站第一台发电机组并网发电,当时,媒体报道的口径是如此一致,都用了"举世瞩目"一词,20 多年过去了,黄河上游梯级电站进入建设高潮期。而且,随着青海经济实力的不断增强,这些电站的建设摆脱了过去只靠国家投资的单一模式,采取了多方融资的方式,加快了建设进度。李家峡、公伯峡、拉西瓦、尼那、直岗拉卡、苏只等水电站相继开工建设,有的已经并网发电。一些水电站的装机容量比龙羊峡还要大,比如李家峡水电站,它的装机容量为 160 万千瓦,比龙羊峡多 32 万千瓦。

再拿藏毯工业来说,从 2004 年首届藏毯展会"参展参会的国内外客商达成了一些合作意向,成交了部分进出口合同"的委婉表述,到 2008 年"成交金额 4 820 万美元,其中现货交易 392 万美元"的成果展示,连续五届藏毯展会的成功举办,毫无疑问是在告诉人们,青海在向世人、向国人展示青海藏毯产业健康发展的过程中,颇有成效地打造着一个在青海最负特色、最具生命力,也最有希望在国际舞台上占有一席之地的品牌。据统计,2007 年,青海藏毯生产企业已经发展到 11 家。手工编织藏毯新增生产能力 16 万平方米,年总产达到了 58 万平方米,完成出口创汇 3 275 万美元,内销 2 633 万元人民币。而且作为支柱产业,藏毯工业还带动了当地大批农牧民摆脱了贫困,走向了富裕。工业反哺农业的作用已经开始显现。截至 2007 年底,青海有 390 个村建起了织毯车间,为农牧民就近转移提供工作岗位 3 万多个。

再说说青海的"金诃"藏药,目前不光在国内有名,在东南亚等国际市场也很有名。大家都知道,我们国家生产的药品要想打入国际市场,难度非常大,青海企业生产的药品就更不用说。但是,就是青海的"金诃"藏药,在 1997 年就有 4 个系列的品种通过了美国 FDA(食品和药物管理局)的相关认证,这也是目前被公认为世界上最严格的认证。这个认证意味着给"金诃"藏药的 4 个系列品种开了一张国际药品市场的通行证。

这些例子充分说明,改革开放以来,青海不断深化工业企业改革,取得了巨大成就。从 20 世纪 90 年代至今,青海实施了国有企业重组和国有企业结构调整,也就是通常所说的重新洗牌。通过调整重组,一些长期亏损、资不抵债的企业破产退出,清除了亏损源,卸掉了债务包袱和冗员负担,一些企业初步建立了现代企业制度,经济实力增强。国有企业亏损额逐年下降,继 2000 年全省工业企业全面扭亏后,2001 年国有企业实现整体扭亏,并且经济效益持续快速增长。到 2008 年,青海省规模以上企业不仅总量在增加,平均每个企业的竞争实力也在增强。一批技术力量强、拥有明显竞争优势的大企业、大集团在全省工业经济中的拉动作用日益增强,成为经济发展的重要支撑和推动力。在 2008 年 1 月 25 号召开的全省财税工作会议上,省政府表彰了 12 户上缴税收 1 亿元以上的青海省财政支柱企业,其中国有工业企业就占了 11 家,青海油田公司连续 13 次蝉联青海省财政支柱企业榜首;西宁特钢集团连续 17 年获得青海省政府授予的财政支柱和上缴利税大户称号;西部矿业股份有限公司不仅连续 4 年获得这一殊荣,而且跨入中国 500 强企业第 314 位,成为青海第一个进入中国 500 强的企业。同时,通过国有企业重组和国有企业结构调整,青海三普、青海明胶、青海山川、青海钾肥、西宁特钢、西部矿业、青海华鼎等企业的股票先后成功上市,而唯一一家商业企业上市的股票青海数码则被青海钾肥重组收购。

谈到改革开放以来青海工业经济的发展,就不能不说到青海的非公有制工业企业。非公有制企业这一说法,是伴随着社会主义市场经济的逐步建立而来的。改革开放初期,有个体企业、村办集体企业、乡镇企业等不同名称的民营企业,当时从事都是最简单的原料初加工、农机具修理、矿石采掘等,技术含量低,效益差。改革开放以来,青海的非公有制工业经济迅速发展,经营领域不断拓宽。到 2007 年底, 非公有制经济增加值占全省 GDP 的比重已经达到 27.27%。例子最能说明问题。青海伊佳布哈拉集团有限公司是亚洲最大的伊斯兰民族服饰用品生产企业,靠一顶小白帽起家,如今公司生产的民族服饰已经走出国门,在国际伊斯兰服饰市场上引领潮流,产品远销中东、中亚、南亚、东南亚、欧洲、非洲等地。目前,光是他们生产的小白帽就在全球伊期兰国家占据了 20%的市场份额。正如新华社的一篇报道说,小商品闯出了国际大市场。

第三节 "冷凉型"特色农牧业格局已然形成

特色农牧业是指一个地区以其特有的自然、经济、生物资源为依托,为繁荣市场、增加收益而从事具有地方特色农畜产品的产业。青海省具有丰富的特色农畜产品资源,独特的气候资源,广阔的农畜产品加工转化潜力。发展特色农牧业,提高农畜产品的市场竞争力必须根据这些比较优势,突出布局上的区域性、供给上的特殊性和产品的优质化,按照"人无我有、人有我优、人优我特"的要求,加快种养业结构布局调整,形成区域化布局、规模化推进、合作化经营、产业化发展的现代特色农牧业建设格局。

改革开放 30 年来,经过长期的探索,一个以增加农牧民收入为核心,充分利用青海高原"冷凉"气候特点和独特的自然地理环境的特色农牧业格局在青海已然形成:牦牛存栏数分别占全球和全国总量的 1/3—1/3 以上;藏羊占全国存栏量的一半;牦牛绒、西宁大白毛和柴达木山羊绒享誉国内外;鲜牛奶乳脂肪含量和乳蛋白含量适中,农药残留少,品质上乘;杂交油菜、优质马铃薯产品走俏国内市场;蚕豆远销日本、中东;双孢菇和紫皮大蒜远销日本、韩国以及香港等地;青稞产量约占全国大麦总产量的 10%。

一、特色农畜产品基地发展迅速,规模日益扩大

青海省已经初步形成了以油菜、马铃薯、蚕豆、青稞、蔬菜、花卉为主的优势农产品生产基地和以牛肉、羊肉、牛奶、绵羊毛、牦牛绒为主的畜产品生产基地。

据农牧部门统计,2007 年青海全省油菜种植面积达到 249.1 万亩, 马铃薯132 万亩,蚕豆、青稞、蔬菜超过 150 万亩,花卉 6 000 亩;集中种植面积在 1 000 亩以上的油菜基地、马铃薯基地、蚕豆基地、青稞基地共 66 个;集中种植面积在 500 亩以上的蔬菜基地 126 个; 集中种植面积在 50 亩以上的花卉基地 11 个。全省牛、羊、猪等肉类总产量达到 28 万吨,奶类产量 26 万吨,绵羊毛产量 1.77 万吨,牦牛绒产量 2 060 吨。

二、特色农畜产品品种显著增加,结构不断优化

仅 2007 年,青海就从省外引进各种粮食作物新品种 46 个,油料作物新品种 16 个,蔬菜新品种 21 个,花卉新品种 13 个。推广野血牦牛种公牛 1 000 头,复壮家牦牛 3 万头,选育推广藏羊种公羊 3 000 只。特色农畜产品注册商标和品牌不断增多,目前全省有农畜产品注册商标 287 个,其中国家驰名商标 5 个,省级著名商标 14 个。已制定各类农牧业标准和规范 457 项,其中省级农牧业地方标准 450 项。全省已确定 12 个国家级农畜产品标准化示范区,认定无公害农产品基地 71 个,无公害种植面积达到 107 万亩,无公害农畜产品品种达到 60 个,3 家农垦企业被农业部认定为 "全国农垦 100 家无公害农产品生产示范基地",有 21 家企业 60 个产品获得绿色食品标志。

大蒜村、辣椒村、蘑菇村、奶牛村、油菜村、牛羊育肥村、酥油村……因地制宜,各显身手——改革开放 30 年来,青海省农牧业区域特色初步显现,"一村一品"稳步推进,全省各地以脱毒马铃薯、杂交油菜、优质蚕豆、特色蔬菜为重点,仅 2007 年就在全省扶持发展特色农畜产品 "一村一品" 专业村 182 个,其中新建优质油菜专业村 35 个、脱毒马铃薯专业村 36 个、优质蚕豆专业村 8 个、冬小麦专业村 7 个、优质青稞专业村 7 个,特色蔬菜、果品、花卉等专业村 37 个。农区以养殖小区示范点建设为重点,扶持发展奶牛村 16 个,肉羊村 13 个,肉牛村 1 个,生猪村 22 个。目前,青海省特色农畜产品 "一村一品" 专业村已发展到 582 个。全省农作物播种面积中,油菜、马铃薯、蚕豆、青稞、蔬菜、花卉、汉藏药材等特色作物种植面积占到 73%,比 2006 年提高 1 个百分点。

三、农牧业产业化经营初具规模,加工能力明显增强

以油菜、马铃薯、牛羊肉、奶制品、藏地毯、绒毛加工为重点的龙头企业不断涌现,使全省农牧业产业化重点龙头企业发展到 40 家,其中国家级龙头企业 6 家,省级龙头企业 34 家,辐射和带动农牧户 50 万户;农牧民专业合作经济组织从 2002 年的 128 家发展到 350 家;订单农业规模扩大,2007 年全省农业订单面积达到 160 万亩。一些主导产业已呈现区域化布局、集约化经营、专业化生产的格局。

第四节　社会事业实现全面进步

改革开放 30 年,快速发展的经济促进青海社会事业实现了全面进步,在不懈努力中实现了小财政、大民生。

一、就业规模不断扩大

统筹城乡就业,积极实施再就业工程,多渠道创造就业岗位,就业总量不断扩大。全省从业人员由 1978 年的 144.7 万人,增加到 2008 年的 317.2 万人,年均增长 2.6%。从三次产业就业人员构成看,第二、三产业从业人员不断增加;从城乡就业人口看,城镇就业人员增长较乡村就业人员增长快,城镇从业人员由 2000 年的 81.5 万人增长到 2008 年的 113.8 万人,年均增加 4 万人;乡村从业人员由 2000 年的 202.4 万人增长到 2008 年的 203.4 万人, 年均增加 0.13 万人。国有单位和城镇集体单位从业人员减少,有限公司、私营企业及个体从业人员迅速增加。

二、社会保障体系进一步完善,保障能力显著提高

改革开放后 10 年,随着经济的发展,青海省财力不断增加,对社保工作的力度不断加大,相继出台了相关措施,完善了养老保险、失业保险等各项制度,建立了覆盖城乡的社会救助体系,逐步建立了以城镇职工医疗保险、城镇居民

医疗保险、新型农村合作医疗制度为主体,以贫困人口医疗救助制度为补充,多层次、全覆盖的城乡基本医疗保障体系,覆盖范围不断扩大,参保人数逐年增加。到 2008 年底,全省养老保险参保人数 68.3 万人;失业保险参保人数 35.43 万人;城镇职工基本医疗保险参保人数 72.12 万人,城镇居民医疗保险参保人数41.7 万人。2003 年启动新型农村合作医疗项目,到 2005 年提前 3 年实现全省43 个县(市、区)全部覆盖,到 2008 年底参合人数 331.28 万人,参合率达96.5%;城市低保人数由 2002 年的 17.62 万人增加到 2008 年的 2 202 万人,低保标准由 2002 年的 152 元 / 月增加到 2008 年的 190 元 / 月;2007 年建立了全省农村牧区居民最低生活保障制度,到 2008 年底,将 34.5 万农村牧区居民纳入最低生活保障范围。

三、生态环境保护得到加强,节能减排取得初步成效

改革开放后,青海省坚持生态环境保护这一基本国策,在抓好重点区域、重点流域、重点行业工业污染防治的同时,加大对自然生态环境的保护力度,不断加强环境立法和执法。先后出台了《西宁市服务行业环境保护管理条例》《海南州青海湖南岸环境保护管理暂行办法》《青海少湟水流域水污染防治条例》《青海省人民政府关于进一步加强环境保护工作的决定》等一系列环保法规、规章及规范性文件,推进了全省环境保护工作的法制化和规范化进程。紧紧抓住国家实施西部大开发战略的历史机遇,实施了"三北"防护林三期工程、防沙治沙工程、退耕还林(草)等工程,国家重点生态工程示范县建设和小流域综合治理及草原建设等项目, 使全省生态环境恶化的趋势得到一定程度的遏制。2007年,全省环境污染治理投资额达 10.65 亿元,工业废水排放达标率达 50.25%,比上年提高 1.6 个百分点。到 2008 年,已建成省级以上自然保护区 11 处,其中国家级 5 处,保护区面积达到 21.82 万平方公里,占全省国土面积的 30.2%,森林覆盖率达 4.4%。加快产业结构调整,淘汰技术落后、能耗物耗高、污染严重的企业,节能降耗减排工作取得新突破。2007 年,单位 GDP 能耗比上年下降2.2%,已开始由升转降,2008 年降幅增加到 4.18%,走上良性发展的道路。

四、社会事业全面进步

1978 年,全国科技大会和省科技大会召开以来,青海省的科技事业蓬勃发展,专利申请量快速增长,科技队伍不断壮大,技术市场健康发展,科技成果丰硕喜人。1985—2008 年的 24 年间,专利申请累计 3 257 件,其中 2008 年受理 431 件,比 1985 年的 14 件增长了 29.8 倍。到 2007 年末,全省国有企事业单位共有各类专业技术人员 11.51 万人,平均每万人口中有专业技术人员 209 人,比 1980 年的 120 人多 89 人。具有高级技术职称的有 11 389 人,这类高层次的科研人员在 20 世纪 80 年代以前的青海几乎是空白。国家级星火计划项目数从 2000 年的 6 项增长到 2007 年的 37 项,到位资金从 2000 年的 1 714 万元增长到 2007 年的 2.7 亿元。2007 年,各类技术合同成交额达 53 446 万元,比 1990 年的 214 万元增长 24 倍。近年来,企业加快科技发展,以科技促生产、创效益。2007 年,大中型工业企业科技活动经费达 9.07 亿元,用于技术改造的经费与支出为 3.49 亿元。

改革开放 30 年,也是青海教育发展取得长足进步的 30 年。随着教育体制改革的不断深入,青海省建立了从幼儿教育、基础教育、高中教育、职业教育、民族教育到高等教育的一系列比较完善的且具有本省特色的教育体系,培养了一大批优秀人才。随着经济的发展,社会对教育的投入力度不断加大,教育条件得到很大改善,全省人口整体素质有了大幅提高。每万人拥有的大专及以上受教育程度人口由 1982 年的 81 人提高到 2008 年的 703 人;高中教育程度人口由 512 人提高到 972 人;文盲率由 29.15% 下降到 16.62%。2008 年,全省 6 岁及 6 岁以上人口中,接受过小学及以上教育的人口比重为 84.89%,比 2000 年提高了 11.84 个百分点;全省人口平均受教育年限达到了 7.28 年,比 2000 年提高了 1.13 年。

表 11-7   院校及毕业人数

	院校数(所)		1979—2008 年累计毕业人数(万人)
	2008 年	1978 年	
普通高等院校	8	6	8.64
中等职业技术学校	43	27	11.42
普通中学	491	818	176.39
小学	2 556	6 577	174.95

表 11-8 入学率和升学率

	2008 年	1978 年	2008 年比 1978 年高的百分点
学龄儿童入学率(%)	99.4	85.5	13.9
小学毕业生升学率(%)	97.5	92.1	5.4
初中毕业生升学率(%)	85	58.8	26.2

文化设施不断完善,群众文化活动丰富多彩,各项文化事业焕发勃勃生机。随着每年举办的中国青海郁金香节、环青海湖自行车赛、青洽会和中国夏都旅游文化节等盛事的知名度的不断提高,更加拓宽了青海与世界经贸往来、文化体育交流的渠道。与此同时,群众文化也在蓬勃发展。具有青海特色的广场文化活动,为各类文艺团队和广大群众提供了展示才艺的舞台,已成为全省知名的文化活动品牌。到 2008 年底,全省拥有广播电台 4 座,有自办节目的电视台 4 家,广播节目由 2 套增到 9 套,电视节目由 1 套增至 13 套,电视人口覆盖率由 1978 年的 20%提高到 2008 年的 94%,广播人口覆盖率由 1978 年的 25%提高到 2008 年的 88.5%。省内报纸由 1978 年的 2 种增至 2008 年的 27 种,杂志由 1 种增至 52 种,图书由 204 种增至 656 种。30 年来,全省创作了千余个剧本及音乐舞蹈、曲艺作品,一大批优秀剧(节)目不仅在省内深受各族人民喜爱,而且在省外和国外演出时也受到欢迎。同时,在全省各地群众性的书法、美术、摄影、剪纸、刺绣、雕塑等民间艺术活动也普遍开展起来,并出现了一大批优秀作品和民间艺术人才,为青海的社会主义精神文明建设做出了卓越贡献。

表 11-9 广播电视及报纸杂志

	单位	2008 年	1978 年	2008 年比 1978 年
电视人口覆盖率	%	94	20	提高 74 个百分点
广播人口覆盖率	%	88.5	25	提高 63.5 个百分点
报纸	种	27	2	增长 12.5 倍
杂志	种	52	1	增长 51 倍
图书	种	656	204	增长 2.2 倍

党的十一届三中全会以后,青海省的医疗卫生事业得到迅速恢复与发展。到 2008 年,全省医疗卫生机构达 6 175 个,比 1978 年增加 5 143 个;各医疗机

构拥有病床 19 145 张,增加 8 194 张;卫生技术人员达 2.86 万人,增加 1.55 万人;2008 年,每万人拥有病床 35 张,拥有卫生技术人员 52 人,分别比 1978 年的 6.66‰下降到 2008 年的 6.14‰,年均下降到 2008 年的每 10 万人中 50.57人,年均下降 5.4 人;婴儿死亡率由 1981 年第三次人口普查时的 96.01‰下降到 2007 年的 29.76‰,下降 2.54 个千分点;人均预期寿命由第三次人口普查时的 60.79 岁提高到目前的 70.34 岁。

体育事业协调发展。竞技体育训练充分发挥高原训练优势,抓特色项目、传统项目,以环青海湖国际公路自行车赛为范例,发展登山、攀岩、徒步,形成了具有青海高原特色的青海体育产业品牌和强大的体育旅游市场。目前全省有优秀运动机构 21 个,达到等级的优秀运动员 367 名,其中国际级运动健将 1 名,国家级运动健将 6 名,一级运动员 41 名,二级运动员 319 名,在国际国内各类大赛中取得了好成绩。群众性体育活动广泛开展,体育活动在全省厂矿、学校、城市、农村都有很大普及,对提高全省各族人民的身体素质,促进全省社会稳定、经济繁荣、民族团结和社会进步产生积极影响。2008 年,全年共举办各种现代及民间传统体育活动 1 700 次,参加总人次达到 83.82 万。

改革开放以来,各级政府认真贯彻计划生育基本国策,人口增长得到有效控制,到 2008 年末,全省常住人口为 554.3 万人,人口自然增长率为8.35‰,比1978 年下降 11.14 个千分点。

第十二章　基础阶段经济社会发展对比

　　1999 年 9 月,中共十五届四中全会通过的《中共中央关于国有企业改革和发展若干重大问题的决定》明确提出:国家要实施西部大开发战略。2001 年 3 月,九届全国人大四次会议通过的《中华人民共和国国民经济和社会发展第十个五年计划纲要》对实施西部大开发战略再次进行了具体部署。青海全省被纳入西部大开发的整体战略。

　　为抓住西部大开发的历史机遇,全面提升青海经济综合实力和竞争力,促进经济和社会的快速发展,根据法律、法规和国家有关规定,结合青海省的实际,2003 年 6 月 19 日青海省人民政府印发了《青海省实施西部大开发战略若干政策措施》的通知。通知从市场准入政策、税收优惠政策、土地使用和矿产资源开发优惠政策、鼓励技术、创新软环境建设、保障措施、政策措施等方面鼓励各类企业和个人投资参与青海的大开发。

第一节　基础阶段经济社会指标的变化

　　西部大开发总体规划 50 年,从 2001 年到 2010 年是西部大开发奠定基础阶段,重点是调整结构,搞好基础设施、生态环境、科技教育等基础建设,建立和完善市场体制,培育特色产业增长点,使西部地区投资环境初步改善,生态和环境恶化得到初步遏制,经济运行步入良性循环,增长速度达到全国平均增长水平。西部大开发 10 年,青海发生了巨变。具体表现在:西部大开发 10 年是青海经济发展速度最快、持续时间最长、发展质量最好的 10 年;是青海投资力度最大、基础设施建设突飞猛进的 10 年;是青海社会事业发展最快、各族群众得到实惠最多的 10 年;是青海生态环境保护和建设力度最大、成效显著的 10 年。具体变化如下:

一、经济快速发展,结构不断优化

西部大开发 10 年来,青海省生产总值和人均生产总值年均增速均超过了两位数,经济总量迅速扩大。全省生产总值由 1999 年的 239.38 亿元飞跃到 2009 年 1 081.27 亿元,按可比价计算,增长 2.1 倍,年均增长 11.9%。人均生产总值由 4 728 元提高到 19 454 元,增长 1.8 倍,年均增长 10.9%。与西部开发之前的 10 年相比,生产总值年均增速高 4.3 个百分点,人均生产总值年均增速高 4.8 个百分点。与改革开放以来的 31 年相比,生产总值年均增速高 3.2 个百分点,人均生产总值年均增速高 3 个百分点。

1.经济结构趋向优化

西部大开发以来,青海省按照稳定第一产业、做大做强第二产业和努力发展第三产业的方向,不断调整经济结构,经济结构逐步趋向优化。三次产业结构由 1999 年的 17.5:39.3:43.2 调整为 2009 年的 9.9:53.2:36.9。第二产业,特别是工业成为带动全省增长的主导力量。

表 12-1　改革开放、西部开发以来经济增速及构成

指标	各时期年均增长速度(%)			三次产业占生产总值的比重(%)			
	1978—2009 年年均增长	1990—1999 年年均增长	2000—2009 年年均增长	1978 年	1989 年	1999 年	2009 年
生产总值	8.7	7.6	11.9	100.0	100.0	100.0	100.0
第一产业	3.6	2.3	3.5	23.6	26.1	17.6	9.9
第二产业	9.9	8.8	15.1	49.6	41.9	39.3	53.2
工业	10.5	8.0	16.1	35.8	33.2	28.7	43.5
第三产业	9.8	9.7	11.2	26.8	32.0	43.2	36.9
人均生产总值	7.9	6.1	10.9	—	—	—	—

2.政府财力不断增强

1999 年,青海省财政一般预算收入只有 23.04 亿元。2009 年,全省财政一般预算收入达 166.46 亿元,比 1999 年增长 6.2 倍,年均增长 21.9%,与改革开放以来的 31 年相比,年均增速高 7.9 个百分点,比西部开发之前 10 年的年均

增速高 8.7 个百分点。尤其是"十一五"以来,全省地方财政一般预算收入年均增速达 26.9%,居全国各省市区第 4 位。

二、高原特色农牧业成效喜人,农业综合生产能力提高

青海紧紧围绕农牧业增效和农牧民增收的目标,在西部大开发战略引导下,加大农牧业结构调整力度,着力推动高原特色农牧业发展,使农牧区的综合生产能力得到了显著提高,主要农畜产品产量大幅增长,实现了主要农畜产品自给,农业稳步发展,为经济增长提供了有力的基础支撑。2009 年,全省第一产业增加值 107.4 亿元,比 1999 年增长 41.9%,年均增长 3.6%,比西部大开发之前的 10 年年均增速高 1.3 个百分点。

1.农牧业和农村牧区经济结构不断优化,农牧业综合生产能力显著提高

西部大开发以来,全省农业从以种植业为主转变为种植业和牧业共同发展,农牧区经济结构由以农牧业为主转向农牧业和非农产业协调发展。2009 年农业总产值中,农业占 39.0%,比 1999 年下降 10.7 个百分点;牧业占 57.3%,提高 9.5 个百分点。为了加强生态环境保护,2000 年开始实施退耕还林还草工程,农作物播种面积由 1999 年的 571.02 千公顷减少到 2009 年的 514.06 千公顷。种植结构由以粮油作物为主的"二元结构"向"多元结构"转换。2009 年,粮食和油料占农作物播种面积的比重分别比 1999 年下降 6.8 和 0.2 个百分点,蔬菜和粮食作物中的薯类所占比重分别提高 4.5 和 9.2 个百分点。虽然播种面积减少,但农业科技的推广应用,使得农作物单产提高,从而保持了主要农产品产量的稳定增长。同时,进一步优化畜牧业畜群、畜种结构,大力发展以牛羊贩运、育肥为主的"西繁东育"工程,农区畜牧业发展迅速,农村养殖业向规模化、专业化方向发展。2009 年,全省粮食总产量比 1999 年下降 0.9%,油料产量增长 28.4%,蔬菜产量增长 1.1 倍;肉类、牛奶、禽蛋产量分别比 1999 年增长 33.5%、32.9% 和 12.3%;草食畜和猪的出栏率分别比 1999 年提高 10.8 和 44.3 个百分点,商品率分别提高 11.1 和 39.9 个百分点。

2.积极发展高原特色农牧业

近年来,青海省立足高原特色资源优势,因地制宜、扬长避短,坚定不移地实施特色优势农牧业和河湟地区特色农牧业"百里长廊"建设规划,全力打造十

大特色优势产业带。特色农牧业生产基地已初具规模,形成了以湟水、黄河谷地和脑山地区为主的优质蚕豆、果品、马铃薯、蔬菜、油料等五大农产品生产基地。2009年,全省薯、豆、油、菜、药、花等六类特色农作物种植面积比重已达到65.6%。

3.加强农牧业标准化建设,加快农牧业产业化进程

10年来,青海省加大农牧业主要产品和重点产品标准的推广和实施力度,通过种植业基地、养殖业基地的标准化、专业化、规模化建设,有效地降低了农牧业生产经营成本,提高农牧业生产效率。重点扶持建设了一批以农畜产品加工转化为主的农牧业产业化龙头企业,做大奶业、牛羊肉、绒毛、马铃薯、油菜、汉藏药材等产业,延长加工产业链条,提高农畜产品附加值,鼓励开发有机食品、绿色食品和无公害农产品,扶持建立了一批优质高效的生态农牧业基地。

三、工业化进程加速推进,支柱优势产业发展壮大

青海依托丰富的资源优势,加快资源开发,在西部大开发以来先后建成了全国最大的钾肥基地、食盐生产基地、硅铁冶炼基地、西北最大的水电基地、油气生产基地,形成了四大支柱和四大优势产业,全省工业快速发展。2009年,全部工业增加值达470.33亿元,比1999年增长了3.5倍,年均增长16.1%,比改革开放以来年均增速高5.6个百分点,比西部大开发之前10年的年均增速高8.1个百分点。工业占生产总值的比重达到43.5%,比1999年提高14.8个百分点,工业已成为拉动经济增长的主导力量。

1.工业经济总体实力增强

通过实施西部大开发战略,青海工业经济规模不断扩大。一批技术力量强、拥有明显竞争优势的大企业、大集团快速成长起来,在全省工业经济中的拉动作用日益增强,工业进入了跨越式发展、绿色发展的新阶段。全省工业增加值连续10年保持两位数增长,且近年来增速均高于生产总值增速。规模以上工业增加值由1999年的58.3亿元提高到2009年的440.1亿元,年均增长16.9%。2000年全省规模以上工业企业全面扭亏,2008年实现利润177.17亿元,是2000年的221倍,2009年受金融危机影响有所减少,为100.02亿元。经过结构调整和不断深化改革,全省工业已经走上了加快发展的快车道。

表12-2　主要工业产品产量表

产品名称	单位	1999年	2009年	2009年比1999年增长（%）
原煤	（万吨）	214.27	1 283.61	499.1
原油	（万吨）	189.59	186.37	-1.7
发电量	（亿千瓦时）	114.36	360.54	215.3
原盐	（万吨）	48.93	70.69	44.5
水泥	（万吨）	116.75	609.99	422.5
化学肥料	（万吨）	41.60	277.91	568.1
电解铝	（万吨）	26.27	91.03	246.5
钢	（万吨）	44.68	126.72	183.6
钢材	（万吨）	36.07	125.06	246.7
金属切削机床	（台）	203.00	879.00	333.0

注：受金融危机影响，2009年原油产量减少，2008年产量为220.35万吨，比1999年增长16.2%

2.支柱优势产业发展壮大

青海围绕加快资源开发和综合利用，进一步延伸产业链，大力推进铝电联营、水电、钾肥、石油天然气、有色金属、生物制品、新型材料等一批重大工业项目的建设，提高了工业产品附加值和精深加工能力，构筑了具有资源优势和竞争优势的特色经济体系。重点发展了石油天然气开采、电力生产、有色金属、盐湖化工四大支柱产业，培育了冶金、医药制造、畜产品加工和建材四大优势产业。2009年，四大支柱产业完成增加值283.71亿元，占规模以上工业的比重为64.5%；四大优势产业完成增加值64.52亿元，占规模以上工业的比重为14.7%。四大支柱和四大优势产业增加值占规模以上工业增加值的79.2%。

3.循环经济助推结构调整

近年来，青海省委、省政府旗帜鲜明地提出了以保护生态环境、发展生态经济、培育生态文化为主要任务的生态立省战略。发展循环经济是实施生态立省战略的重要抓手，随着柴达木和西宁经济技术开发区被批准列入全国循环经济试点产业园区，青海循环经济发展思路进一步明确。近年来，省委、省政府相继出台发展循环经济的有关规划和实施方案，积极争取国家相关优惠政策，加大资金支持力度和招商引资力度,循环经济试验区项目建设成效显著。2009年,两大试验园区实现增加值308.06亿元,占规模以上工业的比重为70%。

四、第三产业加快发展步伐,旅游业及相关服务业快速发展

在西部大开发基础建设期间的10年,青海省第三产业得到快速发展,第三产业增加值由1999年的103.32亿元增加到2009年的398.54亿元,增长1.9倍,年均增长11.2%,与改革开放以来的31年相比,年均增速高1.4个百分点,与西部大开发之前的10年相比,年均增速高1.5个百分点。

1.内外贸易繁荣活跃

西部大开发以来,全省消费市场规模迅速扩大。2009年,全省社会消费品零售总额300.47亿元,比1999年增长2.3倍,年均增长12.6%。通过实施"引进来"和"走出去"相结合的对外开放战略,全省对外贸易额不断增长。10年来,全省累计进出口总额44.28亿元,是1978—1999年进出口额的2.7倍,其中出口30.54亿元,进口13.74亿元。2009年,海关进出口总额5.86亿元,比1999年增长4.4倍,年均增长18.4%,与改革开放以来的31年相比,年均增速高4.6个百分点,与西部大开发之前的10年相比,年均增速高13.2个百分点。其中,出口总额2.51亿元,增长1.9倍;进口总额3.35亿元,增长15倍。

2.交通运输四通八达

西部大开发以来,青海全省形成了以铁路为骨干,公路、民用航空和管道组成的综合交通运输网。2006年,作为西部大开发标志性工程的青藏铁路格拉段建成通车,在青藏两省区形成了一条大能力、全天候、低成本的运输渠道,极大地提升了全省的综合运输能力,到2009年底,全省铁路营运里程达到1 650.9公里。通过新建或改造绿草山至黄瓜梁、格尔木至老茫崖、平安至阿岱等段公路,全省公路通车里程达到6.01万公里,比1999年增长2.3倍,其中高速公路217公里,形成了以省会西宁为中心,国道、省道为骨架,县乡道路为脉络的辐射全省城乡的公路交通网。新建成玉树巴塘机场,改扩建西宁曹家堡机场,到2009年末,全省航线里程达3.16万公里。输油(气)管道里程达439公里。随着交通运输状况的极大改善,各种运输方式完成的客货运输量成倍增长。2009年,全省客运量和货运量分别比1999年增长2倍和1.2倍;旅客周转量和货物

周转量分别增长 2.5 倍和 3.2 倍。

3.邮电通信突飞猛进

全省邮电业务总量由 1999 年的 6.77 亿元增加到 2009 年 91.67 亿元,增长 12.5 倍。建成包括光纤、数字微波、程控交换、移动通信等能覆盖全省的公用电信网,及业务种类齐全、网点密布的公用邮政网,数据通信网络已具相当规模。全省固定电话用户由 1999 年的 27.6 万户增加到 2009 年的 109.3 万户,移动电话用户由 6.6 万户增加到 310.7 万户, 电话普及率由 2000 年的 11 部 / 百人提高到 2009 年的 75.8 部 / 百人。

4.旅游业实现跨越发展

西部大开发以来,青海把旅游业作为推动资源转化、实施生态立省战略和推进高原旅游名省建设的重要举措, 自 2006 年开始连续召开四次全省旅游发展大会,制定了旅游发展规划。加快了旅游基础设施和重点景区建设,加大了旅游宣传促销力度,加强了旅游行业管理。根据地理资源特点,逐步形成了以西宁为中心的河湟旅游区、青海湖旅游区、青南旅游区、西部格尔木旅游区等高原特色旅游景区,全省旅游业实现跨越发展,已成为青海经济发展的一个亮点。2009 年,全省接待国内外游客 1 108.6 万人次,比 1999 年增长 5.8 倍,其中入境游客 3.6 万人次;旅游总收入 60.15 亿元,增长 12.3 倍;国际旅游外汇收入 1 542.4 万美元,增长 2.9 倍。

五、基础设施建设不断完善,发展条件明显改善

1.经济社会发展的瓶颈制约得到有效缓解

西部大开发以来,青海省大力实施基础优先战略,一大批建设项目相继建成并投入使用,有效缓解了经济社会发展的瓶颈制约。2009 年,全省全社会固定资产投资 800.51 亿元, 比 1999 年的 128.13 亿元增长 5.2 倍,2000—2009 年累计完成投资达 3862 亿元,占1979—2009 年累计投资额的 82.7%,年均增长 19.4%,与改革开放以来的 31 年相比,年均增速高 3.5 个百分点,与西部大开发之前的 10 年相比,年均增速高 0.2 个百分点。

2.全省城乡经济社会发展的保障能力和服务功能得到进一步提高

全省"两横三纵三条路"为主骨架的公路网基本建成,高速公路从无到有,

青藏铁路全线通车,兰青铁路复线、格尔木机场改扩建工程、玉树机场、90 万吨纯碱项目、100 万吨钾肥项目、公伯峡水电站等重点工程建成,西宁机场二期改扩建工程、拉西瓦水电站、西台钾锂硼综合开发等项目进展顺利。建成全国第一个 750 千伏官亭—兰州东输变电工程,完成了农村电网建设与改造,大电网覆盖下的农牧区基本实现了"户户通电"。太阳能光伏发电系统应用加速。到"十五"末,全省太阳能光伏系统累计装机容量已达 8 000 千瓦,一些城镇的道路、景观、住宅和小区的草坪、楼梯灯等采用了太阳能绿色照明。2009 年出台的《青海省太阳能产业发展及推广应用规划(2009—2015 年)》显示,未来 6 年内将实施 13 个重大项目,总投资超过 610 亿元,预计于 2015 年建成完整的光伏产业链,其工业增加值将占全省总量的 26%,光伏系统总装机容量达 1 000 兆瓦。一批城镇道路、供排水、垃圾处理、集中供热、重点城镇防洪等项目已实施,全省城乡经济社会发展的保障能力和服务功能得到进一步提高。

六、积极实施生态立省战略,努力实现生态与经济双赢

青海省地处青藏高原东北部,是长江、黄河和澜沧江的发源地,是我国重要的水源地和生态屏障,被誉为"中华水塔"。随着全球气候变暖及这些地区经济的发展,生态环境恶化,威胁到中下游的生态安全。西部大开发以来,为保护全省生态环境,并构筑全国稳固的高原生态安全屏障,促进青海经济社会可持续发展,青海省委、省政府逐步明确了保护生态环境,发展绿色经济,实现生态与经济双赢的发展思路。2007 年,确立生态立省战略,积极实施退耕还林、退牧还草、生态环境综合治理、黄河上游水土保持重点治理、青海湖流域生态保护与综合治理规划、三江源自然保护区生态保护和建设规划等工程项目;调整种植结构,改变牧业生产经营方式,大力发展生态畜牧业;设立柴达木和西宁经济开发区两个循环经济试验园区,推进资源的综合开发利用;依托丰富的风能、太阳能、水能等资源,大力发展新能源、新材料产业。通过强化环境全民宣传教育、规范环境保护监督管理、加大污染防治力度、加快自然保护区建设等措施,在保持经济发展的同时,全省环境质量总体保持稳定。2005—2009 年,全省环境污染治理投资累计达到 47.55 亿元(其中 2009 年 12.23 亿元,比 2005 年增长 1.4 倍)。财政支出中用于环境保护的支出达到 28.98 亿元,占财政支出总额的

6.0%,比 2008 年提高 0.6 个百分点。截至 2009 年,建立省级以上自然保护区 11 处,保护区面积占全省国土面积的 30.2%,森林覆盖率达 5.2%。中央财政已将全省 4 601.1 万亩国家级公益林纳入中央森林生态效益基金补偿范围,2004—2009 年, 中央财政累计下达森林生态效益补偿资金 5.78 亿元。截至 2009 年,水利部门共治理水土流失面积 8 303.39 平方公里(其中 2009 年投入水土保持建设资金 2.01 亿元,完成水土流失治理面积 136.78 平方公里)。

七、民生工程扎实推进,城乡生产生活条件改善,人民收入水平不断提高

1.城乡生产生活条件极大改善

西部大开发以来,随着经济的快速增长,青海的城市基础设施水平明显提高。2008 年,城市维护建设资金支出达 8.89 亿元,比 2000 年增长 98%。年末实有道路铺装面积 1 173 万平方米,增长 95.8%;供水综合生产能力 94.88 万吨/日,增长 97.7%;供气(人工、天然气)总量 11.84 亿立方米,增长 6.5 倍。年末实有公共汽车营运车辆 1 899 辆,增长 68.8%;出租车 6 600 辆,增长 14.1%。截至 2008 年底,全省城市建成区绿化覆盖面积 3 180 公顷,增长 99.5%。随着社会主义新农村新牧区建设的广泛开展,省委、省政府按照"生产发展、生活宽裕、乡风文明、村容整洁、管理民主"的二十字方针,坚持整合资金、整体推进、集中力量办大事,实施了生产设施建设、水电路话"四通"、农牧民转移培训、扶贫整村推进、生态保护与建设、新农村规划和村庄环境整治八大工程,有力改善了农牧民生产生活条件,促进了农牧区经济和社会各项事业的发展。

2.城乡居民收入水平稳步提高

2009 年,全省城镇居民人均可支配收入达到 12 691.85 元,比 1999 增长 1.7 倍,年均增长 10.4%。扣除价格因素,西部开发以来城镇居民人均可支配收入年均增长 7.4%,比 1984 年以来年均增速高 2.6 个百分点,与西部大开发之前的 10 年相比, 年均增速高 3.2 个百分点。城镇居民恩格尔系数则由 1999 年的 42.4% 下降到 2009 年的 40.3%。城镇居民人均住宅建筑面积由 1999 年的 11.4 平方米提高到 2009 年的 25.8 平方米。农牧民人均纯收入达到 3 346.15 元,比 1999 年增长 1.3 倍,年均增长 8.5%。扣除价格因素,西部大开发以来农牧民人均纯收入年均增长 5.0%,比 1984 年以来年均增速高 1.3 个百分点,与西部大

开发之前的10年相比，年均增速高 0.8 个百分点。农村居民恩格尔系数则由 1999 年的 61.7%下降到 2009 年的 38.1%。农村人均住房面积由 1999 年的 14.24 平方米提高到 2009 年的 20.28 平方米。

3.社会保障为群众撑起"安全网"

西部大开发以来,全省社会保障体系建设进程加快,城镇居民医疗保险全面铺开,城镇职工养老保险不断完善,基本建立起适应社会主义市场经济体制要求的社会保障体系框架,政策措施逐步完善,保障范围不断扩大,保障能力明显增强,基本实现了老有所养、病有所医、困有所助、弱有所济。2009 年末,全省城镇养老保险参保人数 71.3 万人,比 1999 年末增长 41.2%,其中,在岗职工 52.0 万人,离退休人员 19.3 万人。城镇失业保险参保人数 36.0 万人。医疗保险参保人数 460.5 万人, 其中, 城镇单位职工医疗保险参保人数 75.7 万人,比 1999 年末增长 5.0 倍,城镇居民医疗保险参保人数 50.6 万人,农村新型合作医疗参合人数 334.3 万人。城镇享受最低生活保障人数 22.1 万人,农村享受最低生活保障人数 38.0 万人。

八、社会事业加快发展

1.把教育摆在优先发展的战略地位

西部大开发以来,青海省坚持把教育摆在优先发展的战略地位,基础教育进一步巩固,职业教育活力明显增强,高等教育稳步发展。2009 年末,全省有高等院校 9 所,中等职业教育学校 39 所,普通中学 449 所,小学 2 047 所。10 年来累计培养各类教育毕业生 175.8 万人,其中,高等教育 7.4 万人,中等职业教育 7.3 万人,普通中学 83.8 万人,小学 77.3 万人。2009 年,全省初中毕业生升学率为 85.9%,比 1999 年提高 25.4 个百分点;小学毕业生升学率 99.9%,提高 9.4 个百分点;小学学龄儿童入学率 99.5%,提高 6.8 个百分点。

2.大力开展科技创新工作

西部大开发以来,青海科技事业立足本省实际,大力开展科技创新,突出解决制约优势资源开发、支柱产业壮大、特色农业发展、生态环境保护与建设的技术瓶颈,扩大科技合作,加快技术攻关,加速科技成果转化,推动产业化进程,为全省经济社会发展提供了有力的科技支撑。到 2009 年末, 全省共有县以上研究与开发机构 51 个,国有企事业单位有各类专业技术人员 10.45 万人,平均每万人中有 188 人。10 年来专利申请累计 2 642 件, 其中 2009 年达 499 件,比 1999 年增长 1.9 倍。全省星火计划项目从 2000 年的 6 项增加到 2009 年的 17 项。登记的各类科技成果从 1999 年的 90 项增加到 2009 年的 227 项,一批成果荣获国家科技进步奖。

3.加强民族文化资源的开发,丰富各族群众文化生活

西部大开发以来,青海以特色文化资源为依托,以民间艺术为根本,以节庆活动为载体,以宣传推介青海为目标,狠抓艺术创作,加强民族文化资源开发,提高文化市场管理水平,文化事业焕发出新的活力,各族群众文化生活日渐丰富。2009 年末, 全省有博物馆 18 个, 公共图书馆 43 个, 藏书 412.3 万册,比 1999 年末分别增加 6 个、5 个和 130.8 万册。出版报纸、杂志和图书分别由 1999 年的 17 种、45 种和 450 种增加到 2009 年的 26 种、53 种和 680 种。广播节目和电视节目套数分别增加 1 套和 7 套,广播人口覆盖率和电视人口覆盖率分别为 88.9%和 94.3%,比 1999 年分别提高 28.8 和 12 个百分点。

4.卫生事业加快发展

西部大开发以来,青海卫生事业加快发展,医疗卫生体系不断完善,卫生资源大幅增长,医疗服务水平明显提高,疾病预防控制能力增强。2009 年末,全省拥有医疗卫生机构 1 598 个,床位 2.25 万张,卫生技术人员 2.34 万人,分别是 1999 年末的 1.3 倍、1.3 倍、1.1 倍。每万人拥有的床位数和卫生技术人员数分别达 40 张和 42 人。医疗卫生条件的改善使全省各族人民的身体素质和健康状况有了很大提高。全省人口死亡率由1999 年的 6.78‰下降到 2009 年的 6.19‰;人均预期寿命由 2000 年第五次人口普查时的 68.48 岁提高到目前的 70.34 岁。

5.着力打造青海的体育产业链条

近年来,青海体育事业凭借地理环境优势,以环青海湖国际公路自行车赛、抢渡黄河极限挑战赛、世界攀岩锦标赛等三大国际体育品牌赛事为中心,发挥高原体育训练优势,着力打造青海的体育产业链条,促进了体育、旅游、文化等相关产业的协调发展。

第二节　2010年经济社会指标的巨变

2010年,虽然经济危机还在持续,青海玉树又发生了大地震,但青海经济却呈现出速度加快、质量提高、民生改善的良好态势。按照青海省统计局和国家统计局青海调查总队公布的数据:2010年青海全省生产总值1 350.43亿元,按可比价格计算,比2009年增长15.3%,是近30年来最高增速的年份。全省财政一般预算收入204.97亿元,比上年增长23.1%。经济和社会其他指标也取得了30年来的最大进步。具体指标如下:

一、农业和畜牧业

全年农作物总播种面积516.32千公顷,比上年增加2.26千公顷,增长0.4%。全年粮食产量102.03万吨,比上年下降0.7%;油料产量36.91万吨,比上年增长0.9%;蔬菜产量134.43万吨,比上年增长13.1%。全年全省育活仔畜720.85万头(只),比上年增长2.6%,仔畜成活率90.7%,比上年提高1.4个百分点;成幼畜死亡47.77万头(只),比上年增长18.5%,成幼畜死亡率2.4%,比上年高0.4个百分点;年末草食畜存栏1 976.80万头(只),比上年末减少0.1%;出栏663.24万头(只),比上年增长2.1%,出栏率33.5%,提高0.7个百分点;商品率30.6%,比上年提高1.1个百分点。年末猪存栏113.15万头,比上年末增长3.1%;出栏131.39万头,比上年减少2.5%;商品率102.9%,下降8.1个百分点。肉类总产量27.53万吨,比上年增长2.2%。

二、工业和建筑业

全年全省工业增加值613.65亿元,比上年增长19.3%。规模以上工业增加值571.76亿元,比上年增长20.6%。在规模以上工业中,石油天然气开采业、电力工业、有色金属工业和盐化工业等四大支柱产业增加值397.16亿元,比上年增长18.5%;冶金业、医药制造业、畜产品加工业和建材业等四大优势产业增加值65.92亿元,增长16.4%。从经济类型看,国有企业增长42.8%,股份制企业增长 20.6%,外商及港澳台投资企业增长 14.1%,集体企业增长 0.6%。从轻重工业看,轻工业增长 23.0%,重工业增长 20.4%。规模以上工业企业产品销售率为97.8%,比上年提高 2.1 个百分点。全年全社会建筑业增加值 130.98 亿元,比上年增长 19.4%。具有资质等级的总承包和专业承包建筑企业 439 个,利润总额5.63 亿元,比上年增长 1.8%。其中,规模以上工业企业主营业务收入 1 527.22 亿元,比上年增长 38.7%,实现利润 180.69 亿元,比上年增长 91.8%。

表 12-3 2010 年规模以上工业主要行业增加值

单位:亿元

行业	增加值	比上年增长(%)
煤炭开采和洗选业	51.81	47.6
石油和天然气开采业	72.66	5.8
有色金属矿采选业	14.99	23.4
石油加工及炼焦业	44.63	31.0
化学原料及化学制品制造业	87.77	8.7
医药制造业	9.67	18.4
非金属矿物制品业	21.85	34.0
黑色金属冶炼及压延加工业	35.37	15.9
有色金属冶炼及压延加工业	116.89	24.6
电力热力的生产和供应业	61.03	30.9
饮料制造业	10.11	35.6
农副食品加工业	4.47	19.8

表 12-4 2010 年主要工业产品产量

产品名称	单位	产量	比上年增长(%)
发电量	(亿千瓦时)	457.13	23.8
#水电	(亿千瓦时)	359.98	34.6
原煤	(万吨)	1 863.19	45.2
天然气	(亿立方米)	56.10	30.3
原油加工量	(万吨)	126.50	56.1
粗钢	(万吨)	137.33	8.4
钢材	(万吨)	137.91	10.3
生铁	(万吨)	111.69	2.0
焦炭	(万吨)	129.76	-8.3
十种有色金属	(万吨)	159.54	31.6
#原铝(电解铝)	(万吨)	146.83	36.2

续表

产品名称	单位	产量	比上年增长(%)
水泥	(万吨)	811.09	33.0
钾肥(折纯)	(万吨)	311.56	13.7
中成药	(吨)	1242	16.1
乳制品	(万吨)	11.90	95.6
食用植物油	(万吨)	6.18	27.3
饮料酒	(万千升)	13.71	18.7
机制地毯、挂毯	(万平方米)	228	429.5

表 12-5　2010 年规模以上工业企业利润

单位:亿元

指标名称	全省	比上年增长(%)
规模以上工业企业利润总额	180.69	91.8
#国有及国有控股企业	130.43	98.3
#集体企业	1.28	−35.9
股份制企业	142.68	77.2
外商及港澳台投资企业	21.25	78.4
#私营企业	15.09	94.2

三、固定资产投资与房地产开发

全年全社会固定资产投资 1 068.73 亿元,比上年增长 33.5%。分城乡看,城镇投资 890.01 亿元,增长 28.7%;农村投资 178.71 亿元,增长 63.7%。从投资类型看,国有及国有控股企业投资 644.87 亿元,增长 25.8%;民间投资 402.34 亿元,增长 43.3%;港澳台及外商投资 21.52 亿元,增长 2.0 倍。从产业看,三次产业投资分别为 77.62 亿元、465 亿元和 526.11 亿元,分别增长 44.4%、22.3%和 43.6%。

在 50 万元以上(含 50 万元)固定资产投资中,四大支柱产业固定资产投资 319.94 亿元,比上年增长 19.2%。四大优势产业固定资产投资 57.11 亿元,比上年增长 6.6%。

全年房地产开发投资 108.19 亿元,比上年增长 48.5%。施工房屋面积 1 423.97 万平方米,增长 58.2%;竣工房屋面积 267.67 万平方米,增长 50.3%。商品房销售面积 281.04 万平方米,增长 28.7%;商品房销售额 84.40 亿元,增长 53.7%,其中现房和期房销售额分别占商品房销售额的 14.8%和 85.2%。

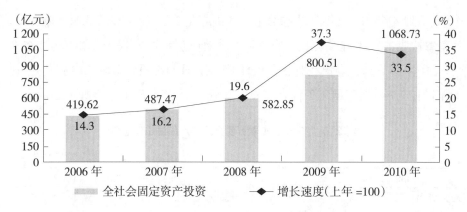

图 12-1 "十一五"以来全社会固定资产投资及增长速度

四、国内贸易

全年全社会消费品零售总额 346.03 亿元,比上年增长 16.9%。按销售地区分,城镇消费品零售额 299.60 亿元,增长 17.7%;农村消费品零售额 46.43 亿元,增长 12.4%。按行业分,批发业消费品零售额 51.03 亿元,增长 17.3%;零售业 261.65 亿元,增长 16.1%;住宿和餐饮业 33.35 亿元,增长 23.4%。在限额以上批发和零售业零售额中,汽车类比上年增长 47.9%,石油及制品类增长 48%,粮油食品类增长 9%,服装类增长 69.3%,金银珠宝类增长 57.4%,日用品类增长 23.7%,家用电器和音像器材类增长 45.3%,中西药品类增长 33.5%,体育娱乐用品类增长 64.9%。

五、对外经济

全年进出口总额 7.89 亿美元,比上年增长 34.7%。其中,出口额 4.66 亿美元,增长 85.8%;进口额 3.23 亿美元,下降 3.6%。主要出口产品中,硅铁出口 20 655 万美元,增长 1.5 倍;服装及衣着附件出口 6 701 万美元,增长 17.8%;纺织纱线、织物及制品出口 7 423 万美元,增长 52.3%(其中地毯出口 3 753 万美元,增长 48.7%)。主要进口产品中,金属加工机床进口 2 621 万美元,增长 3 倍;纺织机械及零件进口 1 930 万美元,增长 3.6 倍;氧化铝进口 13 521 万美元,下降 23.9%。

全年批准外商直接投资项目 17 个,其中,农、林、牧、渔业 1 个,采矿业 1

个,制造业 4 个,电力、燃气及水的生产和供应业 3 个,租赁和商务服务业 1 个,
住宿餐饮业 3 个,科学研究技术服务和地质勘查业 1 个,居民服务和其他服务业
1 个,卫生、体育和社会福利业 2 个。合同使用外商直接投资金额 3.17 亿美元,比
上年增长 2.7%;实际使用外商直接投资金额 2.19 亿美元,比上年增长2%。

表 12-6　2010 年主要贸易方式和产品进出口总额

单位:万美元

指标名称	全省	比上年增长(%)
海关进出口总额	78 906	34.7
出口	46 630	85.8
#一般贸易	46 025	86.9
加工贸易	347	−21.8
#机电产品	2 970	64.1
#高新技术产品	87	4.8
进口	32 276	−3.6
#一般贸易	31 518	−4.0
加工贸易	206	−8.8
#机电产品	17 942	19.9
#高新技术产品	3 335	281.6

表 12-7　2010 年主要国家和地区进出口贸易额

单位:万美元

指标名称	全省	比上年增长(%)
出口	46 630	85.8
美国	3 118	103.1
香港地区	3 322	5.5
德国	1 997	137.7
日本	16 348	120.9
英国	934	0.4
韩国	4 868	236.4
进口	32 276	−3.6
美国	3 411	150.8
澳大利亚	13 582	−19.1
德国	5 990	136.9
日本	1 382	−69.2
韩国	499	158.5

六、交通、邮电和旅游

全年交通运输、仓储和邮政业增加值 61.26 亿元,比上年增长 9.7%。年末全省铁路营运里程达 1 651 公里;公路通车里程 62 185 公里,比上年末增加 2 049 公里,其中高速公路里程 235 公里;民航通航里程 32 602 公里,比上年末增加 1 040 公里。

表 12-8　2010 年各种运输方式货物运输量

指标名称	单位	全省	比上年增长(%)
货物运输量	(万吨)	11 426.37	13.6
铁路	(万吨)	3 285.53	21.6
公路	(万吨)	7 962.00	11.0
民航	(万吨)	0.47	88.0
管道	(万吨)	178.37	−1.9
货物运输周转量	(亿吨公里)	427.57	14.9
铁路	(亿吨公里)	192.20	16.1
公路	(亿吨公里)	227.47	14.5
民航	(亿吨公里)	645.48	55.2
管道	(亿吨公里)	7.83	−1.9

表 12-9　2010 年各种运输方式旅客运输量

指标名称	单位	全省	比上年增长(%)
旅客运输量	(万人)	10 997.49	8.9
铁路	(万人)	473.59	10.0
公路	(万人)	10 439.00	8.7
民航	(万人)	84.90	24.8
旅客运输周转量	(亿人公里)	107.21	12.2
铁路	(亿人公里)	44.62	11.9
公路	(亿人公里)	50.21	10.2
民航	(亿人公里)	12.38	22.8

全年邮电业务总量达 122.1 亿元,比上年增长 36%。其中,邮政业务量2.33亿元,增长 16.1%;电信业务量 119.8 亿元,增长 36.4%。年末移动电话用户397.8万户,比上年末增长 28%;固定电话用户 103.2 万户,比上年末下降5.6%。全省互联网用户 35.3 万户, 比上年末增长 24.3%, 其中宽带用户 34.9 万户, 增长

25.1%。

全年接待国内外旅游人数 1 226.2 万人次,比上年增长 10.6%,其中,国内旅游人数 1 221.5 万人次,增长 10.5%;境外入境人数 4.67 万人次,增长 29.4%,境外人数中外国人占 72.6%。全部旅游人数中,过夜旅游者占 41.3%。国际旅游外汇收入 2 044.9 万美元,增长 32.6%,旅游总收入 71.02 亿元,增长 18.1%。

七、金融

年末金融机构人民币各项存款余额 2 319.64 亿元,比上年末增长 29.9%,其中,企业存款 644.54 亿元,储蓄存款 868.22 亿元,分别增长 12.1% 和 22.1%。金融机构人民币各项贷款余额 1 822.65 亿元,比上年末增长 30.3%,其中,短期贷款余额 397.06 亿元,中长期贷款余额 1 344.38 亿元,分别增长 7.2% 和 37.9%。

全年保险公司保费收入 25.7 亿元,比上年增长 41.1%,其中,寿险保费收入 13.4 亿元,增长 52.7%;财产险保费收入 10.4 亿元,增长 30.4%。全年保险赔付额 6.7 亿元,比上年增长 10%,其中,寿险赔付额 1.7 亿元,增长 8.1%;财产险赔付额 4.4 亿元,增长 10.8%。

八、教育和科学技术

全年全省学龄儿童入学率 99.6%,比上年提高 0.1 个百分点;普通初中毛入学率 103.6%,提高 3.2 个百分点。

全年研究生招生比上年增长 15.4%,在校研究生比上年增长 17.4%,毕业研究生比上年增长 12.6%;普通高等教育院校招生增长 1%,在校生增长 3.2%,毕业生增长 2.2%;中等职业教育学校招生下降 3.7%,在校生增长 3.6%,毕业生增长 2.2%;普通中学招生增长 0.5%,在校生增长 1.4%,毕业生增长 0.2%;普通小学招生下降 6.5%,在校生下降 2.7%,毕业生增长 5.7%。

表 12-10 2010 年各类教育招生、在校、毕业人数

	学校数(所)	招生数(人)	在校生(人)	毕业生(人)
研究生培养单位	5	841	2 143	500
普通高等教育院校	9	17 912	58 491	14 570
成人高校	2	1 016	1 716	533
中等职业教育学校	40	30 713	79 105	19 773
普通中学	434	115 028	327 178	100 291
普通高中	119	36 153	107 715	34 080
初中学校	315	78 875	219 463	66 211
普通小学	1 792	81 464	518 992	82 467
特殊教育学校	11	255	2505	167

全年全省取得省部级以上科技成果 240 项,比上年增加 13 项,其中,基础理论成果 10 项,应用技术成果 220 项,软科学成果 10 项。全年专利申请 602 件,比上年增加 103 件,授权专利 264 件。签订技术合同 464 项,成交金额 11.5 亿元,比上年增长 35.3%。全省有天气雷达观测站点 6 个,县级以上卫星云图接收站点 52 个,地震台站 49 个,地震遥测台网 3 个。

九、文化、卫生和体育

年末全省共有艺术表演团体 17 个;文化馆 50 个,公共图书馆 45 个,博物馆 18 个;广播电台 4 座,中短波广播发射台和转播台 9 座,广播综合人口覆盖率达到 90%,比上年提高 1.1 个百分点;电视台 9 座,电视综合人口覆盖率达到 95%,比上年提高 0.7 个百分点。全年出版杂志、报纸、图书分别为 53 种、27 种和 727 种,出版量分别为 305 万册、9 272 万份和 1 016 万册。

年末全省拥有卫生机构 1584 个,床位数 1.98 万张。其中,医院 129 个,床位数 1.59 万张;卫生院 406 个,床位数 0.29 万张;社区卫生服务中心 165 个;疾病预防控制中心(防疫站)56 个;妇幼保健院(所、站)21 个。卫生技术人员 2.41 万人,其中,执业医师 10 223 人;注册护士 7 836 人。全省突发公共卫生事件及时报告率和有效处置率均为 100%。

年末全省优秀运动队 2 个,优秀运动员 299 人,比上年末减少 3 人。在队优秀专业运动员中达到等级的运动员 34 人,其中国家级运动健将 7 人,一级运动员 23 人,二级运动员 4 人。销售体育彩票 2.36 亿元。

十、人民生活和社会保障

全年城镇居民人均可支配收入 13 854.99 元,比上年增长 9.2%。城镇居民人均年总收入中,人均工薪收入 10 061.58 元,增长 7.7%;人均家庭经营净收入 943.96 元,增长 13%;人均财产性收入 73.9 元,增长 61.7%;人均转移性收入 4 401.37 元,增长 12.1%。城镇居民人均消费性支出 9 613.79 元,比上年增长 9.4%,恩格尔系数为 39.4%。城镇居民人均住房建筑面积 25.87 平方米。

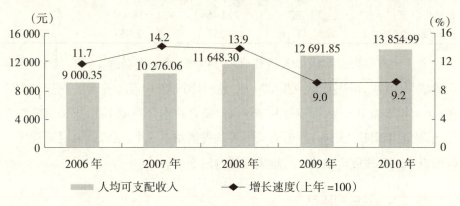

图 12-2 "十一五"城镇居民人均可支配收入及增长速度

全年农牧民人均纯收入 3 862.68 元,比上年增长 15.4%,其中,人均工资性收入 1 295.26 元,增长 10.9%;人均家庭经营收入 1 991.71 元,增长 16.4%;人均转移和财产性收入 575.71 元, 增长 23.4%。农牧民人均生活消费支出 3 858.50元,比上年增长 19%,恩格尔系数为 39.6%。农牧民人均居住面积 21.44 平方米。

图 12-3 "十一五"农牧民人均可支配收入及增长速度

年末参加城镇基本养老保险人数 74.43 万人，比上年末增长 4.3%，其中，在岗职工 54.44 万人，离退休人员 19.99 万人，分别增长 4.7% 和 3.5%。参加城镇职工医疗保险人数 78.73 万人，比上年末增长 4.0%，其中，在岗职工 53.51 万人，离退休人员 25.22 万人，分别增长 4.7% 和 2.6%；参加城镇居民基本医疗保险人数 61.57 万人，比上年末增长 21.8%；参加农村新型合作医疗的农牧民 340.75 万人，比上年末增长 1.9%，新型农村合作医疗参合率达 96.3%，新型农村合作医疗基金累计支出 4.56 亿元，累计受益 272.7 万人（次）。城镇参加失业保险人数 36.65 万人，比上年末增长 1.8%，其中农民工 0.25 万人，增长 19%。参加城镇工伤保险人数 43.23 万人，比上年增长 7.9%，其中农民工 4.69 万人，增长 17.3%。参加生育保险的人数 6.38 万人。享受城市最低生活保障的居民 22.45 万人，享受农村最低生活保障的农牧民 38 万人。

十一、资源、环境和安全生产

年末全省森林面积 370.01 万公顷，森林覆盖率 5.23%。全省湿地面积 412.6 万公顷，占全省总面积的 5.7%，其中，自然湿地 408.8 万公顷。国家重点公益林管护面积 3 067 千公顷，天然林保护面积 1 983 千公顷。自然保护区 11 个，面积 2 182.22 万公顷，其中，国家级自然保护区 5 个。当年全省治理水土流失面积 13.66 千公顷。全年全民义务植树 1 391 万株。年末全省有各级环境监测站 17 个，环境监测人员 207 人，全年完成环境污染限期治理项目 143 个，项目总投资 6 145.52 万元，比上年增长 53.6%。

全年安全生产事故死亡 670 人，比上年下降 1.0%。道路交通事故 1 206 起，死亡 576 人，比上年下降 0.3%。

第十三章 以"四个发展"推动经济社会科学转型

"十一五"时期,青海紧紧围绕科学发展、保护生态、改善民生三大任务,积极探索欠发达地区实践科学发展观的成功之路,经济社会发展和生态保护等各项指标增速均走在西部地区前列。但在"十一五"时期,国际金融危机爆发,青海经济社会发展的发展环境和发展基础都发生了巨大变化。尤其是2009年,国际金融危机影响加深、经济下行压力增大、维护社会稳定形势严峻,青海进入了新世纪以来最为困难、非同寻常的一年。如何全力以赴"保增长、保民生、保稳定",探索具有青海特点的科学发展模式成为青海经济社会发展的重大问题。

第一节 "十二五"初期发展环境面临的问题

"十二五"初期,青海的发展就遇到了重大挑战。之所以得出这个判断,是基于所面临的国际、国内和自身发展特点的变化。一是从国际环境变化来看,国际金融危机的影响将长期存在并不断深化。国际经济可能会在历经"衰退期""停滞期"之后,缓步进入恢复上升期,世界经济结构将出现相应的变革,实现新的发展。二是从国内看,经济转型发展特征突出。我国将会进一步加快转变经济增长方式、完善社会主义市场经济体制,投资结构、产业结构、消费模式都将发生深刻变化。三是从自身的发展阶段性来看,青海跨越发展、绿色发展、和谐发展和统筹发展特征突出。改革开放30多年来,尤其是西部大开发10多年来的发展积累,青海经济发展初步具备了加速起飞的条件,将完全由工业化的初期跨入中期,经济发展实现质的飞跃。因此,总体来说,"十二五"时期,青海经济将面临难得的发展机遇，如果抓住并利用好了这一至为宝贵的黄金发展时期，青海经济将整体跨上一个新的发展阶段。

一、国际发展环境变化对青海的影响

"十二五"时期（2011—2015 年），就青海面临的国际发展环境看，最为重要的影响仍然是国际金融危机问题。从其发展趋势来看，有如下特点：

1.受传导机制的影响，两个"迟缓"的特征较为明显

青海经济开始受国际金融危机的影响要迟缓于我国东部沿海地区，开始走出金融危机的影响也要"迟缓"于东部沿海地区。国际金融危机的传导机制对世界不同经济体有不同的特点。其中对我国主要是三个方面的传导机制——出口传导机制、投资传导机制和消费传导机制。受这三个传导机制的影响，国内环境发生了巨大变化。由于青海经济对国际市场依赖程度不深（下表），主要是依赖于国内市场。因而，由于国内市场的这一变化，才最终导致青海受国际金融危机的影响加深，这就又出现了国际金融危机对青海的又一个传导机制：内部市场传导机制。因此，这样一些传导机制的存在，必然使青海经济形势的变化是在国内市场之后才能够全面地显现出来，这就决定了初期影响"迟缓"性的存在。同样，这种传导机制，也必然使国际金融危机的对经济影响的消除也要从危机的源头开始，继续通过同一方向和同一机制来复制进行，从而使青海在国际金融危机影响的消除方面也要"迟缓"一些。从国际金融危机对青海工业发展影响的实证分析看，也能印证这样一个传导机制的必然存在。工业在青海国民经济结构中占有重要的支撑地位，且青海的工业又多居于产业链条的上游，所以，这样基本的产业结构特点和资源型经济特征，使居于内陆的青海经济发展和全国有了一个明显的滞后期：当全国经济加速时，青海慢一步；全国经济减速时，青海的减速也慢一步。因此，由于国际金融危机传导机制的存在，使青海在此次金融危机中的影响会存在两个"迟缓"的特点。

表 13-1 2000 年以来青海对外贸易情况

年份	绝对值（万美元）	增速（%）	全国排序	西部排序	西北排序
2000	15 973.44	48.11			
2001	20 489.67	28.27			
2002	19 671	−4.00	30	11	4
2003	33 913	72.40	2	2	2
2004	57 551	69.70	2	1	1
2005	41 338	−28.17	31	12	5
2006	65 175	57.66	2	2	2
2007	61 207	−6.09	31	12	5
2008	69 000	12.5	12	6	4
2009 年一季度	1.02	−12.7	6	4	1

比较青海与全国以及广东、江苏等经济发达地区的 GDP 增速、工业增加值、进出口贸易、CPI、PPI、社会消费品零售总额的变化情况，也基本反映了这一特点。从 GDP 增速的变化情况看，全国、广东、江苏、青海的 GDP 增速在 2008 年第三季度都出现了回落，但同比来讲，青海的幅度要小一些，为 0.5 个百分点，而全国为 0.9 个百分点，江苏为 0.6 个百分点，这充分说明国际金融危机对青海经济的起始影响较弱。工业经济对青海经济发展的影响较大，从工业增加值变化情况看，全国在 6 月份开始出现工业增加值下滑迹象，广东在 2008 年 7 月也开始出现下落，江苏的情况也相同，而青海相对较为迟缓，出现较大的回落是在 2008 年的 9 月份，这一时间全国工业增长下滑的情况已经比较严重，这也说明了国际金融危机对青海影响"迟缓"性的存在。同时，从工业增加值下落的情况看，青海的幅度较大，达到了 26.8 个百分点（2008 年 1 月至 2009 年 8 月之间最高点与最低点比较值，下同），而全国为 12.4 个百分点，江苏为 9.9 个百分点，广东为 10 个百分点。从工业增加值回升的情况看，2009 年第二季度开始，我国工业经济止跌回升，从 6 月份至 8 月份工业经济运行的情况看，全国工业增加值上升了 1.6 个百分点，江苏下降了 0.6 个百分点，广东上升了 0.7 个百分点，而青海上升了 7.1 个百分点。这也说明，与全国及江苏、广东等发达地区工业经济相比，青海工业经济抗风险能力较弱。由于国家扩大内需政策作用的发挥，经济回暖的进程被"熨平"一些，这使得青海这一"迟缓"性在时间区间上被

缩短。总的看,由于这种"迟缓"性的存在,一方面,青海经济发展面临着较为有利的调控空间,施策的灵活性较大,有利于经济发展的回旋与调整。另一方面,由于青海基础薄弱、自我发展能力低,经济实现回升向好发展压力较大,政策调控依然面临较大挑战。

2.世界经济进入后危机时代,对青海产业结构调整带来新的重大机遇

与以往历次美国的经济衰退不同,此次金融危机受到了国际社会的广泛重视,G20峰会连续多次召开,地区性磋商机制不断建立和完善,各经济体之间的协作意识明显增强,措施更加务实,为国际经济的复苏带来了信心和光明。从IMF(世界银行和国际货币基金组织)对世界经济发展的预测来看,此次金融危机的周期比以往要缩短一些,世界经济正在逐步恢复上升,并逐步进入后危机时代。从历史发展经验来看,全球每一次大的经济危机都会伴随着科技的新突破,进而推动产业革命,催生新兴产业,形成新的经济增长点。

表 13-2　历次世界经济危机与产业变化情况

世界经济危机	产业变化情况
1857 年世界经济危机	引发了以电气革命为标志的第二次技术革命,通信、化学合成、有声电影等新技术逐步成熟,推动电信、无线电、合成材料等新兴制造业及文化创意产业迅猛发展。
1929 年世界经济危机	引发了战后以电子、航空航天和核能等技术突破为标志的第三次技术革命。
1973 年石油危机	日本因能源严重依赖进口,受损最为严重。但日本大力推进"节能技术革命",加快新能源利用技术以及节能技术的自主研发,引导和推动产业结构重心向电子机械、家用电器等低耗能产业转移。同时,抑制传统产业规模扩张,鼓励企业技术改造与设备更新。如造船业实施扩能控制,注重加强船型开发,竞争力大幅增强,迅速扭转了不景气局面。
1979 年石油危机	危机后的美国大力推动附加值高、能源消耗低的新兴产业发展,使通信设备、计算机、航天航空、生物工程等一批高技术产业快速崛起,成为经济新的主导力量。1993 年美国工业增长的 45% 已由高新技术产业带动,高新技术产品出口占总出口的 40% 以上。同时传统产业规模缩小, 钢铁工业产值占GDP 比重从 1.9% 下降到 1.6%;汽车工业占 GDP 比重从 3.7% 降为 2.1%。
1997 年亚洲金融危机	世界正进入"信息时代",而此时韩国仍以重化工为主推动产业规模扩张。危机使韩国经济遭受重创,企业大量倒闭,实际失业率高达 12%,经济几乎陷入瘫痪。这促使韩国政府痛下决心依靠创新加速产业优化升级,国家成立科学技术委员会,颁布实施《科学技术创新特别法》和《产业结构高级化促进法》,把大学的科技拨款从 8.4% 提高到 12%,鼓励和支持企业技术开发,集中发展计算机、半导体、生物技术、新材料、新能源、精细化工、航空航天等 28 个知识型产业,仅 3 年时间经济率先复苏。其间,韩国 IT 产业附加值年均增长率达 16.4%,占 GDP 比重从 1997 年的 8.6% 增加到 2000 年的 12.3%,对经济增长贡献率达 50.5%。不仅基础研究水平达世界一流,且汽车、电子、冶金、造船、动漫甚至美容等产业都因具有原创能力而走在世界前列。

从世界各国在应对金融危机中对产业结构发展趋势的把握、世界经济的基本走向、资源能源现状、科技支撑、民众意愿等预测,伴随着这次金融危机的发展,世界范围内的产业结构的关联性和互动性将日趋增强,新能源产业将扮演重要角色,这将是未来世界产业结构变化的重要方向。尤其是以美国为首的欧美国家正极力推行以新能源为重点的"绿色新政",试图再造经济增长。如美国出台了一系列支持绿色经济发展的政策,计划在未来 10 年投入 1 500 亿美元资助替代能源研究,大幅减少对石油的依赖,将大量投资包括风能、太阳能、核能、地热等绿色能源的发展。从青海的资源特点和未来的发展方向看,青海的新能源、新材料的资源优势明显,尤其是在发展新能源方面,青海土地、产业和资源优势明显,只要青海抓住了此次金融危机带来的产业结构调整的战略机遇,加快调整产业结构,推动新能源新材料产业发展,必将在全国乃至世界范围内的产业结构调整中占据一席之地,为青海长远发展奠定重要的产业基础。

3.全球区域经济合作更加紧密,有利于青海更好地利用两种资源、两个市场

在国际金融危机的阴霾下,全球贸易保护主义加强,这其实削弱了世界贸易的增长。但是,从全球贸易长远发展的角度看,随着各国贸易共识的逐步达成,贸易保护主义将会随着金融危机逐步从低谷迈出。在 2009 年 9 月的匹兹堡 G20 金融峰会上,各国就反对贸易保护再次达成了共识。因此,当前世界贸易壁垒的加剧因国际金融危机导致,而世界贸易壁垒的逐步消除也必然因国际金融危机走出阴影而得以实现。这一过程正好与青海"十二五"经济发展的周期相一致。只要能够紧紧利用好国际贸易一体化趋势明显好转这一发展趋势,乘势而为,进一步加大对外开放的力度,利用好两个市场、两种资源,尤其是要在开拓国际市场方面迈出更大的步伐,不断突破拉动青海经济发展"三驾马车"当中出口不足的瓶颈,必然能够实现青海经济发展新突破。

4.预防及应对世界新一轮通胀,有利于促进青海金融及资本市场发展

为摆脱全球金融危机对世界经济和金融体系的冲击,多数国家向市场注入了规模巨大的流动性资金。特别是随着美、英量化宽松货币政策的全面实施,全球基础货币供应将持续上升,新一轮通胀预期已十分明显。因此,防止高通胀将是世界经济发展的一大重点,我国也不例外。随着经济形势的逐步好转,我国的货币政策可能会沿着"放量增长—结构调整—选择性支持—硬约束"的轨迹发

展,并在"十二五"时期推动实施稳健的货币政策。一方面,青海以投资为主的经济拉动效应受到一定影响,使以银行贷款为主要融资渠道的企业在资金吸纳上受到一定限制。另一方面,这对进一步完善资本市场,推动投资结构调整,起到较大的推动作用。只要妥善处理好青海经济发展关键阶段投资与经济增长的关系,就能抓住机遇而不丧失机遇,实现发展而不坐失发展。

二、国家宏观政策取向及重大机遇

宏观政策对经济发展环境影响至关重要。进入"十二五"时期,受国际金融危机和我国经济自身发展周期性变化的影响,我国经济将处在一个历史性的重要关口,面临着经济由外向型向内需型转变、非均衡向协调可持续发展转型的巨大压力,这也成为"十二五"时期乃至今后更长一段时间我国经济发展的主旋律,并将深刻影响我国宏观环境的变化。这种新变化与青海省委推动跨越发展、绿色发展、和谐发展和统筹发展的理念相一致,对青海发展带来的机遇既有利于扩大投资,又有利于拉动消费;既有利于拉动当前经济增长,又有利于增强发展后劲。主要体现在以下几个方面:

1.保持经济平稳较快增长仍然是宏观调控的首要目标,是青海经济可持续发展的保证

这主要是由我国经济发展形势的复杂性和严峻性、全面建设小康社会任务的全局性和艰巨性决定的。当前,我国经济虽然已经企稳回升,但在国内外经济形势复杂多变、不确定性因素很多的情况下,回升的动力依然不足、基础依然不牢固,需要继续把保持经济平稳较快发展作为宏观调控的首要任务。这也是保就业、保社会稳定、保发展环境的需要。从我国现有经济规模测算,确保我国经济保持8%以上增长速度,是扩大国内就业,维护政治和社会稳定的基本速度。因为保持这样一个增长率,每年新增的2 000万左右的就业人口才能被充分吸纳,而不至于因大量失业而引发社会问题。为此,"十二五"期间国家更加注重宏观政策目标的连续性和稳定性,以保持预期的稳定和避免经济社会转型过程中的大的震荡,保持经济平稳较快增长。只要抓住机遇,完全可以在一些时段、地域和行业实现跨越发展。

2.扩大内需将是一个长期的政策取向,为青海扩大投资和消费提供了支撑

长期以来,财政政策和货币政策是国家扩大内需最重要的两大宏观调控政策。20世纪90年代至今,我国在宏观调控政策取向和具体搭配上,有过5次转换:第一次是1993年下半年至1997年,采取的是适度从紧的财政政策和货币政策,这是"双紧型"搭配,实行了约4年;第二次是1998—2004年,采取的是积极的财政政策和稳健的货币政策,这是"一松一稳型"搭配,实行了约7年;第三次是2005—2007年,采取的是稳健的财政政策和稳健的货币政策,这是"双稳型"搭配,实行了约3年;第四次是2008年上半年,采取的是稳健的财政政策和从紧的货币政策,这是"一稳一紧型"搭配,实行了约半年时间;第五次是从2008年下半年起,转向积极的财政政策和适度宽松的货币政策,这是"双松型"搭配。这些政策转换,有快有慢,当转则转,当稳则稳,及时应对经济形势的变化,促进了经济平稳较快发展。由此可以判断,"十二五"期间,国家宏观经济政策对于经济运行的调控方向发生了一些新变化,其着眼点是在保增长的同时,更加注重转变发展方式,提高经济发展质量,努力实现经济既无通胀又无通缩的适度增长,"防冷促暖、消胀促长"的特征明显。这将有利于根据财政政策和货币政策的调整变化,加快建立多元化投融资平台,完善青海资本市场建设,为加速青海工业化进程、调整优化产业结构,提供强有力的政策支持和资金保障。

3.经济发展方式进一步加快转变,有利于增强青海经济发展的质量和效益

"十二五"期间,调整产业结构、促进区域协调发展、深化改革开放是推动经济发展方式转变的3个重点方面。在调整产业结构上,重点是推动以新能源为重点的绿色发展,改造提升传统产业,大力发展循环经济,促进节能减排。这不仅与青海省长期以来着力推进产业优化升级相一致,而且也与青海大力实施新能源、新材料、有色金属、盐湖化工等七大产业发展规划,做强做大特色优势产业的目标相一致,势必为青海省工业企业发展带来重大的市场和政策契机,推动青海省特色产业在调整与发展中再上一个新台阶,加快青海资源节约型和环境友好型社会建设。在推进区域协调发展上,重点是稳步推进城镇化。从长期来看,我国城市(镇)化水平每提高1个百分点,人均GDP将提升2.25个百分点,可有效扩大国内需求。因此,"十二五"期间国家以推进城镇化为重点,进一步推进区域协调发展战略。目前,青海城镇化发展滞后,2000—2008年,全国城镇化

率年均提高了 1.19 个百分点，而青海只提高了 0.76 个百分点，国家推进城镇化、促进区域协调发展，有利于青海在更高起点上深入推进"四区两带一线"区域发展格局，进一步夯实基础设施、市场建设等发展基础，更好更快地融入全国竞相发展、互补互动的一体化大格局中，缩小与全国乃至发达地区的差距。在深化重点领域改革上，重点是"增收、减负、调结构"。继续推行增值税转型改革，降低企业技术改造成本，推进增长方式转变；资源税改革进程加快将推动油气、煤炭、原盐、天然卤水、有色金属等资源税税额标准的提高，从而大幅提高资源大省的自有财力；社保领域改革重点加快向农村倾斜，将有助于大幅度改善落后地区的贫困问题；收入分配制度改革必将带来居民收入的大幅度提高，从而对拉动消费起到至关重要的作用；政府行政管理体制改革，加快转变政府职能，提高办事效率，等等。这些重点领域的改革，有利于青海进一步消除制约扩大内需的体制机制障碍，构建有利于鼓励企业合理投资和支持居民合理消费的体制机制，从而从制度上保障经济的平稳较快增长，推进经济结构优化，增强自我发展能力，从而对青海发展产生重大而深远的影响。

4.西部大开发向纵深推进，为建设富裕文明和谐新青海带来新的重大历史性机遇

西部大开发是国家实现"三步走"发展目标的重要战略部署。实施以来，西部各省市区经济社会发展取得了巨大成就，建成青藏铁路、西气东输、西电东送等一批重大基础设施建设项目，西部各族人民共享改革发展成果，人民生活实现了由温饱向总体小康的历史跨越。以西部大开发 10 年为节点（现行西部大开发优惠政策的期限到 2010 年），根据党的十七大确定的战略目标，根据新的形势和任务，国家将继续坚持西部大开发战略不动摇。一方面，在总结经验的基础上，国家将研究制定新一轮的西部大开发规划，加大实施力度，把西部大开发提高到新的水平。另一方面，国家将根据西部大开发进入的新阶段，进一步调整战略重点，出台和完善新一轮西部大开发政策措施，在继续加强基础设施建设和生态环境保护的同时，将更加注重调整结构、科技创新、改善民生，特别是更加重视加快民族地区发展，相继出台了国发 34 号文等支持民族地区发展的政策文件，将会有力推动西部特别是民族地区加速发展。青海在全国具有资源、生态和稳定上的重要地位。随着新一轮西部大开发战略的实施，不仅在投

资、项目、政策等方面,将得到国家的高度关注和有力支持,而且在资金投入、产业发展、技术创新、市场开拓、人才引进等方面,将得到省内外、国内外的更广泛支持和参与,成为新一轮西部开发国家战略发展重地。只要把国家支持民族地区发展的政策与国家西部大开发战略、扩大内需政策很好地叠加在一起,就会最大限度地发挥政策的乘数效应,必将在新的历史起点上推动富裕文明和谐新青海建设取得更大的进步。

三、青海需要着力解决的突出问题

1.推动科学发展任务艰巨

对青海而言,要实现科学发展,有两个突出问题,一个是跨越发展的问题,一个是转变发展方式的问题。

关于跨越发展。从纵向比较看,2001 年以来,青海连续 8 年保持了 GDP 两位数的增长,取得了经济快速发展的重要成果。但是,从青海与全国、东部地区的横向比较看,青海的发展仍然较慢,与全国的差距较大,且有逐步拉大的趋势。

表 13-3　2000 年以来青海 GDP、财政收入与全国的比较

年份	GDP(亿元)			财政收入(亿元)		
	青海	全国	青海在全国的占比(%)	青海(地方一般预算收入)	全国	青海在全国的占比(%)
2000	263.59	89 404	0.29	16.6	13 395.23	0.12
2001	300.1	95 933	0.31	19.8	16 386.04	0.12
2002	340.7	102 398	0.33	21.1	18 903.64	0.11
2003	390.2	116 694	0.40	24	21 715.25	0.11
2004	466.1	136 515	0.34	27	26 396.47	0.10
2005	543.2	182 321	0.30	33.8	31 649.29	0.11
2006	641.05	209 407	0.31	42.2	38 760.20	0.11
2007	760.96	246 619	0.31	56.7	51 321.7	0.11
2008	961.53	300 670	0.32	71.6	61 330.35	0.12

关于转变发展方式。青海省经济发展滞后于全国,表面上看是经济总量小、发展基础薄弱,实际上根本的差距在于发展方式的落后。目前,青海省资源综合利用率只有 30%左右,不及全国平均水平的一半,远远低于发达地区水平。2008 年, 青海万元生产总值能耗为 2.935 吨标准煤, 是全国平均水平的 2.66

倍。2000—2006 年工业增加值年均增长 19%,占生产总值的比重由 30%提高到 41%,但主要以资源型开发为主,粗加工的产品和企业比重高,精深加工能力弱,产业链条短,产业配套协作能力较低,真正衡量工业化水平的制造业增加值占生产总值的比重仅为 18.7%,实现工业化初期向工业化中期转变的任务还很重。2008 年第三产业占生产总值的比重为 34%,低于全国平均水平。同时,传统服务业比重大,旅游、现代物流、金融保险、咨询等现代服务业发展方兴未艾,整个服务业的层次和水平偏低,而且社会化程度不高,机关和事业服务的色彩比较浓厚。如果不加紧转变发展方式,就很有可能在全国乃至世界新一轮结构调整中掉队落伍,与全国包括与西部其他省区的差距会越来越大。

2.生态保护任重道远

近年来,青海通过生态立省战略的实施,环境保护和建设力度逐年加大,取得了积极成效。但总体看,生态环境恶化的趋势并未改变,全省水土流失面积已占到国土总面积的近一半,80%的草地出现不同程度的退化, 草场载畜量平均下降 30%,青海已经成为全国沙化面积最大的 3 个省区之一,生态环境脆弱与自然灾害频繁、人口不断增长与自然资源开发力度逐步加大、生态保护力度加大与贫困人口相对增加、农牧民收入水平低与生态文明建设要求更高等诸多矛盾更加突出。

3.扶贫攻坚难度加大

一是贫困人口的规模依然较大;二是贫困程度加深,脱贫难度加大;三是返贫率高,达到 75%左右。按新标准测算,全省农村牧区贫困人口为 138.36 万人(农民 104.36 万人,牧民 34 万人),占全省农牧民总人口的 37.6%。而按照青海省新的扶贫开发规划,到 2015 年,也就是"十二五"期末,使 80%的贫困人口实现脱贫,任务艰巨。

4.改善民生任务繁重

由于自然、历史等原因和自身发展水平的限制,青海的民生水平总体上仍然很低。一是教育资源紧缺。教育经费投入总体不足,全省预算内教育经费占财政支出比例为 14.98%,处在较低水平。人口素质教育程度低,人均受教育年限只有 7.26 年,与全国平均水平相比少 1.01 年。农村教育基础仍然薄弱,学校布局分散,整体办学条件差,义务教育还有 8 个县未实现"普九"目标。统筹城乡教育均

衡发展的任务十分繁重。二是就业压力大。城镇就业压力加大和农村富余劳动力
向城镇转移速度加快形成叠加，大中专毕业生就业和下岗失业人员再就业相互
交织。2008年,全省每年有各类求职人员10万人左右,包括大中专毕业生、军队
复转军人等,还有近80万左右农村牧区富余劳动力在城镇竞争就业岗位,就业
压力很大。三是卫生资源不均衡。城乡之间、地域之间卫生发展与健康水平的差
距明显,卫生服务的相对可及性、可得性和公平性低,卫生医疗服务与人民群众
日益增长的健康需求不相适应的矛盾突出。四是社会保障不全面。城市非公有制
经济组织、灵活就业人员等还有相当数量没有纳入社会保险范围。农村牧区社会
保障基本制度不完善,保障项目少,保障水平低。五是住房保障覆盖面小。住房
保障缺乏统一的规划,住房救助起步晚、范围小、层次低。农村牧区农牧民特别
是困难群众的住房条件差,住房困难户达8.8万户。六是城乡居民收入差距较
大。2008年,青海城乡居民收入之比达到3.8:1。

表 13-4　青海 2012 年及 2020 年民生发展增速测算

		城镇居民人均可支配收入(元)	农牧民人均纯收入(元)
2008 年	西部平均水平	13 007.16	3 524.04
	全国平均水平	15 780.8	4 760.6
	青　海	11 648.3	3 061
2012 年	西部平均水平	16 421	4 449
2012 年青海要达到西部平均水平的增速(%)		9.0	9.8
2020 年	全国平均水平	28 340	9 579
2020 年青海要达到全国平均水平的增速(%)		7.7	10.0

5.维护稳定形势严峻

"十二五"期间,是人民内部矛盾凸显、刑事犯罪高发、对敌斗争复杂的时
期,随着经济体制深刻变革、社会结构深刻变动、利益格局深刻调整、思想观念
深刻变化,由土地征收征用、城市建设拆迁、企业重组改制以及环境污染、安全
事故和涉法涉诉、草场纠纷等引发的社会矛盾和群体性事件有所增多,加之达
赖集团等境内外敌对势力的分裂渗透和煽动挑拨,来自传统的、非传统的和境
内的、境外的不稳定因素相互影响,维护社会稳定、实现长治久安仍面临许多新

的严峻挑战。

第二节 "十二五"初期发展基础面临的问题

"十一五"时期,青海紧紧围绕科学发展、保护生态、改善民生三大历史任务,牢牢抓住国家实施西部大开发战略和支持青海等省藏区发展的历史机遇,妥善应对国际金融危机的巨大冲击,努力克服玉树地震等自然灾害的不利影响,积极探索欠发达地区实践科学发展观的成功之路,胜利完成了"十一五"规划确定的主要目标和任务。换言之,就是青海的发展基础和条件明显改善。但是,传统发展方式仍面临严峻挑战。随着要素成本上升、资源环境约束增强、产业竞争加剧,加快发展与生态保护矛盾突出,实现人口、经济、资源、环境协调发展的任务十分艰巨。基础设施、能源、水利、工业和信息化、产业发展、劳动就业和社会保障等方面面临诸多"瓶颈"。

一、交通

"十一五"期间,青海交通基础设施建设取得了较大成就,但目前现代综合交通体系尚未完善,基础设施总量不足,对外联系通道单一,各种运输方式缺乏有效衔接,资源开发区交通仍然滞后,运输瓶颈制约仍未完全消除,还不能完全满足青海经济社会快速发展的要求。

一是交通基础设施总量不足,服务地域有限。全省铁路运输线密度仅为0.26公里/百平方公里;公路运输线路密度仅为8.64公里/百平方公里,农村公路通畅率不高;全省仅有3个机场,民航机场密度为4.2个/百万平方公里;仅有107个乡镇设邮政局所,覆盖率仅为26.3%,远低于全国平均水平。

二是交通网络不完善,资源开发瓶颈制约突出。柴达木循环经济试验区和青海省重要资源开发区交通基础设施严重不足,不能满足快速发展的盐湖、石油天然气、有色金属、煤炭等工业对交通运输的迫切需求;海南、海北、黄南、果洛、玉树5个藏族自治州,仅有玉树一个机场;5个州中除海北州有铁路穿越,其余4个州铁路仍然是空白。

三是对外交通运输方式单一,综合通道能力薄弱。西北、西南、东南等方向的对外交通仍以公路为主,缺乏省际的综合运输便捷通道,影响了对外开放的程度和水平,难以满足青海省日益增长的社会经济发展和国防战备的需要。

四是各种运输方式缺乏衔接配合,效率质量较低。具有综合功能的运输枢纽处于发展阶段,各种运输方式之间缺乏统筹和协调,综合交通运输效益较低。

五是交通建设资金供需矛盾突出,资金渠道不多。青海地方财政薄弱,省内交通建设资金主要依靠国家支持和银行贷款,运用社会资本和多渠道筹措建设资金水平较低,投融资体制机制有待进一步创新。

二、能源

"十一五"期间,青海全省一次能源生产达到13 463万吨标准煤,消费总量11 355万吨标准煤;5年累计完成固定资产投资650亿元。但发展面临着以下4个问题:

一是电力供给能力仍然不能适应全省经济社会发展需求,"十二五"电量缺口明显增大。

二是电源结构不合理,季节性缺电矛盾进一步加剧。

三是电网结构薄弱,覆盖率总体仍较低,新能源送出、资源开发电网瓶颈制约明显。

四是煤炭勘查程度低,全省煤炭累计探明储量仅占预测储量的13%。

三、水利

青海全省水资源总量629.3亿立方米,水资源时空分布不均,与人口、耕地、生产力发展布局不相匹配,水资源利用难度大,供需矛盾突出。长期以来,水利基础设施欠账多、底子薄,大型调蓄工程少,水资源开发利用率不高,工程性缺水问题日益凸显,防洪减灾体系不健全,洪旱灾害频繁。现有水利工程大多为20世纪六七十年代兴建,标准低、配套差、老化失修、效益衰减问题突出。全省水资源时空分布与生产力发展布局、水资源总量和利用水平、现有水利设施和发展需求、水利投资需求与省内自筹能力四方面的不平衡,严重影响和制约着经济社会的发展。主要表现在:

一是水资源供需矛盾突出。柴达木盆地的格尔木河、巴音河、香日德河、察苏河等流域,资源型缺水较为严重,工程性缺水与农业用水效率低下并存,是青海水资源供需矛盾最为突出的地区。东部湟水流域资源性缺水严重,大型骨干水利工程尚未全面发挥效益,供水保障能力仍显不足。黄河沿岸地区水资源开发利用程度低,重大水资源配置工程缺乏,保障区域经济社会发展的能力亟待提高。抗旱应急水源工程建设不足,城乡抵御特大干旱风险的能力不强。水资源调控能力不足、供需矛盾突出是青海省经济社会可持续发展的主要瓶颈。

二是防灾减灾体系不完善。中小河流治理起步较晚,山洪地质灾害防治任务艰巨,湟水河、格尔木河等重点河流综合防洪减灾体系不完善。重点城镇防洪体系不健全,综合防洪能力严重不足。小型水库病险问题突出,泄洪设施不完善,排空能力不足,安全隐患严重。预警监测能力不足,水文、水情测报基础设施标准低,信息自动化水平不高。应急机动抢险能力弱,防灾减灾社会化保障体系不健全。洪旱灾害频繁是影响城乡人民生产生活的重大隐忧。

三是水利基础设施薄弱。大型骨干水利工程少,水库数量不足,调蓄库容量小,水资源调控能力弱。现有水利工程标准低、配套差、老化失修、效益衰减问题突出。小型水利工程投入少、进展慢,农田水利建设滞后,灌溉水利用率低,农业用水浪费严重。全省还有 128 万人存在饮水安全问题。大电网未覆盖的农村牧区群众生产生活无电缺电问题依然突出。水利基础建设滞后既是瓶颈,又是影响新农村建设和农业稳定发展的最大硬伤。

四是水土流失防治步伐缓慢。全省水土流失面积 35.43 万平方公里,占国土面积的 49.2%。水土流失依然呈加剧趋势,防治投入严重不足,防治工作远不能满足发展需要。水土保持生态补偿机制尚未建立。小流域综合治理、淤地坝建设、预防保护、执法监督等工作不规范。水土流失严重是青海省生态环境建设的突出软肋。

五是水利工程良性运行管理体制机制尚未全面建立。重建轻管,水利工程管理人员和维护管理经费不落实的现象依然存在,水价改革不到位,运行效率和效益低。小型农村水利工程产权制度改革进展缓慢,符合省情、水情且权责明确、管理高效的良性运行机制尚未建立,从根本上困扰水利工程发挥长久效益。水利管理体制机制不顺、改革滞后对水利发展有着深层制约。

六是水利投入严重不足。现有投资规模难以满足水利快速发展的需要,水利投资缺口仍然很大。中央投资相对偏少,省级财政投入有限,水利投融资体制尚不健全。水利投入不足是青海省水利建设滞后的最根本原因。水利投入强度不够、水利设施薄弱是青海省基础设施的明显短板。

四、工业和信息化

受国际金融危机影响,世界经济增速减缓,增长动力不足,需求结构发生新变化,市场配置资源的基础作用约束性增强,世界经济面临诸多不确定、不稳定因素,我国经济发展将面临复杂多变的外部环境。

国内经济增长的资源环境约束增强,投资和消费关系失衡,科技创新能力不强,产业结构不合理,部分行业产能过剩,城乡和区域发展不协调,可持续发展的矛盾与问题依然突出。

面对复杂的国际国内形势,青海省工业发展面临着诸多挑战和困难。一是传统发展方式面临严峻挑战。以低资源成本、低劳动力成本、低环境成本为支撑的传统发展方式,面临着要素成本快速上升、节能环保约束明显增强、产业竞争日趋激烈的局面,转变发展方式,调整经济结构的任务十分紧迫。二是工业加快发展的难度增大。产业规模小、层次偏低,产业链条短,产业融合度不高,产业集群尚未完全形成,在激烈的市场竞争中未能形成合力,整体优势难以充分发挥。三是科技创新面临新课题。产业发展的诸多关键技术和核心技术尚待攻克,产业技术创新体系不健全,技术、人才不足的问题依然突出。四是资源与环境约束压力加剧。按照国家主体功能区定位,适宜大规模工业发展的空间狭窄,工业建设与用地的矛盾突出;电源建设滞后,成为困扰工业发展的主要瓶颈;矿产资源勘探程度低,资源难以支撑大工业发展。

同时,青海省信息化也存在着投入与业务应用不足、资源共享程度低、全民信息素养有待进一步提高等方面的发展问题。

五、林业

完善的林业生态体系、发达的林业产业体系和繁荣的林业生态文化体系,为青海实现跨越发展、绿色发展、统筹发展、和谐发展提供了坚实的生态安全屏障。

"十一五"以来,青海省林业建设虽然取得了很大成绩,局部地区的生态恶化状况得到了明显改善,但在建设中也面临着一些困难和问题。主要有以下几个方面:

第一,自然条件差,造林成本高,生态良性转化速度慢。经过多年努力,林业建设取得了很大成绩,条件较好的地区已经治理或基本治理,剩余的宜林地多为地处边远、山高坡陡、干旱瘠薄、自然条件很差的干旱山区、风沙区,造林成本高、难度大。但由于本身缺林少绿、植被稀疏,生态环境局部改善、整体恶化的趋势尚未从根本上得到改观,土地沙化、湿地萎缩、草场退化、雪线上升、生物多样性减少等问题仍呈加剧趋势,改善生态环境的任务仍然十分艰巨。

第二,造林面积不断扩大,森林资源保护面临严峻挑战。一是森林资源管护任务艰巨。青海省地域辽阔,森林资源分散,管护力量少,资金投入不足。随着造林速度加快,森林面积不断扩大,森林管护工作任务随之加大。同时由于畜牧业在青海经济发展中占有较大比重,传统的畜牧业生产方式导致林牧矛盾普遍存在,"一地多证"现象比较严重,一些地方由于林牧争地矛盾难以协调,不仅影响整体造林封育速度的推进,并且因放牧对已经造林和封育的地区产生很大破坏,造成造林保存率低、封山育林成林率低,已成为阻碍生态建设的主要限制因素。青海全省森防体系建设不完善、林业有害生物不断扩散蔓延。全省除西宁市、海东地区以外,大多数地区没有完全独立森防机构,没有相关监测、检疫、应急防控的交通工具和器械等,防控技术手段落后,地区之间差距大、发展不平衡,亟须进一步加强森防机构和配套基础设施建设;同时林业有害生物发生点多面广,森林鼠害、小蠹虫、金龟子等林业有害生物发生蔓延,致使大面积天然次生林长势衰弱,甚至每年有相当一部分林木死亡或濒临死亡。二是防火任务和火源管理难度较大。由于青海省森林分布范围广,且大多地处高山峡谷地带,一旦发生火灾很难扑救,加之省财政困难,投入的防火资金有限,防火设施设备及扑火器具陈旧老化、现代化装备短缺、火灾预测预报设备少,大部分防火道路年久失修、交通不畅,重点林区没有建立专业扑火队伍,严重制约了森林防火工作的正常开展;其次是随着天然林资源保护、退耕还林、"三北"防护林等生态工程的全面启动,造林绿化步伐不断加快,森林面积大幅度增加,森林防火任务更加繁重。三是由于天然林保护和封山育林,使林区植被覆盖度增大,可燃物载量逐年增加,发生森林火灾的危险性也越来越大,极易酿成大的森林火灾。四是随着市场上对名贵汉藏药材需求量的日趋增长,有相当一部分人进入林区采挖药材,人为活动日趋频繁。五是随着旅游业的兴起,诸如旅游度假、茶园等休闲场所不断发展壮大,这些人为活动的增加,在一定程度上增加了野外火源点,管理难度大,给森林防火带来了极大的隐患。

六、特色农牧业

"十一五"时期,是青海农牧业发展速度最快,农村牧区面貌变化最大,广大农牧民得到实惠最多的5年。但是"十二五"时期,青海农牧业和农村牧区发展面临的形势依然严峻,长期制约发展的深层次问题尚未根本消除,新的问题和挑战不断显现,主要表现在:

一是转变农牧业发展方式的难度大。长期以来,由于历史和地理等原因,传统农牧业的经营理念根深蒂固,农牧业基础设施仍然薄弱,物质装备条件仍然落后,转变观念和提高物质装备水平都需要一个渐进的过程。青海省现代农牧业产业体系不健全,特别是龙头企业规模小,市场竞争力弱,带动能力不强,农畜产品加工转化率低,缺乏精深加工。农牧业生产性服务业发展滞后,乡镇农技推广体系体制不顺,服务不到位问题突出,关键技术研发能力弱、科技成果转化率低,对发展方式加快转变的引导和支撑力不够。农牧民外出就业规模不断扩大,农村牧区新生代劳动力流失严重,农牧业劳动力素质日趋弱化,直接妨碍了现代农牧业科学技术、经营方式在农村牧区的转化和扩散。这些深层次的矛盾日益显现,严重制约着农牧业发展方式的转变。

二是稳定增加农牧民收入的渠道窄。2010年,青海省农牧民人均纯收入仅为全国平均水平的65%,到2015年要达到西部平均水平,必须保持较高的增长速度。但青海省耕地少、质量差、基础设施不配套、水资源利用严重不足,大力发展特色产业与确保粮食安全之间的矛盾突出,务农效益低,农牧民从结构调整中增收的空间和潜力小。同时,工资性收入难以大幅度增加。龙头企业实力普遍不强,农牧民专业合作经济组织起步较晚,产业化经营中与农牧民的利益联结不紧密,农牧民通过龙头企业二次分配增加转移性收入的难度非常大。农村牧区产权市场不完善,盘活农业和农村基础设施的切入点少,农牧民原始积累少,可支配的财产性资本不足,大幅度获得财产性收益的条件尚不成熟,缺乏有效的财产性增收手段。

三是草原生态保护与建设的压力大。由于长期以来草原建设投入不足,畜牧业生产经营方式落后,草原超载过牧现象仍相当严重,"两化三害"(退化、沙化、鼠害、虫害、毒草害)发生的趋势没有得到根本遏制,中度以上退化草场面积达到2.5亿亩,鼠害危害面积1亿亩,部分草场的生产和生态功能已丧失,草地生态依然存在局部好转、整体恶化的趋势,保护与建设草原生态任务艰巨。

四是统筹城乡一体化发展的难题多。青海省农村牧区地域辽阔,各区域自然条件、资源禀赋、发展程度、文化习俗各不相同,农牧业发展呈现出多层次和不平衡性,城乡长期分治,二元结构矛盾突出,统筹难度非常大。同时,村镇建设规划的系统性、全面性和前瞻性不够,跟不上经济和社会发展需要。农村牧区普遍缺乏产权交易场所,产权流转平台尚未搭建,土地流转不规范,机制不健全。体制机制创新不够,县域经济实力差,城乡居民收入差距进一步拉大,城市的资金、技术、人才等资源与农村牧区缺乏互动,城市基础设施、公共服务、规划、科技、管理等向农村延伸不够。城镇化水平低,带动周边农村牧区加快经济社会结构转型,实施社区化管理任重道远。

五是全面推进生态畜牧业的任务重。青海省生态畜牧业建设从试点到示范,虽然已经取得了一定的实效,但进一步推进还面临着突出问题:一是认识不到位。一些干部群众存在畏难情绪,不能从转变畜牧业经营方式的大局着眼,对生态畜牧业的概念和推进时机认识比较模糊。二是重视程度不够。部分地区对生态畜牧业建设工作尚未完全纳入工作议事日程,县乡两级政府参与建设的积极性尚未得到充分调动,推动不力,缺乏实质性进展。三是群众理解不深。由于宣传不到位,群众对组建合作社缺乏信心,有抵触情绪。四是合作社的职能作用发挥不充分。部分专业合作社存在流于形式、农牧民参与度不高、规章制度不健全、缺乏有效的运行机制等问题,组织牧民进行规模化养殖、集约化生产的能力不足,难以尽快实现转变畜牧业经营方式的目标。

七、教育

青海省教育改革发展面临三大矛盾。即:经济社会发展对高质量多样化人才需求与教育培养能力不足的矛盾;人民群众期盼良好教育与优质资源相对短缺的矛盾;增强教育活力与体制机制约束的矛盾。

青海省教育尚存在六个方面的突出问题。一是学校管理水平总体不高,教育观念相对落后,内容方法较为陈旧,在一些地方和学校中小学生课业负担过重的现象依然存在,还不能适应素质教育的要求;二是学生适应社会和就业创业能力不强,创新型、实用型、复合型人才紧缺;三是教育体制机制不活,学校办学活力不足,总体办学质量不高;四是教育结构和布局不尽合理,城乡、区域教育发展不平衡;五是骨干教师和学术带头人严重不足,教师队伍建设亟待加强;六是教育投入不足,办学条件尚不完善,部分地区教育优先发展的战略地位尚未完全落实。

八、就业和社会保障工作

就业总量和结构矛盾突出, 就业形势仍然严峻。随着城镇化速度的加快,三江源生态保护区移民、失地农民、技能单一和无技能型劳动力相对过剩,高校毕业生就业压力大,所学专业不对口,求职期望值过高等因素,造成劳动力供大于求的矛盾日益突出。

完善社会保障体系任务艰巨。社会保障制度面临着来自人口老龄化、城镇化、就业形式多样化、需求个性化等多方面的影响,完善社会保障体系的任务更加艰巨。进一步建立健全制度,整合资源、降低管理成本,扩大覆盖面,将所有成员纳入保险范围,加大清欠力度,解决参保标准和个人欠费及五项社会保险基金缺口的任务十分繁重。

社会救助、社会福利、社会优扶方面急需政策支撑和加大投入,争取社会捐赠以解决特困人群的生存需求尤为重要。

社会利益矛盾更趋复杂多样。对健全工资分配制度和建立和谐劳动关系提出了更新更高的要求,深层次矛盾进一步凸显。在物质生活逐步改善和提高的过程中,人民群众对保护自主权益和维护社会公平的要求提高,为统筹协调工资分配和劳动关系提出了更高的要求。

城镇化进程加快对就业和社会保障事业发展提出了新的挑战。大批农牧业富余劳动力向城镇二、三产业转移,就业压力进一步加大,加上现有就业和社会保障公共服务能力不足的问题日益凸显,解决农牧民就业不稳定、职业培训不足、劳动报酬偏低、劳动条件较差、社会保障缺项,以及进城落户、子女上学、生活居住等方面的突出问题,维护基本劳动权益,帮助其顺利融入城市,已经迫在眉睫。

各种社会问题和社会矛盾增多。经济全球化、信息化迅速推进,国内外经济深度调整和改革,引起社会结构的变化,城镇化速度的加快,各种社会问题和社会矛盾增多,并趋于复杂化、多样化,解决好这些矛盾和问题将面临新的挑战。

第三节 "四个发展"科学模式的提出

面对发展环境和发展基础的变化,青海省委、省政府提出"要积极转变发展方式,探索具有青海特点的科学发展模式,奋力闯出欠发达地区实践科学发展观的成功之路"。结合党中央提出的科学发展观,在 2009 年 7 月召开的青海省委第十一届六次全会上,青海省省委书记强卫在会议闭幕讲话时指出:"我们要在应对危机、保持增长的同时,认真贯彻落实中央'调结构,上水平,促改革'的要求,立足当前,着眼长远,解放思想,抢抓机遇,推动跨越发展、绿色发展、和谐发展和统筹发展"。由此,"四个发展"的思路诞生。

省委书记强卫的讲话还指出青海走"四个发展"模式的意义:

"第一,着力推动跨越发展。现在,经过连续多年两位数的增长,青海已经具备了加快发展、跨越发展的条件。我们一定要乘势而上,采取更加有力的措施,继续保持较高的增长速度,迅速扩张经济总量、提升经济规模,为实现跨越发展奠定更加扎实的基础。要做大做强特色产业,大力推进自主创新,不断扩大对外开放。

第二,着力推动绿色发展。当前,在金融危机、能源短缺和环境恶化的背景下,发展绿色经济日益成为世界各国实现经济复苏的重要选择。可以预见,以绿色生产、绿色消费为主要标志的绿色经济,将成为继信息技术革命之后推动世界经济增长的新引擎。在全球绿色经济发展刚刚起步的时候,谁抢先占领绿色经济的制高点,谁就能在新一轮发展中赢得先机、把握主动。青海环境资源丰富,生态地位极端重要又极其脆弱,发展绿色经济既具有独特的资源优势,又具有迫切的现实需要。如何统筹兼顾资源环境的保护利用与经济社会的快速发展,实施生态立省战略,扶持绿色产业,发展绿色经济,实现绿色发展,是摆在我们面前最重大的发展课题。要大力发展生态农牧业、生态旅游业、民族文化产业、循环经济。推动绿色发展,当前,最重要的任务是要大力培育、发展和壮大新能源、新材料产业。通过大力推动绿色发展,最终要在青海这样一个资源丰富、生态地位重要的地区,努力建设成资源节约型和环境友好型社会。

第三,着力推动和谐发展。民生水平明显偏低,社会事业明显滞后,是制约发展的突出不和谐因素。要坚持以人为本,持续推进和谐社会建设,做到发展为了人民,发展依靠人民,发展成果由人民共享。要解决好民生问题,协调好利益关系,做好民族宗教工作,巩固好和谐发展基础。

第四,着力推动统筹发展。在统筹区域协调发展上,当前最重要的任务是按照国家主体功能区的指导思想,落实好建立'四区两带一线'发展新格局的重要部署。各地要结合学习实践活动和贯彻国发34号文件,进一步深化省、州、县情认识,找准发展定位,明确发展方向,确立产业重点,落实重大项目,推进规划实施。省有关部门要加强协调,统筹跨区域的重大基础设施和公共产品建设,指导各地完善特色优势产业发展布局。要通过上下各方共同努力,加快形成分工合理、各具特色、优势互补、良性互动的区域科学发展格局。在统筹城乡协调发展上,关键是建立工业反哺农业、城市带动农村的长效机制。"

在2010年的3月召开的全国人大十一届三次会议上,青海的"四个发展"模式成为两会关注的重点。7月,在中央部署新一轮西部大开发和抓紧编制"十二五"规划的背景下,青海省委召开了转变发展方式推进"四个发展"专题研讨会。研讨会形成了以下共识:对青海来讲,加快经济发展方式转变更具有特殊的现实意义。青海集中了西部地区、民族地区、高原地区和欠发达地区的所有发展特点和困难,处在社会主义初级阶段的较低层次。青海能不能推动"四个发展",能否真正闯出欠发达地区实践科学发展观的成功之路,能否如期顺利实现青海的奋斗目标,关键要看青海能否实现经济发展方式转变的重大突破。同时,在转变发展方式上,青海省一个突出的特点是"未富先转"。对青海来讲,转变的要求更高、更迫切,任务更重,转变发展方式的进程决定着新青海建设的进程。青海必须抓住重大机遇,审时度势,顺势而为,加强引导,突出战略重点,明确重要任务,坚定不移、持之以恒地加快经济发展方式转变,为未来拓展更大的发展空间,铺就更宽广的发展道路。

《青海省"十二五"规划纲要》因此开宗明义写道:"'十二五'时期(2011—2015年),是青海省推进跨越发展、绿色发展、和谐发展、统筹发展和全面建设小康社会的关键时期,也是深化改革开放、加快转变经济发展方式的攻坚时期。"其指导思想是:以科学发展为主题,以加快转变经济发展方式为主线,以跨越发展、绿色发展、和谐发展、统筹发展为主要路径,以保障和改善民生为出发点和落脚点。

由此,在"十二五"开端,青海拉开了"四个发展"的科学发展新模式。

第四节　跃上"四个新台阶"、实现"三个新突破"

在以科学发展为主题,以加快转变经济发展方式为主线,以跨越发展、绿色发展、和谐发展、统筹发展为主要路径,以保障和改善民生为出发点和落脚点的指导思想下,青海"十二五"开创了全省经济平稳较快发展与社会和谐稳定的新局面。在2016年1月25日召开的青海省第十二届人民代表大会第五次会议上的《政府工作报告》中,将"十二五"科学发展的成果总结为:跃上了"四个新台阶",实现了"三个新突破"。

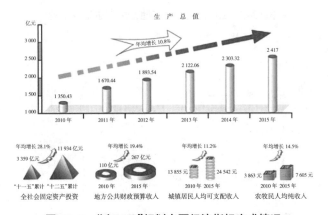

图13-1　"十二五"规划主要经济指标完成情况

资料来源:青海经济信息网

一、综合经济实力跃上新台阶

全省主要发展指标实现大幅增长。生产总值实现第二个千亿跨越,是"十一五"末的 1.67 倍,年均增长 10.8%;人均生产总值超过 6 600 美元,与全国相对差距缩小 4.7 个百分点。地方公共财政预算收入增长 1.4 倍,公共财政支出翻一番。固定资产投资相继跨越两个千亿元大关,累计达到 1.2 万亿元,是"十一五"的 3.6 倍。农牧业增加值连续 7 年增长 5% 以上,综合生产能力明显提高。工业增加值年均增长 11.9%,对经济增长贡献率为 43.5%。人均社会消费品零售额突破一万元,服务业增加值超过千亿元。技术创新能力较大提升,盐湖提锂、电子级多晶硅、光伏逆变器等多项技术达到国内领先水平,建成一批国家级科技创新服务平台。采取大规模投入、大兵团作战,地质找矿实现重大突破。全省综合实力显著增强,开启了加快迈向富民强省的新征程。

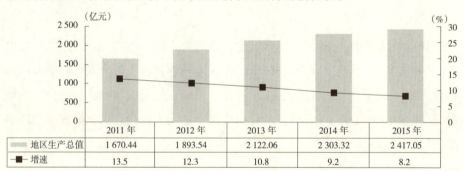

图13-2 2011—2015 年地区生产总值及增速

资料来源:青海统计局网站

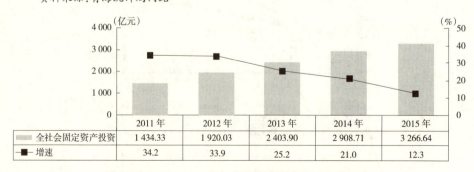

图13-3 2011—2015 年全社会固定资产投资及增速

资料来源:青海统计局网站

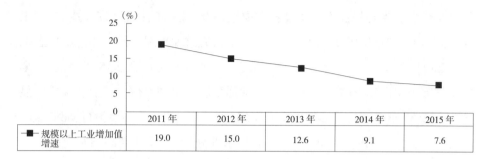

图13—4 2011—2015年规模以上工业增加值增速

资料来源：青海统计局网站

二、基础设施建设跃上新台阶

5年来,全省建成了一批填空白、蓄势能的重大项目。公路建设日新月异,高速化公路突破3 000公里,二级及以上公路突破1万公里,总里程达到7.56万公里,基本实现市州通高速、区县通二级路、乡镇和村通硬化路。铁路建设再创佳绩,兰新二线和西宁火车新站建成投运,全省进入全国高铁网,青藏线实现大提速,格敦铁路青海段基本建成,格库铁路开工建设,锡铁山至北霍布逊地方铁路建成运营,铁路运营里程达到2 386公里。空中走廊加速扩容,西宁机场二期、德令哈、花土沟机场建成,果洛机场校飞,初步形成"一主六辅"民用机场格局。水利建设纵深推进, 全省人民翘首以盼的引大济湟工程实现跨流域调水,蓄集峡水利枢纽等工程开工建设,四大灌区改造加快推进,新增供水能力6亿立方米,东西部开源节流、南北部保护修复的治水格局初步形成。能源建设阔步前行,新增发电装机872万千瓦,总规模达到2 165万千瓦,清洁能源比重达到79%,特别是太阳能、风能发电快速崛起,装机容量突破600万千瓦,成为全国最大的光伏发电基地。青藏、青新联网、西格输变电相继建成,青南网外六县联网工程开工建设。信息建设提速发展,宽带青海、4G网络全面推进,宽带网络实现乡镇全覆盖,高原云计算大数据中心建成。基础设施的重大突破,大大提升了青海发展的支撑保障能力。

三、生态文明建设跃上新台阶

生态文明先行区建设全面推进,主体功能、空间布局不断优化,生态战略地位日益凸显。生态保护工程建设扎实推进,三江源一期工程圆满完成、二期工程全面实施,增草增绿增水成效显著,三江源头重现千湖美景。祁连山生态保护、三北防护林等重点生态工程有序推进,青海湖水域面积为 15 年来最大,全省森林覆盖率提高 1.07 个百分点,湿地面积跃居全国首位。节能环保成效显著,"十二五"节能减排目标任务全面完成,大气、水、土壤污染防治行动和"家园美化"行动扎实推进,基本实现县县有污水处理厂,主要江河湖泊水质持续改善,湟水河出境断面水质达标率达到 83%,还全省人民一条清澈母亲河的承诺取得重大进展。生态文明先行示范区深入实施,生态文明制度改革整体推进,生态环境保护、生态资产价值核算等取得显著进展,生态补偿、草原保护补奖等政策有效落实。青海在巩固国家生态安全屏障,打造坚固而丰沛的"中华水塔"上迈出了坚实步伐。

四、人民生活水平跃上新台阶

财政累计投入民生资金由"十一五"的 1 493 亿元增加到 4 649 亿元,增长2.1 倍,民生保障水平显著提升。就业增收同步提高,新增城镇就业人口 29 万人,是前 5 年的 1.6 倍,高校毕业生年均就业率达到 87.4%,城镇登记失业率平均控制在 3.4% 以内,累计转移农牧区劳动力 563 万人次,实现了更充分就业。城镇居民人均可支配收入年均增长 11.2%,是增长较快的时期,农牧民人均可支配收入年均增长 14.5%,接近翻番。贫困人口大幅减少,投入财政专项扶贫资金95 亿元,是上个 5 年的 3.3 倍,贫困发生率由 33.6% 下降到 13.2%。全省百万人口实现"两不愁、三保障"的脱贫目标。社保体系不断健全,五大保险参保率均达 98% 以上,在全国率先实现城乡居民养老保险制度统一和全覆盖。企业退休人员养老金连续 11 年增长,达到 2 910 元,城乡居民基础养老金、医保筹资标准分别统筹提高到 125 元和 550 元,均居全国前列。全省每千名老年人拥有养老床位数提高到 30 张。教育事业长足发展,"1+9+3"教育经费保障和异地办学奖补机制不断完善,中小学校安工程和标准化建设全面完成,办学条件显著改善,学前3 年毛入园率达到 80.7%,九年义务教育巩固率达到国家"十二五"规划纲要提出的 93% 的目标。异地办学规模扩大,新建 3 所高等职业技术学院,填补了青海省综合性高职院校的空白,中职教育就业率达到 95% 以上。青海大学重点学科建设取得重大进展,青海师大新校区建设全面实施,青海民族大学博士生培养实现零的突破,高等教育进入提升发展新阶段。文化事业蓬勃发展,文化建设"八大工程"全面推进,青海大剧院和省体育中心建成使用,省级三馆基本建成,公共文化设施免费开放,省到村五级公共文化服务网络覆盖率提高到95%,广播电视综合人口覆盖率达到98%,群众文化体育生活日益丰富。医疗保障能力显著提高,新增医疗卫生机构457家、卫生技术人员1万多人、床位数1.2万张,县乡村三级医疗卫生机构标准化建设有力推进,基本公共卫生服务人均费用由10元增加到45元,医疗卫生服务功能进一步增强。城乡居民住房全面改善,建设城镇各类保障性住房44.4万户,人均住房面积33平方米,达到全国平均水平,百万人口圆了安居梦。50.2万户农牧民住房得到改善,人均住房面积扩大到29.2平方米,房屋质量和抗震性能大幅提升。11.3万户游牧民实现定居,藏区县城全部实现供暖。农牧区生活条件不断改善,饮水安全、生活用电、客运班车、普惠金融、邮政服务等实现全覆盖,162.4万群众喝上洁净水,65万无电人口用上可靠电,群众生产生活更加方便。民生保障正在向普惠型、质量型转变,各族群众获得感明显增强。

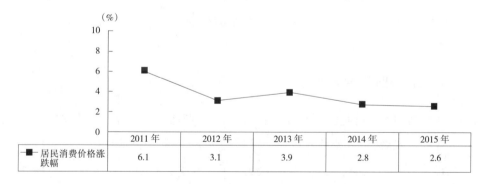

图13-5　2011—2015年居民消费价格涨跌幅度

资料来源:青海统计局网站

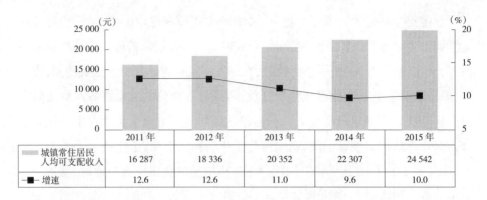

图 13-6 2011—2015 年城镇常住居民人均可支配收入及增速

资料来源：青海统计局网站

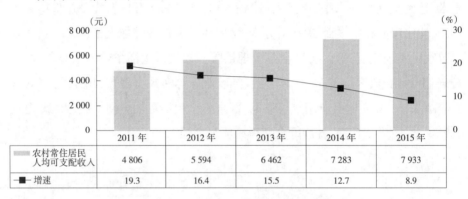

图 13-7 2011—2015 年农村常住居民人均可支配收入及增速

资料来源：青海统计局网站

五、结构调整取得新突破

产业结构不断优化，呈现一产稳、二产优、三产增的新态势。高原现代生态农牧业加快发展，十大特色农牧业产业带基本形成，河湟流域特色农牧业百里长廊形成规模，粮食产量连续 8 年稳定在百万吨，特色作物种植比重达到85%，全膜覆盖等新技术广泛运用，"菜篮子"工程成效显著，蔬菜生产自给率提高到 73.5%，牧区畜棚入户覆盖率达到 51.3%。草地生态畜牧业试验区建设取得新进展，建成全国重要的有机畜产品生产基地和最大的冷水鱼网箱养殖基地。新型经营主体发展壮大，农牧业特色化、规模化、产业化、品牌化水平明显提高。工业转型升级迈出实质性步伐，十大特色工业建设成效显著，高新技术产业占规模以上工业比重由 3.4% 提高到 6.2%,轻、重工业比由 7.9:92.1 调整为 16.4:83.6。新增油气储量 2.8 亿吨,千万吨级油田建设力度加大。淘汰落后产能 208 万吨,电解铝产能就地转化率达到 80%。三大园区要素集聚、规模生产和支撑作用显著增强,15 个重大产业集群正在形成,循环工业增加值占工业比重达到 60% 以上,资源转换取得重大进展。服务业发展水平明显提高,旅游业实现跨越发展,旅游人数和总收入累计达到 9 095 万人次、824.5 亿元,分别是上个 5 年的1.8 倍和 3.15 倍。金融业增加值占生产总值的比重达到 9%,成为支柱产业。城乡市场体系不断完善,青藏高原农副产品集散中心建成运营,新型商业模式和交易手段快速兴起,健康养老、信息消费发展迅速,新的增长动能加快形成。

六、区域城乡协调发展取得新突破

"四区两带一线"战略深入实施,主体功能区制度加快建立。区域发展更加协调,东部城市群加速崛起,"一核一带一圈"空间布局加快形成,成为兰西经济区的重要增长极和引领全省发展的先导区。西宁城市现代化进程加快,百公里绕城高速环线建成并免费通行,"外环内网"交通格局基本形成,城市功能更加完善,辐射带动作用持续增强。海东核心片区建设全面推进,产业园区发展取得明显突破。柴达木循环经济试验区建设初具规模,资源综合开发、产业耦合发展步伐加快。环湖地区生态旅游、现代生态畜牧业成效显著,青南地区生态保护与发展和谐共进。全省形成了各具特色、优势互补、竞相发展的生动格局。

城乡统筹加快推进,海东撤地建市,玉树撤县设市,城市建设进入布局优化、多点支撑的新阶段。推进户籍制度改革,5 年新增城镇户籍人口超百万,城镇化率达到 50.3%,全省一半人口过上城镇生活。启动实施"美丽城镇"和"美丽乡村"建设,全省 32 个城镇、近 1 500 个村庄面貌焕然一新。藏区发展步入快车道,累计完成投资 4 380 亿元,是"十一五"的 3.8 倍,一批重大基础设施、公共服务项目相继建成。支持果洛加快发展,实施青甘川交界地区平安与振兴工程,玉树灾后重建目标全面实现,成为全国藏区的标志性新城。5 年来,青海藏区面貌发生了历史性变化。

七、改革开放取得新突破

坚持统筹谋划,协调推进,全面深化改革。三大"国字号"改革破冰前行,加强生态文明制度改革顶层设计,具有青海特点的"四梁八柱"生态文明制度体系率先建立。司法体制改革试点任务基本完成,取得阶段性成效。医药卫生体制改革走在前列,市州县公立医院综合改革全面推进,分级诊疗、大病保险、先住院后结算等服务覆盖全省。简政放权与职能转变大力推进,政府机构改革顺利进行,累计取消和调整下放行政审批事项 496 项,全面取消非行政许可审批事项,取消和停征省级各类行政事业性收费,省和市州"两个清单"全面建立,成为保留行政审批事项最少的省份之一。大力推进"先照后证",提前实现"三证合一、一照一码",极大地激发了创新创业活力,全省登记各类市场主体28.9 万户,增加近一倍。农牧区综合改革稳步推进,集体林权改革全面完成,农村土地承包经营权确权登记、土地草场规范流转有序推进,农村集体产权制度、供销社综合改革、农牧民专业合作社创新等试点深入开展。财税改革纵深推进,出台深化财税体制改革总体方案,建立全口径政府预算管理体系,加大政府基金调入公共预算力度,盘活财政存量资金,加强政府债务管理。"营改增"改革积极推进,企业减负面达到 90%以上。投融资改革不断深化,完善金融组织体系和服务体系,发展新型金融业态,引进 7 家股份制银行,金融支撑发展的作用显著增强。修订政府核准投资项目目录,建立 PPP 项目库。同时,国资国企、价格改革和教育、文化、社会治理等领域改革同步跟进,改革红利不断释放。开放带动战略成效显著,与丝路沿线国家建立经贸文化交流合作新机制,"朋友圈"不断扩大。加快推进大通关建设,西宁国际航空口岸投入运营,开辟 4 条国际和地区航线,西宁机场旅客吞吐量突破 400 万人次,曹家堡保税物流中心全面建成。环湖赛、青洽会、清食展、藏毯展等重大经贸文化活动国际化、专业化水平明显提升。招商引资到位资金 2 433 亿元,进出口总额年均增长 19.9%,均比"十一五"翻一番。对口援青全面推进,经济、技术、智力等援助与合作成效显著。

第十四章　同步全面建成小康社会

　　"十二五"以来,面对错综复杂的国内外环境和艰巨繁重的改革发展稳定任务,青海省委、省政府坚定不移地贯彻党中央、国务院大政方针,吃透省情,把准方向,科学谋划,开拓进取,团结带领全省各族人民奋发有为,在攻坚克难中推动经济社会发展迈上了大台阶。特别是党的十八大以来,认真贯彻落实"四个全面"战略布局要求,主动适应引领新常态,奋力打造"三区"、全面建设小康,"十二五"规划确定的主要目标和任务胜利实现,在续写中国梦青海篇章的伟大实践中取得了新的阶段性重大成果。"十三五"时期(2016—2020 年),将进入全面建成小康社会决胜期、生态文明建设提升期、经济发展动能转换期、新型城镇化加速推进期、全面深化改革攻坚期和全面推进依法治省关键期。

第一节　"十三五"面临的发展环境

　　2016 年以来,世界经济在深度调整中曲折复苏,国际金融危机深层次影响在相当长的时期依然存在,外部环境不稳定、不确定因素增多。国内经济面对深刻的供给侧、结构性、体制性矛盾,经济减速还没触底,下行压力仍然较大。同时,新一轮科技革命和产业变革酝酿新突破,新产业、新业态不断成长。青海省发展也呈现出新的阶段性特征,发展环境既有有利因素也存在困难和挑战。

一、发展机遇和有利条件

　　国家坚持创新发展,不断推进理论、制度、科技、文化等各方面创新,更加注重提高发展的质量和效益,更加注重供给侧结构性改革,青海既面临全国经济保持中高速增长稳定带动机遇,更面临大力推进供需两侧结构性改革、全面调整优化结构的重大机遇,有条件通过艰苦努力,使全省经济跨上更有特色、质量更高、效益更好的发展轨道。

国家坚持协调发展,优先推进西部大开发,加大藏区支持和对口支援力度,重点支持西部地区基础设施、特色优势产业发展,将持续改善青海省发展条件,推进城乡协调发展和新型城镇化进程,培育新的增长极,不断增强自我发展的能力。

国家坚持绿色发展,将有效推动青海省全国生态文明示范区、国家循环经济发展先行区建设,加快构建生态文明新时代的空间格局、产业结构、生产方式和生活方式,构筑绿色低碳循环的先发优势和现代产业体系,开创生态美好、经济发展、百姓富裕的新局面。

国家坚持开放发展,完善对外开放战略布局,推进"一带一路"建设,使青海省由内陆腹地转向开放前沿,有利于其深度融入"一带一路"发展,加快对外贸易,扩大招商引资,构建全方位、多层次、高水平的开放型经济新体制。

国家坚持共享发展,将在增加公共服务供给、实施脱贫攻坚工程、提高教育质量、促进创业就业、缩小收入差距、健全保障制度、推进健康中国等方面采取一系列新举措,有利于青海省加快补短板、惠民生、实现基本公共服务均等化,促进各项民生事业加快发展,同步全面建成小康。

经过多年努力,青海省经济总量和实力不断提升,发展方式加快转变,新的增长动能正在孕育形成,自我发展能力明显增强,特别是通过多年探索实践,逐步形成了一整套适应新常态、引领新常态的理念、思路、举措,自我发展的内生动力明显增强,为未来发展奠定了坚实基础。

二、面临的挑战和困难

发展动能转换迫在眉睫。青海省在特色资源和低电价基础上发展起来的工业经济,在新常态下比较优势正在减弱,现有基础难以为快速增长做出更多贡献,产业结构层次不高、竞争力不强的问题凸显,结构不合理问题尚未得到根本扭转;省内新技术、新产业、新业态、新模式发展势头虽然较好,但体量小、占比低、牵动性弱,短期内还难以形成有效支撑,新旧动能"青黄不接"问题十分突出。

保护与发展的深层矛盾仍需破解。近年来青海省在生态保护和建设方面做了大量工作,取得了突出成就,但局部生态环境恶化趋势尚未得到根本扭转,生态环境保护和建设任务依然繁重。同时,受发展阶段、经济布局、产业结构等因素影响,人口、资源与环境矛盾依然突出,统筹生态保护、经济发展和民生改善仍需做大量艰苦工作。

推动协调发展面临新挑战。随着市场经济加快发展,各类要素加速向条件较好地区流动和集中,省内不同地区、不同功能区和城乡之间发展不均衡的矛盾将进一步加剧。在全面建成小康社会进程中,增加城乡居民收入、完成脱贫攻坚、提高公共服务质量和水平等任务也非常艰巨。

开放发展的基础和能力不足。全省尚有部分地区仍未开放,对外开放互联互通的基础薄弱,对外合作交流的层次不高、规模偏小,参与国际产业分工的企业、产品、人才等支撑能力不强。

保持社会和谐稳定面临新压力。经济转型期因利益调整引发的社会矛盾增多,去产能、去杠杆、去库存等过程中就业、金融风险等问题显现,对社会稳定形成新的压力。与此同时,反分裂斗争形势依然严峻,保持全省社会和谐稳定的任务依然艰巨。

综上所述,"十三五"时期,青海省发展机遇与挑战并存,压力与动力共生。要勇于正视困难,坚定信心,善抓机遇,奋发有为,进一步"调结构、转方式、增动力",全力推进,持久用功,力争用 3 至 5 年时间,度过转折关口,完成一场深刻变革,推动青海发展跃上一个新水平,开辟宽广的新境界。

第二节 "十三五"发展的基本原则与目标

认真落实"四个全面"战略布局,按照国家主体功能区规划,以生态保护优先理念协调推进经济社会发展,加快形成适应经济发展新常态的体制机制和发展方式,统筹推进经济、政治、文化、社会、生态文明建设和党的建设,确保如期全面建成小康社会,把青海建设得更加和谐美丽,是"十三五"青海发展的基本指导思想。

一、"十三五"发展的基本原则

推进"十三五"发展,必须坚持人民主体地位、坚持科学发展、坚持深化改革、坚持依法治国、坚持统筹国内国际两个大局、坚持党的领导,牢固树立创新、协调、绿色、开放、共享的发展理念。"六个坚持"是必须遵循的重大原则,五大发展理念是关乎发展全局的一场深刻变革, 是今后一个时期我国发展思路、发展方向、发展着力点的集中体现,要完整、系统、准确地贯穿于经济社会发展的各方面。

更加注重生态保护。必须坚持生态保护优先,把生态文明理念贯穿到经济社会发展中,着力打造绿色发展新优势,切实履行好维护国家生态安全的历史责任,服务中华民族长远利益,实现可持续发展。

更加注重转变方式。必须把握当今科技和产业变革方向,坚持走循环经济的发展路子,以创新为动力,加快推进结构调整,促进产业转型升级,全面提高质量和效益。

更加注重和谐稳定。必须坚持把维护祖国统一、加强民族团结作为着眼点和着力点,有效凝聚正能量,防范、化解和掌控各类社会风险,实现各民族共同团结奋斗和共同繁荣发展。

更加注重民生福祉。必须坚持以人民为中心的发展思想, 把改善民生、凝聚人心作为出发点和落脚点,着力解决群众的切身利益问题,使各族人民共享改革发展成果,切实增强发展的协调性。

更加注重改革开放。必须坚持以改革红利弥补区位劣势、以开放意识主动融入全球化发展潮流,坚持解放思想,坚持破除不合时宜的思想观念和体制机制障碍,不断增添发展动力和活力。

更加注重夯实基层。必须深入推进"基层组织、基础工作、基本能力"建设,坚持实行倾斜政策,不断攻克薄弱环节,进一步打牢党在多民族地区的执政根基。

二、"十三五"的发展目标

"十三五"时期,青海省经济社会发展总体要求是:实现"一个同步"、奋力建设"三区"、打造一个"高地"。即把握中央提出的标准与要求,确保到 2020 年与全国同步全面建成小康社会;构筑国家生态安全屏障,建设生态文明先行区;加快转变发展方式,建设循环经济发展先行区;突出改善民生凝聚人心,建设民族团结进步先进区;弘扬党的优良作风,铸就青海精神高地。今后 5 年,全面建成小康社会要在已确定目标要求的基础上,努力实现以下新的目标要求。

生态文明迈上新台阶。全面落实全国和青海省主体功能区规划要求,禁止开发区严守管制原则,限制开发区严守控制原则,重点开发区严守开发原则。生态保护与建设取得重大进展,环境质量不断改善,对维护国家生态安全的贡献更加凸显。资源循环利用体系初步建立,能源资源使用效率大幅提高,主要污染物排放得到合理控制,初步形成与生态文明新时代相适应的体制机制、空间格局、产业结构和生产生活方式,绿色发展达到全国先进水平。人们拥有天蓝、地绿、水净的美好家园。

经济保持中高速增长。主动适应和引领新常态,在提高发展平衡性、包容性和可持续性的基础上,到 2020 年,实现国内生产总值和城乡居民人均收入比 2011 年翻一番,人均国内生产总值和城乡居民人均收入与全国平均水平的相对差距有所缩小。财政金融支撑和引领作用不断优化,努力保持财政收入与经济增长同步,投资效率和企业效率明显上升,消费和出口对经济增长贡献率明显提高。高原现代农牧业产业体系初步形成,工业化和信息化融合发展水平大幅提升,服务业比重进一步加大。转型升级取得重大突破,新产业新业态不断培育,非公有制经济快速成长,经济发展向创新驱动发展迈出实质性步伐。

人民生活水平和质量明显提高。基础设施和公共服务设施更加完善,基本公共服务均等化达到全国平均水平。教育现代化取得重要进展,劳动年龄人口受教育年限明显增加。就业比较充分,社会保障提标扩面,医药卫生体制改革、免费教育覆盖面、养老保障水平、住房改善程度等民生工作继续靠前。中等收入群体人口比重上升,各族群众生产生活条件不断改善。国家现行标准下农牧区贫困人口实现脱贫,贫困县全部摘帽。

公民素质和社会文明程度显著提高。中国梦和社会主义核心价值观更加深入人心,爱国主义、集体主义、社会主义思想广泛弘扬,各民族共同团结奋斗、共同繁荣发展的思想基础更加牢固。尊重自然、崇尚科学的现代文明意识和向善向上、诚信互助的社会风尚更加浓厚,人民思想道德素质、科学文化素质、健康素质明显提高。公共文化服务体系基本建成,文化名省建设迈上新台阶。以"两弹一星"精神、"五个特别"的青藏高原精神、"人一之,我十之"的实干精神、玉树抗震救灾精神为代表的青海精神不断弘扬,成为推动经济社会发展的重要力量源泉。

社会智力水平进一步提升。依法治省取得积极成效,"关键少数"作用得到充分发挥,全社会法治意识和法治方式普遍树立。平安青海建设持续深化,重大决策社会稳定风险评估机制不断完善,各方面各层次利益诉求得到及时反映和协调,矛盾纠纷得到有效化解,各族群众的积极性和创造性充分发挥,正能量得到有效集聚。基层组织、基础工作、基本能力建设显著加强,寺院管理规范有序,治理体系进一步健全,社会更加和谐稳定,民族团结进步事业走在全国民族地区前列。

各方面制度更加成熟更加定型。重要领域、关键环节深化改革取得决定性成果,生态文明制度、医疗卫生体制和司法体制等改革成为全国试点示范,一批改革形成特色和亮点。各领域基础性制度体系基本形成,治理体系和治理能力现代化取得积极进展。人民民主不断扩大,法治政府建设不断深入,司法公信力明显提高。开放型经济新体制初步形成,经济社会发展活力竞相迸发。

表14-1 "十三五"青海经济社会发展规划主要指标

指　标	单位	2015年完成	"十三五"规划目标		指标属性
			2020年	年均增长(%)	
经济发展					
生产总值年均增速	(%)	10.8*	—	7.5	预期性
全员劳动生产率	(万元/人)	7.5	10.6	7.2	预期性
全社会固定资产投资年均增长	(%)	28.1*	—	10左右	预期性
常住人口城镇化率	(%)	50.3	60	—	预期性
服务业增加值占生产总值比重	(%)	41.4	45	—	预期性
非公有制经济比重	(%)	35	40	—	预期性
生态文明					
新增建设用地规模	(万亩)	[59]	控制在国家下达目标之内		约束性
森林覆盖率	(%)	6.3	7.5	—	约束性

续表

指　标	单位	2015年完成	"十三五"规划目标		指标属性
			2020年	年均增长（%）	
水体水质　三大河流干流出省断面水质		Ⅱ类	Ⅱ类及以上	—	约束性
湟水河出省断面水质达标率	（%）	83（Ⅳ类）	50（Ⅲ类）	—	
空气质量　主要城市细颗粒物（PM2.5）浓度下降	（%）	—	控制在国家下达目标之内		约束性
主要城市空气质量优良天数比例	（%）	—	80	—	
非化石能源生产比重	（%）	41	43	—	预期性
万元GDP用水量	（m）	123			
单位GDP能耗降低	（%）	［10］	控制在国家下达目标之内		约束性
单位GDP二氧化碳排放降低	（%）	［10］			
主要污染物排放总量	（万吨）	41			
民生福祉					
居民人均可支配收入	（元）	15 813	23 235	8	预期性
城镇新增就业人数	（万人）	［29］	［30］	—	预期性
高中阶段毛入学率	（%）	80	90	—	约束性
劳动年龄人口平均受教育年限	（年）	8.75	9.6	—	约束性
城乡居民基本养老保险参保率	（%）	95	98	—	约束性
城镇常住人口保障性住房建设	（万套）	—	［28.5］	—	约束性
农牧区危旧房改造及易地扶贫搬迁住房建设	（万套）	—	［25］	—	约束性
农牧区贫困人口脱贫	（万人）	—	［52］	—	约束性
人均期望寿命	（岁）	72	74	［2］	预期性
创新驱动					
高技术产业增加值占工业增加值比重	（%）	6.2	12	—	预期性
研究与试验发展经费投入强度	（%）	0.8	1.5	—	预期性
科技进步贡献率	（%）	50	55	—	预期性
互联网普及率	（%）	48.5	85	—	预期性

　　注：贫困人口按现行标准界定；主要污染物指化学需氧量、氨氮、二氧化硫、氮氧化物；［］表示五年累计数；*表示五年年均增长率；主要城市指地级市、州府所在地和格尔木市；农牧区危旧房改造及易地扶贫搬迁住房建设包括危旧房改造20万套，易地搬迁5万套；三大河流出省断面水质，2020年长江和澜沧江水质达到Ⅰ类、黄河水质达到Ⅱ类；高中阶段毛入学率含中等职业教育。

第十五章　蓬勃发展的民族地区经济社会

　　青海是个多民族聚居的省份,现有 54 个民族成分,据 2011 年青海省第六次人口普查统计,青海省各少数民族人口为 264.32 万人,占总人口 562.67 万人的 46.98%。5 个世居少数民族聚居区均实行区域自治,先后成立了 6 个自治州、7 个自治县,自治地方面积占全省 72 万平方公里总面积的 98%,区域自治地方的少数民族人口占全省少数民族人口的 81.55%。

　　改革开放 30 年来,尤其是"十二五"以来,青海民族地区经济社会实现了飞跃发展,城乡居民收入大幅度增加。其中,玉树州城镇常住居民人均可支配收入由 16 306 元增加到 25 655 元,年均增长 9.5%;农牧区常住居民人均可支配收入由 3 663 元增长到 5 565 元,年均增长 8.7%;果洛州城镇居民人均可支配收入年均增长 11.55%,达到 25 762 元,较 2010 年增收 10 846 元;农牧民人均纯收入年均增长 14.72%,达到 5 465 元,较 2010 年增收 2 715 元;海南州城镇和农村居民牧民人均纯收入年均分别增长 12.1% 和 14.3%,达到 24 025 元、8 737 元。海北州城镇居民人均可支配收入达到 24 606 元, 是 2010 年的 1.7 倍,年均增长11.2%;农村居民人均可支配收入达到 9 836 元,是 2010 年的 2.2 倍, 年均增长17.3%。黄南洲城乡居民可支配收入分别达到 24 407 元和 6 819 元,比 2010 年分别增加 9 804 元、3 787 元,年均分别增长 10.8% 和 17.6%。海西州 2015 年城镇常住居民人均可支配收入 25 419 元,比上年增长 9.6%;农村常住居民人均可支配收入 10 582 元,比上年增长 7.1%。

　　民族地区蓬勃发展的经济社会为青海的稳定和谐和长治久安奠定了坚实的物质基础。

第一节 民族概况、地区分布与经济生活

一、青海民族概况

青海是个多民族聚居的省份,历史悠久,文化灿烂。现有54个民族成分,据2011年青海省第六次人口普查统计,青海省各少数民族人口为264.32万人,占总人口562.67万人的46.98%。少数民族人口比例仅低于西藏和新疆,高于广西、内蒙古、宁夏回族自治区。青海的世居少数民族主要有藏族、回族、土族、撒拉族和蒙古族,其中土族和撒拉族为青海所独有。各少数民族中,藏族137.5万人,占总人口的24.44%;回族83.42万人,占总人口的14.83%;土族20.44万人,占总人口的3.63%;撒拉族10.7万人,占总人口的1.9%;蒙古族9.98万人,占总人口的1.77%;其他少数民族2.25万人,占总人口的0.4%。5个世居少数民族聚居区均实行区域自治,先后成立了6个自治州、7个自治县,其中有5个藏族自治州(玉树、果洛、海南、海北、黄南藏族自治州)、1个蒙古族藏族自治州(海西蒙古族藏族自治州),1个土族自治县 (互助土族自治县)、1个撒拉族自治县(循化撒拉族自治县)、2个回族自治县(化隆、门源回族自治县)、2个回族土族自治县(民和、大通回族土族自治县)、1个蒙古族自治县(河南蒙古族自治县)。自治地方面积占全省72万平方公里总面积的98%,区域自治地方的少数民族人口占全省少数民族人口的81.55%。此外作为民族区域自治的一种补充形式,全省还建立了34个民族乡,自2001年撤并乡建镇后,目前民族乡还剩28个。

二、少数民族地区分布

藏族是青海省少数民族中人数最多、分布较广的民族。主要聚居在玉树藏族自治州、海南藏族自治州、黄南藏族自治州、果洛藏族自治州、海北藏族自治州和海西蒙古族藏族自治州,在西宁地区和海东地区各县也有一些散居。藏族有本民族的语言和文字,文化遗产十分丰富,主要从事畜牧业和农业,信奉藏传佛教。

回族是青海省少数民族中人数较多、分布较广的民族。主要聚居在化隆回族自治县、门源回族自治县、大通回族土族自治县、民和回族土族自治县和西宁市城东区,其余散居在全省各地。在农村多从事农业生产,在城镇则从事商业或其他服务行业,信奉伊斯兰教。

蒙古族是一个有着悠久历史和灿烂文化的民族。主要聚居于黄南藏族自治州河南蒙古族自治县和海西蒙古族藏族自治州的乌兰、都兰、德令哈、格尔木。海北藏族自治州海晏县的托勒乡、哈勒景乡,刚察县的哈尔盖乡,祁连县的默勒乡、多隆乡、野牛沟,门源回族自治县的苏吉乡,海南藏族自治州共和县的倒淌河乡也有小片分布。西宁市和东部农业区也有少量散居。蒙古族有自己的语言和文字,信奉佛教。主要从事牧业生产。

土族是我国人口较少的一个少数民族。主要聚居在互助土族自治县、大通回族土族自治县、民和回族土族自治县、黄南藏族自治州同仁县、乐都县,其余散居于全省各地。他们有自己的语言和文字,一般信奉佛教,以农业生产为主。

撒拉族是我国人口较少的一个少数民族。主要聚居在循化撒拉族自治县和化隆回族自治县黄河谷地,以及甘肃省积石山保安族东乡族撒拉族自治县大河家乡一带。青海省的西宁市及黄南、海北、海西等州和甘肃省夏河县、新疆维吾尔自治区乌鲁木齐市、伊宁县等地亦有一定数量的撒拉族聚居。循化是撒拉族的发祥地,是撒拉族的主要聚居地。散居在各地的撒拉族都是由于历史上的种种原因,从循化县陆续迁去的,他们的生活习俗和语言服饰虽有不同程度的变化,但还没有失去自己的民族特性。撒拉族有自己的语言,但没有文字,信奉伊斯兰教。以从事农业生产为主。

其他少数民族有 2.25 万人,也是我们这个民族大家庭中的重要成员,分布在全省各地。各民族都有自己的风俗习惯、丰富多彩的文化艺术、传统的体育活动和宗教信仰。

三、经济生活

藏族。传统经济是畜牧业。早在藏族的先民时,他们的经济生活即从事狩猎、驯化野生动物和游牧畜牧业。作为以畜牧业为主的藏族,从事为畜牧业服务的种植业也有着悠久的历史。藏族先民的一支羌人,早在两汉时期即从采集过渡到种植农耕,在黄河上游的大、小榆谷开垦了大量的田地,并培植了高原寒冷地区的农作物青稞、粟豆等,还发明了"二牛抬杠"的耕作技术。从宋朝开始,定居青海东部农业区的藏族,由开初半农半牧逐渐过渡到以农为主,历经元、明、清、民国,直到现在,一直从事农业生产,其生产发展水平,与当地汉、回、土、撒拉等民族已完全一样。在农牧交错地区的藏族,有少数家庭从事农业生产或半农半牧。在牧区,只有少数牧户在畜牧间隙的草场谷地种植一些青稞、燕麦等作物,但其耕作极粗放,撒种后即让其自生自长,很少管理,成熟后将青稞或燕麦揉出颗粒炒熟,做成炒面自食。古代青海藏族从先民时候起,与内地商业贸易,都是采取以物易物的形式进行的,即以畜产品、猎获品和采集品以及手工艺品作为贡品或在官方指定的地方和规定的时间,换取所需的生产资料和生活必需品。根据史料记载,唐、宋、元、明、清时期,青海藏族同内地的商业贸易,主要分为贡赐贸易、茶马互市和民族民间贸易。

回族。回族是一个勤劳勇敢、富有智慧、善于经商的民族。青海回族的来源,最早可以追溯到唐朝,当时的回族先民主要从大食、波斯等国沿丝绸之路经商而来。现在西宁回族中哈、丁、穆、白等姓的祖先,据记载就是唐朝因经商而留居青海的阿拉伯、波斯人。宋朝,青海东部地区建立了以青唐城(今西宁市)为中心的唃厮啰政权,青唐城成为中亚、西域各地商人与内地进行贸易的重镇之一。《青唐录》记载:青唐城有"四统往来商贾之人数百家",这些商人主要是来自大食、波斯等地的穆斯林商人,其中少数侨居青海而不归的,自然成为青海回族的先民。13世纪初,蒙古西征后,从葱岭以西、黑海以东的信仰伊斯兰教的各民族地区,带回大批由当地人编成的"西域亲军"。这些"西域亲军"连同随军东来的工匠、商人、学者和宗教职业者及其家属被统称为"回回",他们伴随蒙古军进入河西和河湟一带后,或驻守,或从事屯聚牧养。1332年,元朝封速来蛮为西宁王,属下的大批西域亲军在社的编制下,随地入社,进行农垦。明朝时,由于政治、军事上的需要,在青海地区也积极推行"移民实边"政策,曾有数以万计的军户从各地移居青海。据《贵德县志稿》的记载,明时贵德"人有汉蒙番回之殊,俗分耕牧从猎之业"。随着近代商业在青海的兴起,以山陕商人为代表的民族商业资本,以天津商人及其在青海的代理商歇家为代表的买办商业资本和以马步芳家族各商号为代表的青海地方官僚商业资本在青海的角逐竞争,使许多外地回族商人落籍青海,从事商业活动。

蒙古族。畜牧业生产始终是青海蒙古族赖以生存发展的主要生产部门。蒙古族进入青海,即把青海看作是屯聚牧养、发展畜牧业的根据地,先后派宗室诸王率部进入青海屯聚牧养。农业生产一直比较粗放,没有大的进步。新中国成立后,在蒙古族聚居的柴达木地区,大块宜耕地得到开发,在这些地区的部分蒙古族牧民,由畜牧业转为农业生产。从合作化到人民公社时期,在畜牧业合作社、牧场和人民公社中,一般都建立了农业专业队,专门从事农业生产。由于国家在柴达木地区先后建立了一些农场,在这些农场的带动下,从事农业生产的蒙古族群众的生产技术有了很大提高,作物品种增加很多,而且较早地实现了机械耕作,农业生产有了很大发展。20 世纪 90 年代以来,柴达木地区的蒙古族群众,根据国家改善生态环境的要求,退耕还牧还林,将一部分耕地退出,种草种树,而保留的一部分农业,由于采取科学种田,精耕细作,选用粮油作物的优良品种,使这一部分农田成为优质高产农业。青海蒙古聚居的柴达木盆地是我国矿产资源、动植物资源的聚宝盆。许多矿产资源的品位、蕴藏量在我国居于首位。蒙元时期,蒙古族进入青海的柴达木地区后,即开始对柴达木的资源进行开发。历史上蒙古族曾经开发过的资源,从古代史籍记载青海蒙古商贸活动中销售的物资可知,主要有青盐、硼砂、火硝、铁制品、铅制品、沙金制品等。

撒拉族。撒拉族是一个勤劳勇敢、开拓进取的民族,是我们伟大祖国统一的多民族大家庭中的一个成员。主要聚居在青海省循化撒拉族自治县和化隆回族自治县黄河谷地,以及甘肃省积石山保安族东乡族撒拉族自治县大河家乡一带。撒拉族主要居住在黄河岸边的河谷地带, 是青海省的优良农业区之一。粮食作物以小麦、青稞为主,还播种豌豆、蚕豆、洋芋、玉米、荞麦、谷子;油料以油菜、胡麻为主。黄河沿岸川水地区,包括化隆县的甘都镇,甘肃省积石山县的大河家乡历来有间、套、复种的习惯,复种方法有玉米带田、点种洋芋、胡萝卜,复种小油菜、荞麦、白菜等。这些地区盛产瓜果,仅循化县有各类果树 75 万多株,素有"瓜果之乡"的美称。蔬菜有辣椒、菜瓜、瓜子、白菜、小、大蒜、韭菜等10多种。循化的土特产中苹果、花椒、辣椒以其色香、味美、优质而闻名于省内外。循化县东部和西南部山区分布着茂密的天然森林,面积有 68.57 万亩。孟达林区被誉为青海高原的西双版纳,是青海建立的第一个以野生植物为主的自然保护区。闻名省内外的孟达天池,就在自然保护区的大森林中,面积约 300 亩,周围风景秀丽。

土族。土族是我国人口较少的一个民族,土族主要聚居在青海省,为青海省 5 个世居的少数民族之一。土族分布的地区,地域辽阔,土沃水丰,物产丰富,海拔较高,气候类型复杂多样,是一片宜农、宜牧、宜林的肥沃土地。黄河、湟水谷地是青海省土族的主要聚居地区,这里分布有互助土族自治县、大通回族土族自治县、民和回族土族自治县和乐都县达拉土族乡。河湟谷地开发较早,加之这里土地肥沃,气候湿润,灌溉便利,适宜农作物生长和园艺作物栽培,现已成为青海省的商品粮生产基地;青海省黄南藏族自治州境内的土族,主要聚居于同仁县隆务河两岸,这里土地肥沃,是该县的主要产粮区。同时,这里也是闻名遐迩的“五屯艺术”(亦即“热贡艺术”)的故乡。土族地区的矿产资源十分丰富,现已查明的矿藏有金、铁、铜、镁、铅、石英岩、云母、石膏、煤、石油、石棉、芒硝等数十种。同时,土族地区有黄河、湟水、大通河(浩门河)、隆务河、庄浪河、洮河等河流,水利资源也较丰富,可开发建设大、中、小型水电站。此外,土族地区有广阔的森林资源、野生动物资源和药材资源。

第二节　民族地区经济社会发展指标

表 15-1　青海省 2009 年民族地区经济发展指标

指标	全省总计	自治州县合计	藏区合计
人口(户籍)(万人)			
年末人口	543.02	352.79	187.71
#少数民族人口	261.1	224.64	134.29
#藏族人口	131.04	121.02	105.86
农业人口	379.46	278.47	134.06
非农业人口	163.56	74.32	53.65
生产总值(亿元)	1 081.27	615.66	468.3
生产总值(当年价格)	1 081.27	615.66	468.30
第一产业	107.40	87.65	63.04

续表一

指标	全省总计	自治州县合计	藏区合计
第二产业	575.33	372.71	293.68
工业	470.33	309.54	245.11
第三产业	398.54	155.30	111.58
生产总值增长速度(%)	10.1	10.3	11.5
第一产业	5.0	5.0	4.4
第二产业	11.3	11.1	13.0
第三产业	9.8	11.3	11.5
人均生产总值(元)	19 454	17 485	24 458
人均生产总值增长速度(%)	9.6	8.5	8.9
农村、农业			
乡镇数(个)	366	309	220
村委会数(个)	4 163	3 056	1 645
乡村人口(万人)	372.02	272.32	133.56
乡村从业人员(万人)	197.30	140.90	67.52
按行业分			
农林牧渔业	121.46	94.55	55.31
工业	12.37	7.49	1.30
建筑业	24.56	14.52	3.95
交通仓储邮电通讯业	7.05	4.18	1.17
信息传输、计算机服务和软件业	0.32	0.18	0.02
批发与零售业	7.59	4.57	1.36
住宿与餐饮业	8.76	5.99	1.28
其他行业	15.18	9.43	3.14
通公路行政村数量(个)	3 947	840	1 458
通公路行政村比重(%)	94.8	92.9	88.6
通电行政村数量(个)	3 655	2 548	1137
通电行政村比重(%)	87.8	83.4	69.1
通电话行政村数量(个)	3 492	2 398	1 064
通电话行政村比重(%)	83.9	78.5	64.7
农用机械总动力合计(万千瓦)	400.73	280.01	131.73
化肥施用量(实物量)(吨)	210 686	135 499	54 679
农村用电量(万千瓦时)	3.78	2.67	1.21
农作物播种面积(千公顷)	514.06	406.68	199.18
粮食作物	275.73	190.76	80.72
油料作物	172.41	155.77	78.13

指标	全省总计	自治州县合计	藏区合计
当年造林面积(公顷)	140 659		
当年出栏牲畜头数(万头只)			
大牲畜	102.88	149.36	129.06
羊	585.52	685.08	601.57
猪	134.78	85.74	12.77
年末牲畜存栏头数			
大牲畜	480.66	472.35	427.01
羊	1 497.75	1 391.99	1 265.72
猪	109.77	63.94	10.04
主要产品产量(吨)			
粮食	1 027 000	742 560	2 97056
油料	366 000	289 929	1 15139
水果	14 575	11 853	4 633
水产品	827	616	605
猪肉	91 920	56 960	9 777
牛肉	81 000	120 501	97 467
羊肉	88 466	111 143	97 162
禽肉	5 260	3 394	252
奶类	267 841	300 890	230 761
山羊毛	805	947	776
绵羊毛	14 573	14 920	12 944
山羊绒	345	413	373
禽蛋	15 151	7 080	677
农林牧渔业总产值(万元)	1 572 984	1 236 310	818 460
农业增加值	1 073 958	876 534	630 384
工业、能源消耗			
规模以上工业企业			
单位数总计(个)	523	346	191
按经济类型分类			
国有经济及国有控股企业	137	103	73
中央企业	9	6	1
地方企业	514	340	190
集体经济	9	5	2
按轻重工业分			
轻工业	144	69	34

续表三

指标	全省总计	自治州县合计	藏区合计
重工业	379	277	157
按规模分			
大型企业	12	6	2
中型企业	71	45	23
小型企业	440	295	166
规模以上工业总产值(万元)	10 803 488	6 252 034	3 932 093
按经济类型分类			
国有经济及国有控股企业	6737414	3912425	2605543
中央企业	2 979 540	1 685 927	1 132 513
地方企业	7 823 949	4 566 107	2 799 579
集体经济	85 330	44 519	33 548
按轻重工业分			
轻工业	875 634	193 592	66 571
重工业	9 927 854	6 058 442	3 865 522
按规模分			
大型企业	5 500 186	2 890 083	1 855 828
中型企业	2 879 117	2 012 455	1 183 218
小型企业	2 424 185	1 349 496	893 046
规模以上工业增加值(万元)	4 245 091	2 836 231	2 091 744
按经济类型分类			
国有经济及国有控股企业	2 683 772	1 916 423	1 502 717
中央企业	1 063 997	956 209	785 770
地方企业	3 181 093	1 880 022	1 305 974
集体经济	36 842	22 974	1 372
按轻重工业分			
轻工业	352 714	66 359	19 858
重工业	3 892 377	2 769 871	2 071 886
按规模分			
大型企业	2 202 378	1503677	1175901
中型企业	1 054 329	751912	482991
小型企业	988 383	580642	432852
规上工业企业主要经济指标			
企业单位数(个)	523	346	191
亏损企业	178	123	62
工业总产值(当年价)(万元)	10 803 488	6 252 034	3 932 093

续表四

指标	全省总计	自治州县合计	藏区合计
工业增加值(当年价)(万元)	4 245 091	2 836 231	2 091 744
工业销售产值(当年价)(万元)	10 373 146	5 904 336	3 563 885
年平均从业人数(人)	177 951	10 5517	56 154
资产总计(万元)	25 255 590	13 569 427	9 535 504
流动资产合计(万元)	6 997 007	4 753 357	3 493 786
固定资产原值总计(万元)	15 751 167	7 717 071	5 097 747
固定资产净值(万元)	11 043 963	5 483 194	3 645 114
主营业务收入(万元)	10 923 149	5 783 474	3 243 149
营业利润(万元)	892 281	806 187	761 468
利润总额(万元)	1 000 202	899 320	843 303
亏损企业亏损额	142 189	89 880	47 017
应交所得税(万元)	157 885	136 728	122 086
主要工业产品产量			
原煤(万吨)	1 284	1 284	1 207
原油(万吨)	186	186	186
天然气(万立方米)	430 697	43 0697	430 697
原盐(万吨)	71	71	71
水泥(万吨)	609	469	57
钢(万吨)	125		
发电量(万千瓦时)	3 605 402	3 605 402	2 884 322
农用化肥(折纯)(吨)	4 734 466	4 734 466	4 734 466
规模以上工业综合能源消费量(万吨标准煤)	1207.84		419.22
规模以上工业综合能源消费量比上年增长(%)	0.50		2.98
规模以上工业单位增加值能耗(吨标准煤／万元)	2.9365		2.2830
规模以上工业单位增加值能耗比上年增长(%)	−9.46		−4.64
固定资产投资			
全社会固定资产投资完成额(万元)	8 005 110	3 258 715	2 651 033
按资金来源分			
#国家预算内资金	1 304 515	902 418	758 127
国内贷款	1 488 703	606 644	544 185
利用外资	84 415	6 724	6 724
自筹资金	3 872 639	1 943 711	1 590 036
其他资金来源	1 256 937	876 109	788 360
按区域划分的投资完成情况			
城镇固定资产投资	6 913 608	2 633 997	2 291 105

续表五

指标	全省总计	自治州县合计	藏区合计
房地产开发投资	728 499	65 941	30 433
住宅	545 720	55 328	24 364
农村固定资产投资	1 091 502	624 718	359 928
城镇新增固定资产	2 88 5491	1 547 514	1 267 314
贸易、旅游			
社会消费品零售总额（万元）	3 004 652	949 678	664 164
#市的零售	2 137 732	283 554	283 554
县的零售	572 168	445900	277 947
县以下的零售	294 751.2	220 223.6	102 662.6
#批发、零售贸易业	2 493 721.30	730 015.40	512 240.40
餐饮业	470 209.50	201 429.40	140 116.40
其他	40 720.8	18 232.8	11 806.8
旅游人数（人）	1109	786	394
旅游总收入（万元）	601 500	133 000	88 300
星级饭店个数（个）	119	67	55
星级饭店客房总数（间）	10 891	4 199	3 705
名胜风景区和文物保护区个数（个）	53	38	28
劳动就业、社会保障			
城镇单位就业人员	50.63	24.91	17.11
年末人数合计（万人）			
国有经济单位	36.77	18.79	14.43
城镇集体经济单位	1.83	0.68	0.28
其他各种经济类型单位	12.03	5.44	2.40
单位就业人员年平均人数合计（万人）	50.37	24.65	16.95
国有经济单位	36.47	18.64	14.32
城镇集体经济单位	1.83	0.66	0.27
其他各种经济类型单位	12.07	5.35	2.36
单位就业人员	1 636 137.7	878 186.0	651 642.0
劳动报酬合计（万元）			
国有经济单位	1 364 366.8	744 168.9	588 645.2
城镇集体经济单位	32 525.1	12 865.2	6 576.4
其他各种经济类型单位	239 245.8	121 151.9	56 420.4
农村居民最低生活保障人数（人）	380 000	257 840	152 190
城镇居民最低生活保障人数（人）	220 595	129 373	10 5210

续表六

指标	全省总计	自治州县合计	藏区合计
城镇职工医疗保险参保人数(人)	756 857		192 150
农村新型合作医疗参合人数(人)	3 342 953	2 129 822	1 208 471
财政、金融(万元)			
财政总收入	5 974 197	1 834 702	1 367 804
其中:转移性收入	2 187 597	810 683	6 07 035
地方财政一般预算收入	877381	355167	304470
财政总支出	4 870 165	1 808 886	1 342 392
一般预算支出	4 867 457	1 808 886	1 342 392
#农业支出	578 489	258 863	162 049
教育支出	618 159	337 966	235 522
金融机构各项存款	17 857 812	4 767 678	3 599 454
金融机构各项贷款	13 990 177	2 531 360	1 853 380
城乡储蓄存款年末余额	7 112 860	2 252 306	1 549 186
城乡居民收入(元)			
城镇居民人均可支配收入	12 691.85	13 207.46	13207.46
城镇居民人均消费性支出	8 786.52	9 566.63	9 566.63
食品支出	3 548.85	3 876.09	3 876.09
农牧民人均纯收入	3 346.15	3 658.85	3 281.23
农牧民人均消费性支出	3 243.60	3 095.31	2 701.68
食品支出	1 234.20	1 369.81	1 414.81
教育、文化、卫生			
普通中学数(个)	449		161
小学数(个)	2 047		707
普通中学专任教师数(人)	21 308		5 887
小学专任教师数(人)	26 794		10 973
普通中学在校学生数(人)	322 666		108 430
小学在校学生数(人)	533 255		232 220
学龄儿童入学率(%)	99.52		99.28
初中毕业生升学率(%)	85.92		62.94
双语教育在校生数(人)	194 251		184 086
体育场馆数(个)	9		2
剧场、影剧院数(个)	21		14
公共图书馆图书总藏书量(万册)	4 123		1 448
电视节目人口综合覆盖率(%)	94.3		87.1
广播节目人口综合覆盖率(%)	88.9		80.9

续表七

指标	全省总计	自治州县合计	藏区合计
医院、卫生院数(个)	535		308
医院、卫生院床位数(张)	17 973		3 529
医院、卫生院卫生技术人员数(人)	17 894		5 210
其中:医生	7 242		2 318
卫生防疫人员数(人)	1 470.00		861
5 岁以下儿童死亡率(‰)	19.72		24.07
婴儿死亡率(‰)	17.17		21.39
市政公用事业			
城镇居民人均住房建筑面积(平方米)	25.80		
农牧民人均居住面积(平方米)	20.28		17.35
城市天然气供气量(万立方米)	152 572		102 497
城乡生活用电量(万千瓦时)	126 816		22 917
市政道路长度(公里)	1 460.5		733.3
人均拥有道路面积(平方米)	11.08		20.27
城市园林绿地面积(平方米)	5 093		1 647
人均公共绿地面积(公顷)	6.4		3.7

资料来源:青海省民族宗教事务委员会网站

第三节　蓬勃发展的民族地区经济社会

一、"十二五"玉树州经济社会发展变化

"十二五"期间,玉树州地区生产总值由 2010 年的 31.9 亿元增加到 2015 年的 60.55 亿元,年均增长 13.7%。全社会固定资产投资累计完成 519 亿元,是"十一五"时期的 5.3 倍;城镇常住居民人均可支配收入由 16 306 元增加到25 655 元,年均增长 9.5%;农牧区常住居民人均可支配收入由 3 663 元增长到5 565 元,年均增长 8.7%。地方公共财政预算收入由 6 398 万元增加到 5.24 亿元,年均增长 44.3%。财政总支出由 32.5 亿元增加到 79.6 亿元,年均增长30.6%。社会消费品零售总额由 3.4 亿元增加到 10.17 亿元。

"十二五"期间,玉树州全面完成了308、309、312省道改建工程。新建和改建县乡村公路35条共2 045公里,通寺院公路120条1 423公里,建成便民桥梁153座。完成330千伏大电网进玉树、六市县110千伏电网联网等重大电力建设。全州发电容量和电源规模达到33.95兆瓦以上。修建光伏电站286座,边远农牧区的生活用电基本得到解决。共解决29万人、124万头(只)牲畜的安全饮水问题。通信网络基本实现乡镇以上全覆盖。

"十二五"期末,玉树州三次产业比重由56:23:21调整为43:39:18,产业结构渐趋合理。高原现代畜牧业恢复性发展,农牧业特色化、规模化、产业化、品牌化水平正在起步。整合农牧业资源,发展合作经济组织达237个。培育发展民族手工业、农畜产品加工业、商贸物流和饮食服务业,推动劳务经济发展。商贸旅游服务"节会"成效初步显现。累计接待游客150万人次,旅游收入达到7.03亿元。

"十二五"期间,玉树州全面完成三江源生态保护与建设一期工程,启动实施"二期"工程建设。共完成草原禁牧6 050万亩,减畜215.5万只;灭鼠7 778万亩,黑土滩治理293万亩,生态移民6 535户、33 012人;封山育林230万亩,森林覆盖率达到3.1%,草原植被覆盖度平均提高11.6个百分点。

"十二五"期间,玉树州累计投入民生资金229.1亿元,由2010年的23.7亿元增加到57.12亿元。城镇就业累计新增7 833人,安置高校毕业生5 561名,累计转移农牧区劳动力就业5万人次,解决公益性岗位和零就业家庭就业2 575人,新农合参保率达到98%以上,养老、医疗保险实现全覆盖。累计投入教育资金37.9亿元,年均增长10%,"两基"攻坚通过国家验收。建立了三级综合医疗卫生服务体系,应对突发性公共卫生事件和预防控制重大传染性疾病的能力增强。建成各类保障性住房33 709套,建成27 118户牧民安居工程。累计解决7.19万人的温饱和脱贫问题。

"十二五"期间,玉树深化重点领域的改革,行政体制改革顺利进行,财税改革农牧区综合改革纵深推进,基本完成医药卫生体制改革,集体林权制度改革试点取得成功。建立了与北京市及国家有关部委对口支援工作机制,落实对口援助资金11.22亿元。招商引资、项目推介、宣传玉树活动富有成效。建立了维稳和治安工作领导责任、基层网络、边界联防、治安防控等长效机制,不断夯实社会治安综合治理和反分裂反渗透的基础。政府自身建设取得新进步,平安玉树建设成效明显,社会大局和谐稳定。

"十二五"期间,在党中央、国务院的关怀和青海省委、省政府的坚强领导下,通过全国人民的无私援助,几万建设大军和全州广大干部群众共同奋斗,玉树战胜了地震灾难,全面实现了灾后重建规划目标,完成了重建家园的光荣使命。共建成城乡住房、公共服务、基础设施、特色产业、和谐家园五大类1 248项重建项目,累计完成投资447.54亿元。

二、"十二五"果洛州经济社会发展变化

果洛全州地区生产总值由2010年末的20.43亿元增加到2015年末的35.66亿元,年均增长10.44%。人均地区生产总值由12 547元增加到18 089元,年均增长7.59%。全州地方公共财政预算收入由0.85亿元增加到4.04亿元,年均增长36.69%,支出结构不断优化,财政支出实现了由"保工资、保运转"向"保民生、保发展"的重要转变。"十二五"期间,累计完成固定资产投资达236.32亿元,年均增长32.74%,超"十二五"规划目标87.32亿元。城镇居民人均可支配收入年均增长11.55%,达到25 762元,较2010年增收10 846元;农牧民人均纯收入年均增长14.72%,达到5 465元,较2010年增收2 715元。社会消费品零售总额由2.67亿元增加到5.28亿元,年均增长14.53%;全州共登记各类市场主体6 392户,注册资金25.7亿元,从业人员达1.6万人,消费市场日趋活跃。政府平价补助得到落实,全州居民消费价格总体水平控制在3.4%以内。

"十二五"期间,果洛累计投资66亿元,推进实施三江源生态保护建设一期、二期规划以及退牧还草、森林资源保护、水利建设等一大批生态保护建设项目,生态环境持续恶化的势头得到有效遏制,生态环境趋于良性循环。"十二五"期间,累计投入草原生态直补资金18.08亿元,全州14多万农牧民群众人均受益1.3万元,初步实现了生态保护和群众增收双赢目标。中小河流治理、农村饮水安全、水土保持、山洪地质灾害防治、小型农田水利、砂金砂石过采区环境恢复治理、旅游景区、交通沿线和农村环境连片整治成效显著,全州各监测点地表水二类水质实现全部达标,农牧区环境脏乱差的现状得到有效遏制。

"十二五"固定资产投资额度、项目总数较"十一五"均实现总量翻番,一大

批事关果洛长远发展的重点项目陆续开工,基础设施建设实现新跨越。交通建设提速,果洛民用机场实现校飞,花久高速即将建成通车,"二纵三横"交通网络日臻完善,"十二五"末,全州公路通车里程达 10 200 公里。98%的乡镇、30%的行政村、85%的寺院通油路或水泥路,30%的合作社通砂路,68%的乡镇建成汽车站。能源建设增效,实现了 110 千伏双回路供电,新增 5 座 35 千伏变电站,用电保障能力进一步提升。投资 8.3 亿元实施了网内三县农村电网和线路升级改造工程,解决了偏远无电地区 3 561 户约 17 000 人的用电问题。积极推进总投资 25.5 亿元的网外三县与青海主网联网工程,无电地区用电问题大幅改善;有效实施"金太阳示范工程",积极推动玛尔挡、格曲河电站建设,能源开发步伐明显加快。信息化建设扩容,大力推进"智慧城市、宽带果洛"建设,5 年来,累计完成投资 9 亿元,建成光缆总长 5 520 公里,电信业务总量实现 1.69 亿元,电话交换率容量达到 13 000 门,建成 383 个移动基站,光纤入户达到 7 900 户,通讯基础设施进一步加强。全州 32 个空白乡镇邮政局所全部运营, 邮政服务网点实现全覆盖。电子商务、互联网 + 等新兴业态活力初显。全州 44 个乡镇全部实现了金融服务全覆盖。

"十二五"期间, 三次产业比例由 2010 年的 21.54:41.7:36.76 转变为 2015 年的 16.48:38.37:45.15,第三产业首次超过第二产业,实现了历史性跨越。畜牧业抗灾能力明显增强,高原生态畜牧业规模化、专业化、产业化经营模式扎实推进,生态畜牧业合作经济组织覆盖全州。加大品牌培育,"果洛大黄""果洛蕨麻""久治牦牛""甘德牦牛""玛多藏羊"等 5 种农畜产品获得国家农业部地理标志认证; 甘德县 1 010 万亩草场和久治县 22 种牦牛产品分别获得农业部有机基地认证和产品认证。班玛藏茶种植规模达到 1 万亩,本土特色产品市场占有份额逐年递增。三江源有机产业园区建设稳步推进,已有 10 家企业签约入驻。旅游业发展迅速, 已建成两个 4A 级景区、13 个 3A 级景区,"两山两湖一沟一长廊"特色旅游多点开花、享誉度明显提升。"十二五"累计接待旅游人数 128.77 万人次,旅游总收入达 7.37 亿元,年均分别增长 18.14%和27.34%,高原特色旅游业已成为发展新亮点。

"十二五"末,城镇化率(户籍)达到 31.5%。实施了新牧区建设规划,完成了"千村建设、百村示范村"改造项目,建成了 12 个党政军企共建村和 4 个"美丽城镇"、28 个"高原美丽乡村",城乡人居环境明显改善。完成各类城镇住房建设 15 510 套及配套设施建设,城镇人均住房面积达到 25.3 平方米,大力实施农村奖励性住房、农村困难群众危房改造和游牧民定居工程,农牧民定居率达到 75%,城乡住房逐步实现了从"有房住"到"住好房"的历史性转变。

"十二五"期间,州财政每年用于民生投入达到 70%以上。启动实施了教育 "八大工程",大力实施标准化学校建设项目,全州各级各类学校的办学条件得到显著改善,义务教育均衡发展取得阶段性成果。"十二五"末,全州学前教育入园率达 60.5%,适龄少年毛入学率达到 91%,义务教育巩固率达到 93.5%,高中阶段毛入学率达 55.8%以上,师资素质、教学质量有了显著提高。全力推进了州、县、乡、村医疗卫生机构基础设施设备标准化建设,实施了全州卫生计生专业技术人员素质提升、医疗卫生服务机构达标和地方病、传染病及重大疾病防治等四大工程建设,全州医疗卫生整体水平大幅度提高,牧民群众健康水平获得有力保障。高度重视计划生育工作,人口自然增长率控制在 11.5‰。5 年累计新增就业 4 960 人,农牧区富余劳动力转移就业 67 865 人次,高校毕业生累计就业 3 538 人,城镇登记失业率控制在 3.5%以内,就业创业得到加强。建立完善了以城乡最低生活保障为主体、临时救济和社会救助为补充、优惠政策为辅助、社区组织为依托的社会救助保障体系。城镇职工医疗保险、工伤保险、失业保险实现全覆盖,生育保险、城乡居民养老保险参保率达 99%,新农合参合率达99.47%。格萨尔文化(果洛)生态保护实验区获批建设,建成了果洛格萨尔(狮龙宫殿)非物质文化遗产传习基地等一批文化项目,公共文化设施覆盖面有效扩大,文化遗产保护得到加强。实施了 38 008 户直播卫星"户户通""村村通"及 4 654 套广播电视进寺院工程,广播、电视综合人口覆盖率提高到 2015 年的97.33%和 98.25%。巩固和加强"四位一体"扶贫工作机制,实施各类扶贫项目,受益人口 10.94 万人,贫困人口人均收入达 2 460.3 元,较 2010 年增长 961.32元,年均增长 13.27%,超扶贫规划任务5.27%。贫困发生率从 2010 年末的 47.63%下降到 2015 年末的 22.49%。

三、"十二五"海南州经济社会发展变化

2015 年底,海南全州实现地区生产总值 140.2 亿元,实现公共财政预算收

入 9.8 亿元,年均增速分别达到 11% 和 26%。三次产业结构由 2010 年的27:44:29 调整为 2015 年 22:50:28。农牧业 5 个示范园区基础建设和体系建设初具规模,培育评定农牧业产业化龙头企业 46 家,建成规模养殖场区 312 个,组建各类专业合作组织 843 个、家庭农牧场 159 个。农牧业规模化、集约化、产业化发展水平进一步提高。认真实施企业产能倍增计划,全力推进工业经济提速升级。积极推进恰卜恰绿色产业、海南光伏发电、兴海有色金属、贵德文旅商贸产业四大园区建设,全州工业增加值年均增长 13.8%,特别是新型绿色产业的发展迅速,海南生态光伏园区成为全国首个千万千瓦级生态光伏发电园,光伏和风能发电总装机容量分别达 3 225 兆瓦和 247.5 兆瓦,实现并网发电 2 495 兆瓦和 113 兆瓦,海南州被评为全国第一批新能源示范城市。旅游产业蓬勃发展,加快贵德旅游综合开发示范区转型提质,龙羊湖新景区建设取得突破性进展,青海湖、龙羊峡、贵德风景名胜区一体化文化旅游圈基本形成。成功举办了国际环湖自行车赛、高原汽车摩托车越野拉力赛等重大赛事,旅游业呈现快速发展、品牌发力、消费向好的新亮点。接待国内外游客人数达到 476 万人次,年均增长 40.5%,旅游收入达到 13.09 亿元,年均增长 70%,创历史新高。现代服务业加速发展,"智慧海南"工程全面启动,现代物流、信息服务有序发展,金融支持作用更加明显。2015 年全州完成社会消费品零售总额达 24.73 亿元,年均增长 14.5%。

"十二五"期间,海南州全社会固定资产投资累计达到 750 亿元,是"十一五"投资总量的 2.8 倍,年均增长 27.4%。重点项目扎实推进,支撑作用进一步增强。实施重点水利工程 774 项,改善灌溉面积 25.94 万亩,解决 25.35 万人、339.7 万头(只)牲畜的饮水安全问题。总投资 8.4 亿元的拉西瓦灌溉工程、马什格羊、日干水库二期、尕干水库等标志性水利工程相继开工。实施州县乡干道和尕玛羊曲、唐乃亥黄河特大桥等重大交通项目,全州公路通达里程 11 385 公里,新增 2 222 公里,以州府恰卜恰为中心,通达县、乡镇和村的公路网络初步形成。实施完成了共和县恰卜恰镇、贵德县天然气管网通达工程。投资结构进一步优化,2015 年完成第一产业投资 20.82 亿元、第二产业投资 148.89 亿元、第三产业投资 62.35 亿元,分别占全社会固定资产投资的 9%、64.2% 和 26.8%,呈现出产业投资占比提高、投资主体多元化、投资效益不断提升的新局面。

"十二五"以来,海南州累计完成生态投资 37.5 亿元,较"十一五"增长4.6

倍,共治理草场退化 3 746 万亩、水土流失 40 万亩,完成人工造林 70 万亩、封山育林 150 万亩,全面实施了三江源自然保护区工程、生态畜牧业国家可持续发展实验区建设、青海湖流域生态综合治理、太阳能光伏新型清洁能源开发基地建设、龙羊峡库区国家良好湖泊生态环境保护治理、河道矿山综合治理、"三北"防护林、天然林保护、退耕还林等重点生态环境建设项目。节能减排扎实推进,加快淘汰落后产能,认真开展环境执法检查,切实加强城乡环境综合整治,生态恶化趋势得到初步遏制,局部地区生态环境明显改善。集中式饮用水源地水质达标率 100%,黄河干流出州境断面水质保持在 Ⅱ 类以上,五县县城所在地生活污水处理率达到 70%,生活垃圾无害化处理率达到 90%,二氧化硫、化学需氧量、氨氮、氮氧化物等主要污染物排放量控制在省下达指标以内。

"十二五"期间,海南州安排民生领域资金累计达 313.65 亿元,比"十一五"增长 3.03 倍,有效提升了民生保障水平。大力推进社会创业就业,累计培训各类失业人员 6 640 人次,实现城镇新增就业再就业 18 672 人,城镇登记失业率控制在 3.3%以内。累计农牧区劳动力转移就业技能培训 3.41 万人次,实现农牧区劳动力转移就业 35.39 万人次,劳务收入达 15.22 亿元。社会保障水平不断提升,全面落实养老、医疗、失业保险、城乡低保、高龄补贴等 11 项民生调标政策,全州 6.4 万城乡低保对象基本生活得到有效保障。大力实施教育优先战略,中小学布局调整任务全面完成,学校布局进一步优化,办学条件明显改善;义务教育均衡发展,共和、贵德、贵南、兴海县全面实现县域义务教育基本均衡目标;"双语"教学体系进一步完善,学前教育、基础教育、职业教育得到持续快速发展,办学效益明显提高。积极探索异地办学新模式,异地中职班累计招生 1 500余人,异地民族高中班累计完成招生 400 人。医疗卫生事业健康发展,农牧区卫生医疗、预防、保健三级网络基本建立,推进和完善公立医院综合改革,在州、县、乡(镇)三级公立医疗机构和民营医院全面推行"先住院后结算"服务新模式,全州 428 个村级卫生室全面达标,四级医疗卫生基础设施、诊疗设备、网络体系不断完善,全州医药卫生体制改革和城乡医疗卫生服务能力位居全省前列。文化体育事业加快发展,州图书馆及共和、贵德县图书馆全面建成,州、县、乡(镇)、村四级公共文化服务体系不断完善,广播电视综合人口覆盖率分别达到 93%和 95%;民族传统文化深度开发,海南州和贵南县分别被授予"中国藏绣艺术之乡""中国藏绣生产基地"。创新精准扶贫新机制,深入实施"1339"扶贫攻坚计划,积极推进扶贫转型,精心组织整村推进、产业扶贫、异地扶贫、库区移民安置等项目建设,尤其是同德特殊类型集中三年扶贫成效显著。"十二五"期间全州完成专项扶贫开发投资总额 10.34 亿元,贫困人口由 2010 年的 11.6 万人下降到 5.3 万人;同德县特殊类型三年扶贫攻坚工程完成投资 40.2 亿元,兴海县南部三乡扶贫攻坚工程完成投资 7.14 亿元、共和、贵德、贵南县 7 个乡镇39 村三年扶贫攻坚工程已完成投资 2.9 亿元。

"十二五"期间,海南州以恰卜恰为主的 14 个重点城镇、新城区开发和老城区改善全面建成,城镇化水平大幅提升,有力促进了生产要素集聚、城乡居民增收和社会进步。全州城镇化率由 2010 年的 28.5% 提高到 2015 年的 45.43%。累计建成城乡保障性住房 10.9 万套(其中城镇保障房 4.45 万套、游牧民定居工程1.24 万户、农村危房改造 3.37 万户、奖励性住房 1.84 万户),大部分农牧民和城镇居民住上了新居。城镇基础设施建设不断完善,恰卜恰城镇供水一期工程、五县县城城镇污水管网、道路扩建、街道整治和共和、贵德天然气输送等项目稳步实施。完成 147 个"百企联百村""党政军企共建"、美丽乡村和 3 个高原美丽城镇建设任务,投资总额达 21.56 亿元,共有 10.6 万名群众受益,设施完善、环境优美、特色鲜明、产业发展、安居乐业的社会主义新农村新面貌初步形成。城乡居民收入增速明显,城镇和农村居民牧民人均纯收入年均分别增长 12.1%和14.3%,达到 24 025 元、8 737 元。

四、"十二五"海北州经济社会发展变化

"十二五"期间,海北全州生产总值达到 95 亿元,是 2010 年的 1.8 倍,年均增长 13%,高于全省平均发展速度。人均地区生产总值达到 32 060 元,是 2010年的 1.7 倍,达到全省平均水平的 77%。全州地方公共财政预算收入 6.6 亿元,是 2010 年的 2.95 倍,年均增长 24.2%。累计完成州县属固定资产投资 460 亿元,是"十一五"累计投资的 3.8 倍,年均增长 26.1%,超规划目标 1.8 个百分点。社会消费品零售总额达到 18.9 亿元,是 2010 年的 2 倍,年均增长14.9%。城镇化率达到 50.6%,5 年内累计新增城镇人口 7.3 万人。城镇居民人均可支配收入达到 24 606 元,是 2010 年的 1.7 倍,年均增长 11.2%;农村居民人均可支配收

入达到 9 836 元,是 2010 年的 2.2 倍,年均增长 17.3%。

"十二五"期间,海北三次产业比重由 2010 年 19.1:50.42:30.48,调整为 2015 年的 17.9:45.3:36.8,初步形成了以高原现代农牧业、煤炭产业、新能源、农畜产品加工、高原旅游业齐头并进的特色产业发展格局,农牧稳州、工业强州、文化旅游活州的产业体系基本形成。农牧业综合生产能力不断提高,开启了门源、海晏国家农业示范区和祁连、刚察省级农业示范区建设,扎实推进 77 个牧业村示范点建设,实施了石头峡、新塘曲等大中型灌区和小型农田水利建设,全面完成海北高原现代生态畜牧业示范区建设任务,蔬菜种植面积达到 8 000 亩以上,牛羊肉产量为 4.8 万吨,奶类产量 4.4 万吨,草场、耕地、牲畜集约经营面积均达到 2/3 以上,通过省级认定的规模养殖场达到 90 家,农牧业机械化水平达到 49%,成为全省农牧民合作经济组织发展最好的地区之一,"亿达肉食品""兴农蜂业"等多个农畜产品成为全省知名品牌,高原现代生态农牧业迈向了更高层次的发展阶段。新型工业化进程明显加快。"十二五"时期,全州工业项目累计完成投资 160 亿元,工业增加值年均增长 18.8%,工业总量持续增长,优势产业不断壮大,特别是新能源、新材料等产业发展迅猛,基本形成农畜产品加工、矿产资源开发、金属矿采选冶、新材料、新能源等五大优势产业,轻工业占比达到 11.3%,工业结构逐步由主要依靠资源开发向高技术产业、新型产业转变。刚察县(省级)热水煤炭产业园区、门源县山东海北生物园区为龙头、海晏县红河湾生态工业集中发展区、祁连县生态工业集中发展区建设加快推进,工业园区增加值占到全州工业增加值的 25% 以上,带动工业发展的作用逐步显现。海晏县天瑞集团铝基一体化项目、青海祁连鸿福矿业两个项目落地,为海北新型工业化发展探索了新模式,开拓了新思路。现代服务业蓬勃发展。以生态旅游业为龙头,带动服务业的整体快速发展,服务业年均增速达到 11.9%。"大美青海、梦幻海北"品牌影响力逐步扩大,门源百里油菜花海、祁连草原风光、刚察高原海滨藏城、"原子城"红色旅游已成为全国知名的旅游品牌,东方瑞士水世界、达玉部落民俗文化旅游区、岗什卡登山滑雪基地、高原海滨藏城等一批景区提升标志性工程顺利推进,金银滩原子城景区一体化管理改革全面启动,星级酒店覆盖全州重点城镇,"十二五"期间全州旅游综合收入突破 40 亿元、接待游客达到 2 255 万人次,年均分别增长 22.4%、33.1%。大力开展城乡流通网络体系建设,"万村千乡市场工程""新网工程"等农牧区商贸流通配送体系基本满足群众生活需求,重点旅游景区建成特色商业街。金融、房地产、信息化建设快速发展,势头良好,电子商务发展实现快速起步,海北州电子商务馆投入运营。

"十二五"期间,全州累计完成固定资产投资460亿元,一批交通、能源、水利、国土等方面的项目建成和使用,城乡基础设施面貌发生了显著变化。交通方面,稳步推进小康社会交通发展示范试点州建设,祁连机场破土动工,兰新高铁海北段建成通车,西湟一级公路建成通车,峨祁一级公路、浩青一级公路开工建设,结束海北州境内无高等级公路的历史,大力推进乡镇沥青公路建设和县道改造,农村公路通畅率达到100%。水利方面,石头峡水库、纳子峡水库相继建成,实施了一批中小型灌区节水配套改造项目,实现农田保灌面积47万亩。基本实现全州农牧民饮水安全目标,解决全州17.4万人、92万头(只)牲畜饮水安全问题。能源方面,纳子峡水电站及刚察光伏园区70兆瓦并网发电,刚察、海晏、祁连等地110千伏输变电工程建成投运。大力推进无电地区电力建设工程,677户2754名无电人口用电问题得到解决。城乡建设方面,推进门源县城外延拓展区、刚察海滨藏城等重点城镇项目建设,大力实施公用设施建筑建设、改造,在全部行政村实施了村容村貌整治和美丽乡村建设,实现了"新、亮、美、净、畅"。

"十二五"期间,海北全州民生支出占到财政总支出的80.5%以上,城乡居民的医疗卫生、教育、文化等公共服务水平得到明显改善。教育事业协调发展。全面完成全州中小学布局调整,将全州198所学校调整为40所,实施"改薄"工程和中小学标准化改造,四县义务教育均衡发展,通过国家验收,幼儿园由2010年10所增加至160所,学前教育毛入园率达到91.9%,高中阶段入学率达到72.4%。公共卫生服务更加到位。医药卫生体制改革全面推进,医疗、医药、医保统筹发展,全面落实各项计生奖扶政策,基本公共卫生服务均等化水平得到不断提升。社会保障网提质扩面。积极推进城乡居民养老保险制度整合,城乡居民社会养老保险参保率达到99.27%以上,新农合参保率达到100%,大力推进农村"两房"改造和城镇保障性住房,养老服务业稳步发展,建成一批农村牧区互助幸福院。文化惠民成效显著。公共文化服务体系建设地方财政投入同比增长14.97%,青海湖人文生态博物馆等文化场馆建设扎实推进,西海镇全民活动健身中心建成,县城主要社区配备全民健身设施,乡镇综合文化站、行政村文化活动室基本实现全覆盖。全州电视综合覆盖率达98.4%,自办节目覆盖率跃升到90%以上。扶贫攻坚实现预期。完成17个贫困村整村推进项目,实施易地扶贫搬迁工程,扎实推进牧区农事队特殊类型扶贫攻坚工作,建成刚察县省级扶贫产业试验示范园。全面贯彻精准扶贫要求,完成86个贫困村、3.28万人建档立卡工作,创新金融扶贫机制,实现5.6万人脱贫,贫困地区农牧民人均纯收入增长率高于全州平均水平。

"十二五"期间,海北累计完成天然草场减畜102万羊单位,治理草原960万亩,治理水土流失26.9平方公里、中小河流37公里,积极推进水生态文明创建工作和林业生态文明示范州创建工作,有序实施祁连山矿区生态环境恢复,城乡人居环境不断改善。大力推进城乡环境综合整治,四县污水处理厂建成,实现雨污分流。完成了50个高原美丽乡村建设项目,人居环境明显改善。节能减排扎实推进。严格落实节能降耗目标责任,全州工业生产能耗水平不断降低,全州地区生产总值单位能耗和规模以上工业单位增加值能耗分别完成省下达任务的593%和313%,二氧化硫、氨氮、化学需氧量、氮氧化物等主要污染物排放总量全面完成了上级下达的节能减排任务。

五、"十二五"黄南州经济社会发展变化

2015年,黄南州地区生产总值达到72.75亿元,比2010年增加了29.07亿元,年均增长12.79%;地方财政公共预算收入为3.48亿元,比2010年翻了一番,年均增长23.6%;全社会固定资产投资达到76.32亿元,比2010年增长2.4倍,5年累计完成投资269亿元,年均增长27.64%;社会消费品零售总额达到8.46亿元,比2010年翻了近一番,年均增长14.12%。金融机构存款余额108.5亿元,年均增长25.1%,贷款余额37.1亿元,年均增长27.1%。

"十二五"期间,黄南州三江源生态保护和建设一期工程圆满完成、二期工程全面启动,累计完成投资6.44亿元。四县生态环境综合整治工程扎实推进,旅游景区、阿赛公路沿线、农村环境连片整治等项目稳步实施。严格控制"三废"排放,实施了金源铝业烟气技改、绿草原污水净化等项目,节能减排任务全面完成,人居环境和生态环境进一步改善。

"十二五"期间,黄南州基础建设加速推进,经济社会发展基础不断巩固。

黄南机场、西成铁路黄南过境段等重大项目前期扎实推进。实施牙同高速、阿赛公路改造、农村公路等项目596项，总投资达62.8亿元，32个乡镇基本实现通油路(硬化路)，63%的行政村实现道路通畅，公路里程达到4 580公里，"一纵五横"路网主骨架基本形成。实施城乡供水、农田水利、河道治理、水土保持等项目391项，总投资达18.36亿元。扎毛水库建成蓄水、李家峡南干渠和沿黄三镇供水工程进展顺利、隆务镇城镇供水改扩建净水输配管网工程建成运行、农田水利重点县项目建成并发挥效益，累计解决11.51万人、67.65万头(只)牲畜饮水安全，扩大改善灌溉面积4.49万亩，治理水土流失面积171.33平方公里。投资7.9亿元实施了一批110千伏、35千伏线路建设、农网升级改造等项目，解决全州7 290户、2.84万人的用电问题，全州电网保障能力进一步提高。20兆瓦光伏项目建成发电，新能源开发工作稳步推进。建成覆盖州、县、乡三级的政府信息网络，人口、统计、养老、医疗卫生等社会化信息服务体系逐步完善。全州移动电话用户达30万户，宽带用户达1.85万户。规划引领不断加强，统筹城乡协调发展力度加大。完成同仁、泽库、河南3县总规修编，11个建制镇规划、256个农牧区村庄规划编制。同仁县新兴城市规划和河南县"三规合一"规划稳步开展，坎布拉、优干宁等4个高原"美丽城镇"、47个"美丽乡村(社区)"建设有序推进。大力实施4县县城污水处理厂、城镇给排水管网、集中供热及管网、城镇道路工程及环境卫生整治等项目，城乡基础设施进一步完善，城镇化进程明显加快，全州城镇化率达到31%。

"十二五"期间，黄南州产业结构调整加快，特色产业不断培育壮大。热贡文化生态保护实验区、坎布拉景区、同仁历史文化名城等景区(景点)建设力度不断加大，文化企业和热贡艺人培育成果显著，坎布拉景区被评为国家4A级旅游景区，黄南州被列入国家藏羌彝文化产业走廊核心区。全州文化企业达到130余家，文化产业从业人员达2.89万人，文化产业收入达5.37亿元。5年旅游人数累计达到1 361.86万人次，实现旅游收入36.66亿元。

"十二五"期间，黄南州社会事业全面发展，民生保障水平不断提高。各级各类学校办学教学条件进一步改善，教育普及程度不断提高，"两基"通过"国检"，义务教育、学前教育、职业教育和特殊教育稳步推进。全州适龄儿童入学率为98.6%，初中阶段巩固率为93%。2015年末，实现城镇新增就业8 037人，城镇登记失业率控制在 3.2% 以内。城乡居民可支配收入分别达到 24 407 元和 6 819 元,比 2010 年分别增加 9 804 元、3 787 元,年均分别增长 10.8% 和 17.6%。

六、"十二五"海西州经济社会发展变化

"十二五"时期,海西州开创了全州经济平稳向好发展与社会和谐稳定的新局面,集中体现在跃上"四个新台阶",取得"四个新突破"。

第一,四个新台阶。一是综合实力跃上新台阶。主要发展指标继续保持中高速增长,地区生产总值是"十一五"末的 1.6 倍,年均增长 10.1%;人均生产总值达 13 720 美元,较"十一五"末增加 2 172 美元,年均增长 8.3%。规模以上工业增加值是"十一五"末的 1.6 倍,年均增长 9.4%。地区公共财政预算收入是"十一五"末的 1.3 倍,年均增长 6.1%;地方公共财政预算收入是"十一五"末的 1.5 倍,年均增长 8%。5 年累计完成固定资产投资 2 600 亿元,是"十一五"的 3.1 倍。社会消费品零售总额是"十一五"末的 1.9 倍,年均增长 13.5%。二是循环经济跃上新台阶。试验区 5 年累计完成固定资产投资 1 629.7 亿元;招商引资落地建设项目 99 个,建成项目 55 个,实际到位资金 398.7 亿元,规模以上工业企业达 124 户。科技支撑平台建设明显加强,建立 7 个国家级科技平台、18 个省级工程技术研究中心和重点实验室,攻克了一批关键节点的技术难题。资源综合利用率、土地利用率、固体废物利用率及水资源循环利用率明显提升。以盐湖化工为核心,融合油气化工、煤化工、金属冶金、新能源、新材料和特色生物产业发展的循环经济主导产业体系初步形成。三是生态建设跃上新台阶。坚持以生态文明理念统领经济社会发展全局,持续实施荒漠化治理、三北防护林等一批生态工程,重点生态功能区得到恢复,主要湖泊和湿地面积明显扩大,荒漠化趋势有效遏制,森林覆盖率达到 3.5%,比"十一五"提高 0.5 个百分点。以坚定决心推进木里矿区综合整治,取得显著成效。认真开展生态环境保护大检查和万家企业节能低碳行动,大力实施重点节能减排改造工程,单位生产总值能耗不断下降。持续加大城乡绿化美化力度,综合整治国省道沿线和重点景区、城镇农村环境卫生。环境保护力度明显加大,生态文明建设成为全州上下的行动自觉。四是民生事业跃上新台阶。5 年累计投入民生资金 437 亿元,占财政总支出的 75% 以上,较"十一五"增加 299.4 亿元,年均增加 59.9 亿元。累计实现城

镇新增就业 5.1 万人,城镇登记失业率平均控制在 2.3% 以内。农牧区劳动力转移就业 36.9 万人次,实现劳务收入 16.2 亿元。2015 年,城镇常住居民人均可支配收入 25 419 元,比上年增长 9.6%;农村常住居民人均可支配收入 10 582 元,比上年增长 7.1%。城乡常住居民人均可支配收入分别是"十一五"末的 1.5 倍、1.9 倍,城乡居民收入比由 3.1:1 缩小为 2.4:1。实现城乡十二年免费教育,县域内义务教育均衡发展走在全省前列。完成藏区农村义务教育"双语"寄宿制学校、标准化学校建设,成立柴达木职业技术学院,建成海西州高级中学。公共文化体育场馆免费开放实现常态化,广播、电视覆盖率分别达到 98.2%、98.1%;大力推进德令哈德都蒙古文化等四个文化产业园建设。孤儿、残疾人和困难群众救助制度进一步健全,公共基本卫生服务标准由人均 15 元增加到 45 元。累计落实各类扶贫资金 13.4 亿元,实施扶贫产业项目 275 个,5.1 万名贫困人口稳定脱贫。

第二,四个新突破。一是结构调整取得新突破。三次产业结构比例由"十一五"末的 2.8:79.1:18.1 调整为 6.1:67.5:26.4,多元发展、多极支撑的产业格局基本形成。农牧特色产业长足发展,农作物种植面积达 75.5 万亩,其中枸杞 42.2 万亩,产值突破 20 亿元,成为全省出口创汇排名首位的特色农产品。农畜产品加工转换率由"十一五"末的 40% 提高到 50.2%,农牧业机械化程度由"十一五"末的 63% 提高到 75.3%。工业经济发展壮大,建成盐湖集团百万吨钾肥综合利用一、二期等一批重大项目,促进了传统产业向规模化、集约化发展,钾肥、纯碱、天然气产量在全国占比分别为 79%、14%、5.6%,海西作为全国最大钾肥产业基地、国家重要纯碱生产基地、中国陆上第四大主力气田的地位进一步巩固。新兴产业加快发展,新能源装机规模达 3 260 兆瓦,占全省的 57.8%,其中光伏装机容量达 2 933 兆瓦,占全国的 9.2%,成为全国重要光伏发电基地。着力打造全国最大金属镁及其合金材料产业基地、化学合成材料基地,青元泛镁高强高韧镁合金等一批新材料项目建成投产。现代服务业蓬勃发展,文化旅游业融合发展,形成环柴达木旅游圈,实现旅游收入 103.1 亿元,是"十一五"的 6.3 倍。金融服务体系不断完善,组建柴达木、格尔木农商行。顺应"互联网 +"发展趋势,建成中国·青海柴达木电商绿洲平台、柴达木云数据中心暨青藏高原数据灾备中心,宽带海西、4G 网络基本实现全覆盖。二是基础支撑取得新突破。青藏铁路西格段增建二线关角隧道全面通车,格敦铁路省内段基本建成,格库铁路加快建设,锡铁山至北霍布逊地方铁路建成运营,境内铁路通车里程达 1 454 公里,运力达 4 472 万吨。新建和改建农村公路 6 116 公里,乡村通公路率达100%,新增高等级公路 761 公里,总里程达 888 公里,新增公路里程 8 364 公里,总里程达15 300 公里,等级公路州内形成环网。德令哈、花土沟机场建成通航,立体化交通体系基本构建。建成青藏、青新电网联网工程,新增 750 千伏输变电线路 720 公里,330 千伏输变电线路 1 098 公里,110 千伏输变电线路 1 884公里,实现了大电网全覆盖,彻底解决了无电农牧区用电问题。石油管输能力达 325 万吨,天然气管输能力达 110 亿立方。开工建设蓄集峡水利枢纽、哇沿水库等骨干水利工程,基础支撑条件明显改善。三是城乡建设取得新突破。按照打造全省统筹城乡一体化发展示范区的目标要求,依托柴达木循环经济试验区和新型城镇化建设,坚持城乡融合发展、工业园区与城乡联动建设,全面推进城乡规划、产业发展、基础设施、公共服务一体化发展,城镇化率达 75%。格尔木、德令哈两市新区建设有序推进,累计拆迁棚户区 102.9 万平方米,完成城镇保障性住房4.4 万套,建设农牧区危房改造和奖励性住房 2.4 万套,城镇居民住房建筑面积和农村居民人均居住面积分别达到 30.4 平方米和 28 平方米,较"十一五"末分别增长 14.3%和 24%。一批农牧区灌区改造与节水工程投入运行,解决改善了12.6 万人、196.2 万头(只)牲畜饮水安全问题。党政军企共建示范村活动成效显著,4 个高原美丽城镇、27 个美丽乡村建设扎实推进,城乡建设水平整体跃升。四是改革开放取得新突破。简政放权与职能转变稳步推进,承接省政府下放行政审批项目 130 项,取消下放行政审批事项 262 项,全面取消非行政许可审批事项,州级行政审批事项压减 64%。户籍制度改革、农牧区综合改革等稳步推进,集体林权改革全面完成。医药卫生体制改革走在全省前列,"营改增"全面推开,司法体制改革等试点改革深入推进。对外开放向多层次、多领域纵深推进,积极参加国内外重大经贸活动,累计签约项目 357 个,到位资金 836.4 亿元。成功举办激情穿越柴达木、世界山地纪录片节等各类赛事节会活动,柴达木的知名度、开放度进一步提升。深化与国家部委、央企及浙江省对口支援工作,落实援建资金 7.7 亿元,援建项目 139 个,其中浙江援建资金 6.8亿元,援建项目 109 个。圆满完成建州 60 周年庆祝活动。

第十六章　深度融入"一带一路"建设

2013 年 9 月 7 日，习近平主席在哈萨克斯坦发表重要演讲，首次提出了加强政策沟通、道路联通、贸易畅通、货币流通、民心相通，共同建设"丝绸之路经济带"的战略倡议。2013 年 10 月 3 日，习近平主席在印度尼西亚国会发表重要演讲时明确提出，中国致力于加强同东盟国家的互联互通建设，愿同东盟国家发展好海洋合作伙伴关系，共同建设"21 世纪海上丝绸之路"。"一带一路"建设随之为欧亚各国经济响应。作为"丝绸之路经济带"重要节点的青海，虽然处于西北边陲、地理位置相对偏远，但若放到丝绸之路经济带的宏观地缘战略中，处于中亚与中国经济带中的中心地位，承担着作为连接内地与新疆的交通枢纽和中转站，所以青海经济社会必将迎来新一轮的高速增长和全面发展。

第一节　"丝绸之路经济带"的重要节点

丝绸之路是我国古代各族人民与亚欧大陆上各国人民共同开拓的、连接亚欧非的贸易和人文交流通路。丝绸之路经济带，则是位于丝绸之路的各民族、各地区和亚欧大陆上各国共同创造的经济增长之道。我国不少民族地区位于丝绸之路经济带，尤其与中亚和阿拉伯地区有密切地缘文化联系的宁夏、青海、新疆等。

从第三章我们可知，丝绸之路其实早在新石期时代晚期就已存在，西汉张骞通西域后才被广为周知。

丝绸之路主要分为东、西两段。丝绸之路的东段，经过祁连山以南吐谷浑王国疆界内的丝绸之路南道却鲜为人知。

丝绸之路南道一般经过西宁,过日月山后大致有三条支线:其一,经青海湖南岸或北岸,过柴达木的德令哈、大柴旦、小柴旦,出当金山口,到达甘肃敦煌,汇入河西走廊道,再往西域;其二,过青海湖南岸,经今都兰县城、香日德、诺木洪、格尔木、乌图美仁,再向西北经过尕斯库勒湖,越阿尔金山到西域。这条线是主线;其三,从白兰(今鄂陵湖、扎陵湖一带)出发,经布尔汗布达山南麓或北麓,一直向西,溯今楚拉克阿干河谷入新疆,这条道山势陡峻,向来人迹罕至。这三条支线多处可以相通,走法多样。丝绸之路南道与河西走廊段北道相辅而行,都是中原通往西域的贸易通道。公元前128年,张骞从西域返回中原时走的就是青海道。另外,与此道紧密相关的是"河南道"。它在青海湖南岸与青海道分道,一路向南渡过黄河,经过贵德、同仁,越过甘南草原,经过甘南的夏河、临潭,通往川北的松潘、茂县直低古益州(今成都)。魏晋时期的南方和北方的商人为了避开战祸的影响,还开辟了河南道北段。即从北方的邺都(今河北临漳)西行,经宁夏、张掖、祁连县的扁都口至环青海湖地区,然后并入河南道南下至建康(今南京)的南北重要商道。这样,地处青海湖滨的伏俟城(吐谷浑的国都)在历史上就曾一度成了北方中国以青海道和河南道南、北段两条干线为主要架构的物通东西、联络南北的重要交通枢纽。

此外,河南道从成都南下经宜宾、昭通、曲靖、昆明、晋宁、江川、开远至越南的老街和河内。西南行经西昌、大理、腾冲至缅甸的八莫;从青海湖伏俟城、都兰南经玉树入藏,自拉萨抵吉隆或聂拉木、尼泊尔加德满都接吐蕃、泥婆罗北印度道;或由南疆和田或于阗经克里雅山口入藏,经日土、噶尔穿冈底斯山和喜马拉雅山之间的河谷,抵吉隆或聂拉木—尼泊尔加德满都,将西亚、中亚和南亚的陆路交通线路连为一个整体。所以说,在中国历史上,地处青海湖滨的伏俟城(吐谷浑的国都)在历史上就曾一度成了北方中国以青海道和河南道南、北段两条干线为主要架构的物通东西、联络南北的重要交通枢纽。在古丝绸之路中,青海是贯穿南北丝绸之路大通道的桥梁和纽带,更是中国连通南亚国家的重要走廊和通道。汉武帝时,张骞第一次通西域,就取道柴达木盆地返回。"青海道"还一度成为古丝绸之路最繁荣的干道之一。

"唐蕃古道"指的是一千多年前唐朝与吐蕃王国间人员往来的官道。这条大道起于陕西西安,终止西藏拉萨,跨越今陕西、甘肃、青海和西藏 4 个省区,全长约 3 000 公里,其中一半以上路段在青海境内。因此,历史上有唐蕃古道"青海段"半壁江山之说。这条古道因延伸到印度与尼泊尔,也被学者们认为是丝绸之路的组成部分。

从地缘看,青海地处青藏高原中枢地带,尤其是青海东部素有"天河锁钥""海藏咽喉""金城屏障""西域之冲"和"玉塞咽喉"等称谓,可见地理位置非常重要。青海省南联川藏、西接新疆、东邻甘肃,地处中巴经济走廊和丝绸之路经济带的十字要冲,是通往新疆的重要门户。唐蕃古道青海段占据了整个古道的半壁江山,证明了青海战略通道的地理优势、环境优势、人文优势。目前,这条重新修整的唐蕃古道,对于向西开放,联通尼泊尔、印度和巴基斯坦的贸易发挥着重要的桥梁纽带作用。因此,青海处于向西开放的重要节点和具有"东联西出、西来东去"中转区的区位优势。

第二节　深度融入"一带一路"建设的制约因素

在构建"一带一路"的战略构想中,青海因其独特的地理位置而在"一带一路"中占据重要的地位。在 2015 年 3 月 28 日国家发展改革委、商务部、外交部经国务院授权发布了《推动共建丝绸之路经济带和 21 世纪海上丝绸之路的愿景与行动》在第六部分"中国各地方开放态势"中,对青海在"一带一路"愿景与行动中的地位和作用是这样表述的,"发挥陕西、甘肃综合经济文化和宁夏、青海民族人文优势,打造西安内陆型改革开放新内陆型改革开放新高地,加快兰州、西宁开发开放,推进宁夏内陆开放型经济试验区建设,形成面向中亚、南亚、西亚国家的通道、商贸物流枢纽、重要产业和人文交流基地。"因此,积极融入"一带一路"建设,青海任重道远!

除具有区位优势外,作为"三江之源、中华水塔"的青海,具有无可替代的中国生态安全屏障的战略地位。同时,青海西北临新疆,西南接西藏,长期稳定和谐的社会局面,使青海成为稳藏固疆的战略通道。多民族聚集赋予了青海又一独特优势,那就是与中亚国家和阿拉伯世界具有天然的人脉情缘和文化纽带。

青海充分发挥这一优势,一方面扶持发展特色民族产业,另一方面通过走出去、请进来的方式,扩大与西域各国的商贸往来,为古老丝绸之路增添浓重的时代色彩。青海虽然人口总量不大,但脆弱的生态系统使人口承载能力已趋极限,经济发展与人口资源环境矛盾日益突出。青海人均耕地不足 1.5 亩,耕地综合产出率是全国平均水平的 46%。从资源总量上来讲,青海位居全国前列,但由于高寒缺氧,开发成本高,远离终端消费,运输成本也高。青海缺乏前沿高端技术,难以延伸产业链。特别是由于我国没有健全的矿产资源有偿使用制度,资源优势不能转换为经济优势,存在"富庶的贫困"现象。近 10 多年来,青海城乡居民收入与全国平均水平的差距非但没有缩小,还在不断拉大。2013 年,城镇居民人均可支配收入由 2000 年的全国第 24 位降至第 30 位;农牧民人均纯收入由 2000 年的全国第 25 位降至第 30 位。

如何充分运用好青海的区位优势和资源优势,更好地融入"丝绸之路经济带"建设,是青海发展面临的一个首要重大课题。

国务院发展研究中心发展战略和区域经济研究部杜平贵、王辉认为还有两大因素制约着青海推进"丝绸之路经济"的建设:一是传统增长模式转型难。就其经济增长模式看,产业层次低、链条短,产业结构单一,"重的重,轻的轻",以低资源成本、低劳动力成本、高环境成本为主的发展模式,面临更强的资源环境约束和更大的发展压力。长期以来,由于地理环境等因素限制,青海外向型经济始终难有大的作为,进出口贸易一直是其"短板",金融、信息、市场中介等服务体系不健全,影响和制约着外向型经济的发展。总体上,产业升级、经济转型的需求迫切,但驱动力不足。二是改善民生任务重。青海经济总量很小,2013 年GDP 占全国的 0.36%,财政收入占全国的 0.28%,其区域经济价值远小于生态价值和社会价值。由于自身财力弱,发展资金不足,民生领域欠账多,"小马拉大车"局面短期内改变难,改善民生、促进基本公共服务均等化面临巨大压力。

为此,《青海省国民经济和社会发展第十三个五年规划纲要》进一步明确指出,"立足比较优势,加强与丝绸之路经济带沿线国家及地区的交流合作,努力把青海省建成丝绸之路经济带上重要的战略通道、商贸物流枢纽、产业基地、人文交流基地。"并且制定了以下 3 项具体措施:

第一,加强对外开放通道建设。加快铁路公路建设,提升枢纽功能,加大对国际航线的支持力度,实现与主通道间的高效畅通,构建进入中亚、西亚、南亚及欧洲地中海国家的战略通道,夯实对外开放的互联互通基础。加快构建通达全国和重要国家(地区)的航线网络,开通国际货运包机,建设区域航空货运集散中心。加强航空和陆路口岸基础建设,提升口岸综合服务功能,形成丝绸之路经济带上的贸易通道。

第二,健全长效合作机制。加强与国内外各类商协会、海外侨胞的沟通联系,进一步完善与沿线国家和地区的交流合作圆桌会议机制,在条件成熟的国家和地区设立对外合作联络处(窗口),在友好协商的基础上互设代表处,为合作交流提供信息和服务。积极与沿线国家和地区缔结友好关系,在已经建立友好缔约城市的基础上,加强与中亚五国、阿联酋、沙特、俄罗斯等国的沟通联系,建立友好省(市州)关系,制定务实的交流合作计划,打造西宁、海东和格尔木三个对外开放节点城市。进一步强化西部省区间参与"一带一路"建设的政策协调,建立沟通协商机制,共同打造向西、向南开放的经贸共同体。

第三,扩大对外人文交流。充分发挥民族文化人文优势,广泛开展教育、文化、旅游、卫生等领域合作,形成面向周边国家和地区的人文交流基地。以唐蕃古道、昆仑文化为重要载体,组织工艺美术大师走出国门开展人文和民间文化交流,支持文化企业赴境外商业演出和发展文化贸易,促进文化产品行销海外,打造文化展示交流平台。以循化县撒拉族与土库曼斯坦历史文化同根同源为基础,充分挖掘历史、民族文化资源,编排"古秘撒拉尔"为主题的史诗纪录片和实景体验,打造丝绸之路历史文化旅游区。利用玉树州杂多县系澜沧江—湄公河源头的独特地理优势,打造"澜沧江—湄公河源头风情文化旅游"线路,吸引湄公河流域五国民众来青旅游,开展人文、生态、商贸交流。开展教育交流合作,扩大与相关国家互派留学生规模,鼓励与有实力的高校联合办学,支持青海民族大学建立中亚学院,青海师范大学建立丝绸之路经济带研究院,广泛开展丝绸之路沿线城市青少年交流互访活动。加强医疗卫生交流合作,在高原医学、藏蒙医药、地方病防治、专业人才培养等方面建立密切协作关系,在沿线有需求国家建立高原病和藏蒙医药诊治中心。

主要参考文献

1.史蒂夫·奥尔森.人类基因的历史地图[M].北京:生活·读书·新知三联书店,2016.

2.惠生.青藏高原旧石器时代晚期至新石器时代初期的考古学文化及经济形态[J].考古学报,2011(4):444.

3.兵翔编著.旧石器时代考古学[M].郑州:河南大学出版社,1992.

4.王琳,崔一付,刘晓芳.甘青地区马家窑文化遗址的地貌环境分析及其土地利用研究[J].第四纪研究,2014(1):225.

5.崔永红,张德祖,杜常顺主编.青海通史[M].西宁:青海人民出版社,1999.

6.黄烈.中国古代民族史研究[M].北京:人民出版社社,1987.

7.王昱主编.青海简史(修订版)[M].西宁:青海人民出版社,2015.

8.吕正理.东亚大历史:从远古到1945年的中日韩多角互动历史[M].桂林:广西师范大学出版社,2015.

9.王昱.青海省志:建置沿革志[M].西宁:青海人民出版社,2008.

10.慕寿祺编.甘宁青史略:卷二十九[M].兰州:兰州古籍书店,2013.

11.中共青海省委宣传部,青海省畜牧厅.青海畜牧业经济发展史[M].西宁:青海人民出版社,1983.

12.祝慈寿.中国现代工业史[M].重庆:重庆出版社,1990.

13.顾龙生主编.中国共产党经济思想发展史[M].太原:山西经济出版社,2015.

14.胡绳.必须科学分析和研究历史经验[J].真理的追求,1990(4).

15.邹至庄.中国经济转型[M].北京:中国人民大学出版社,2005.

16.周太和主编.当代中国的经济体制改革[M].北京:中国社会科学出版社,1984.

17.崔永红.青海经济史:古代卷[M].西宁:青海人民出版社,1998.

18.翟松天.青海经济史:近代卷[M].西宁:青海人民出版社,1998.

19.翟松天,崔永红.青海经济史:当代卷[M].西宁:青海人民出版社,1998.

20.钱穆.中国经济史[M].北京:北京联合出版公司,2014.

21.侯家驹.中国经济史:上册[M].北京:新星出版社,2008.

22.傅乐成.中国通史:上册[M].北京:中信出版社,2016.

23.黄纯艳主编.中国古代社会经济史十八讲[M].兰州:甘肃人民出版社,2010.

24.上海财经大学课题组.中国经济发展史[M].上海:上海财经大学出版社,2007.

25.宁可主编.中国经济发展史[M].北京:中国经济出版社,1999.

26.大卫·克里斯蒂安,辛西娅·斯托克斯·布朗,克雷格·本杰明.大历史[M].刘耀辉,译.北京:北京联合出版公司,2016.

27.许倬云.说中国:一个不断变化的复杂共同体[M].桂林:广西师范大学出版社,2015.

28.鲁西奇.中国历史的空间结构[M].桂林:广西师范大学出版社,2015.

29.许倬云.中西文明的对照[M].杭州:浙江人民出版社,2014.

30.樊树志.晚明大变局[M].北京:中华书局,2016.

31.金耀基.中国文明的现代转型[M].广州:广东人民出版社,2016.

32.才让.吐蕃史稿[M].兰州:甘肃人民出版社,2007.

33.彭慕兰.大分流:欧洲、中国及现代世界经济的发展[M].南京:江苏人民出版社,2013.

34.魏明孔,杜常顺.历史上西北民族贸易与民族地区经济开发[M].北京:中国社会科学出版社,2012.

35.戴燕,丁柏峰.河湟区域地理环境与经济文化变迁[M].北京:人民出版社,2013.

36.勉卫忠.近代青海民间商贸与社会经济拓展研究[M].北京:人民出版社,

2012.

　　37.陈云峰主编.当代青海简史[M].北京:当代中国出版社,1996.

　　38.陈云峰主编.当代中国的青海[M].北京:当代中国出版社,1991.

　　39.程连升.筚路蓝缕:计划经济在中国[M].北京:中共党史出版社,2016.

　　40.温铁军.中国的真实经验:八次危机[M].北京:东方出版社,2013.

　　41.青海省地方志编纂委员会.青海省志:计划志[M].西宁:青海人民出版社,2001.

主要参考网站

青海经济信息网(http://www.qhei.gov.cn/)

青海统计信息网(http://www.qhtjj.gov.cn/)

青海省民族宗教事物委员会网(http://www.qhsmzw.gov.cn/)